神谷美恵子の世界

みすず書房編集部 編

みすず書房

神谷美恵子の世界　目次

うつわの歌

一九三六・一一・三

私はうつわよ、
愛をうけるための。
うつわはまるで腐れ木よ、
いつこわれるかわからない。

でも愛はいのちの水よ、
みくにの泉なのだから。
あとからあとから湧き出でて、
つきることもない。

うつわはじっとしてるの、
うごいたら逸《そ》れちゃうもの。
ただ口を天に向けてれば、
流れ込まない筈はない。

愛は降りつづけるのよ、
時には春雨のように、
時には夕立のように。
どの日も止むことはない。

とても痛い時もあるのよ、
あんまり勢いがいいと。
でもいつも同じ水よ、
まざりものなんかない。

うつわはじきに溢れるのよ、
そしてまわりにこぼれるの。
こぼれて何処へ行くのでしょう、

——そんなこと、私知らない。

私はうつわよ、
愛をうけるためのの。
私はただのうつわ、
いつもうけるだけ。

アルバム 神谷美恵子

新潟にて（1944年）

幼年時代

1914-1920

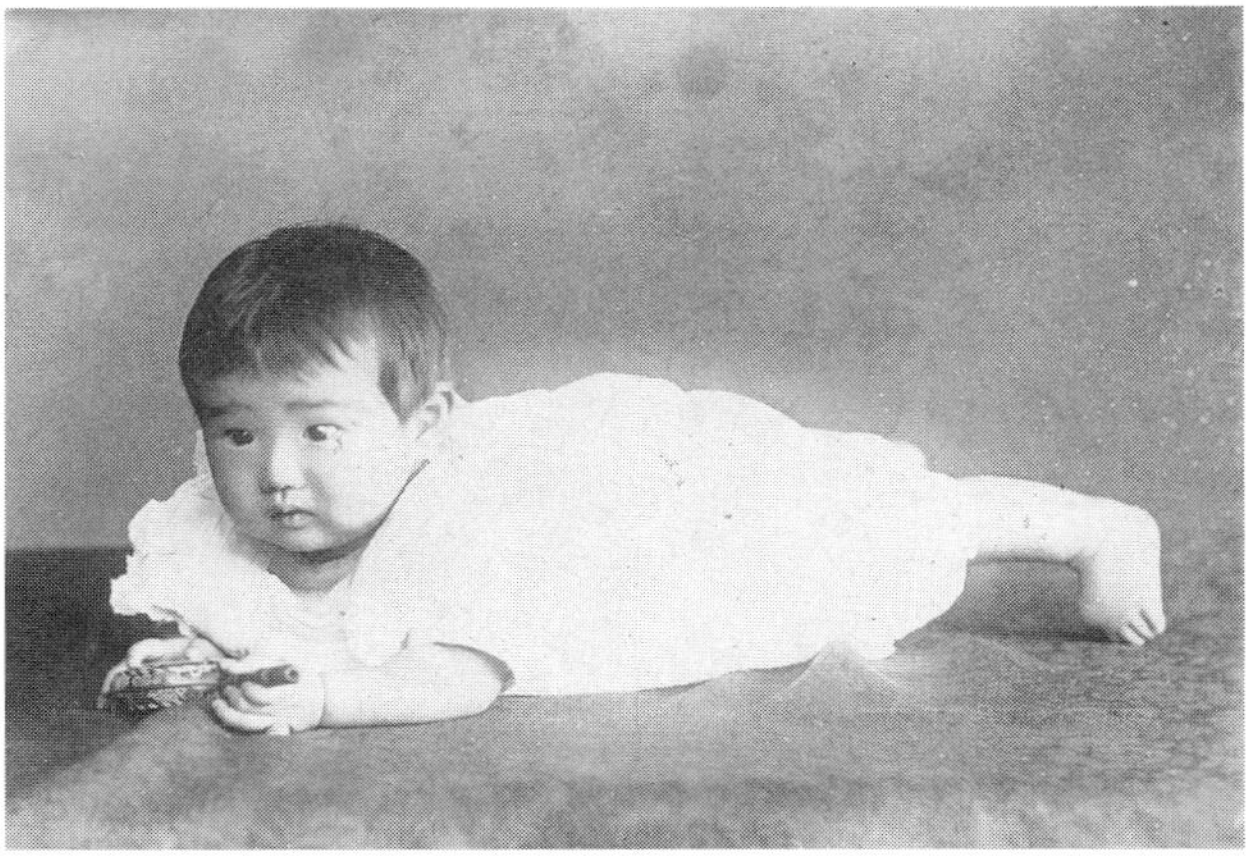

岡山にて（7ヶ月頃）

兄 陽一と（1917年頃）

下落合にて（一九二〇年）

他のきょうだいたちは次々と成城学園に就学したが、どういうわけか私だけ下落合小学校にあがった。当時はまだ田舎という感じのところで、万事がのんびりしていた。私のような神経質な子どもにはピッタリの学校だったのだろう。ろくに勉強しなくてもやさしい先生がかわいがって下さったし、隣には親切な上級生が住んでいて毎朝さそいに来てくれた。大きな麦わら帽子をかぶり、長い草履袋をぶらさげ、友だちと並んで泥んこの道を長ぐつで歩いている写真が一枚残っている。この下ぶくれの小さな女の子の顔をみると、土から生え出たばかりの雑草のような、単純な「生きるよろこび」がそこから発散しているようだ。この泥んこの田舎道こそ、私に最もよく適合していたエレメントだったにちがいない。

（「スイスものがたり」）

スイス時代
1923-1926

國民新聞

◇前田政府代表の出發　今秋十月スイスに於て開かる萬國勞働會議に政府代表として參列する前田多門氏は今十八日午前九時半東京驛發十九日神戸解纜の諏訪丸に搭乘渡歐の途に上る筈で同會議終了後も理事として滞在爾三年間事務を管掌する由である、東京驛には後藤新平子、永田市長、馬渡同助役其他數十名の見送りがあつた（寫眞右より二女せき子、夫人房子、長女美惠子、前田氏、長男陽一君）

国民新聞（1923年８月19日夕刊）
「前田政府代表の出発」との見出しが見える。兄　父 前田多門　美恵子　母　次妹

船は諏訪丸と言った。渡欧したわが家は両親のほかに十二歳の兄、九歳の私、七歳の次妹、二歳の末妹、それに母方の従姉にあたる「ななちゃん」が、よちよち歩きの妹のおもりとしてついてきてくれた。父は国際連盟の外郭団体であった国際労働機関（ＩＬＯ）理事会への日本政府代表として一九二三年七月七日に任命され、三年余のあいだジュネーヴに駐在したわけである。（…）

東京駅を出発するときは七月のさなかで、一同汗みどろであった。母は和服姿、私たち姉妹は母が縫ってくれた絹紬の「洋服」を着せられていた。それまで下落合や大久保の小さな家にくすぶっていた私たちは、とつぜん大ぜいの親類や知人のほか、新聞記者たちにとりまかれ、写真をとられて、まごまごするばかりであった。当時「洋行」ということがまだ珍しかったのであろう。記者たちは父にいろいろ質問していたが、ただ一つ、私にわかったのは、父の次のような言葉だった。

「まるで動物園みたいに大ぜいの子どもをひきつれて行くのが恥ずかしい」

――そうか、私は動物園の一員か。――それにしても父はなぜあんなことをいうのだろう、と考えた。

（「スイスものがたり」）

ジュネーヴにて
次妹 勢喜子　美恵子　父　母　兄 陽一

ジュネーヴにて弟妹たちと（1926年）

スイス時代に求めたカウベル

スキー大会優勝の銀の紅茶茶碗

ホテル主催で「競争」をやることが毎冬あった。それも技を競うというのではなく、すべての人たち、大人も子どもも参加できるように、まずプロのスキーヤーの「先生」が先に滑り出して、またたく間に、樅の木や谷間などに姿を消してしまう。数分後に合図のベルが鳴り、競争者たちはいっせいに「先生」のあとを追う。何らかの形で先生に追いつき、先生を「つかまえた人」が優勝、ということになっていた。

或るコンクールの時、私も参加したが、何しろ小さなスキーで小さなからだ、それに何の技も身につけていないため、みるみる他の人たちにおくれをとって、いちめん白い斜面にたった一人になってしまった。心細くなりかけていたとき、ヒョイと右横の谷間をみると、「先生」が皆をまいてはじめに滑って行ったのと反対方向へ、つまり出発点へ戻るかたちで登って来られるではないか。

思いがけない事態に大喜びして、私は「先生」めがけて滑って突進した。(…)

その夜、ホテルの食事のあと、競争の勝利者のための表彰式が行われた。「君が代」をホテルの楽員たちが奏する中を、私は日本の着物をきせられて、「先生」の前へ進み、銀の紅茶茶碗をいただいた。それは現在も保存されている

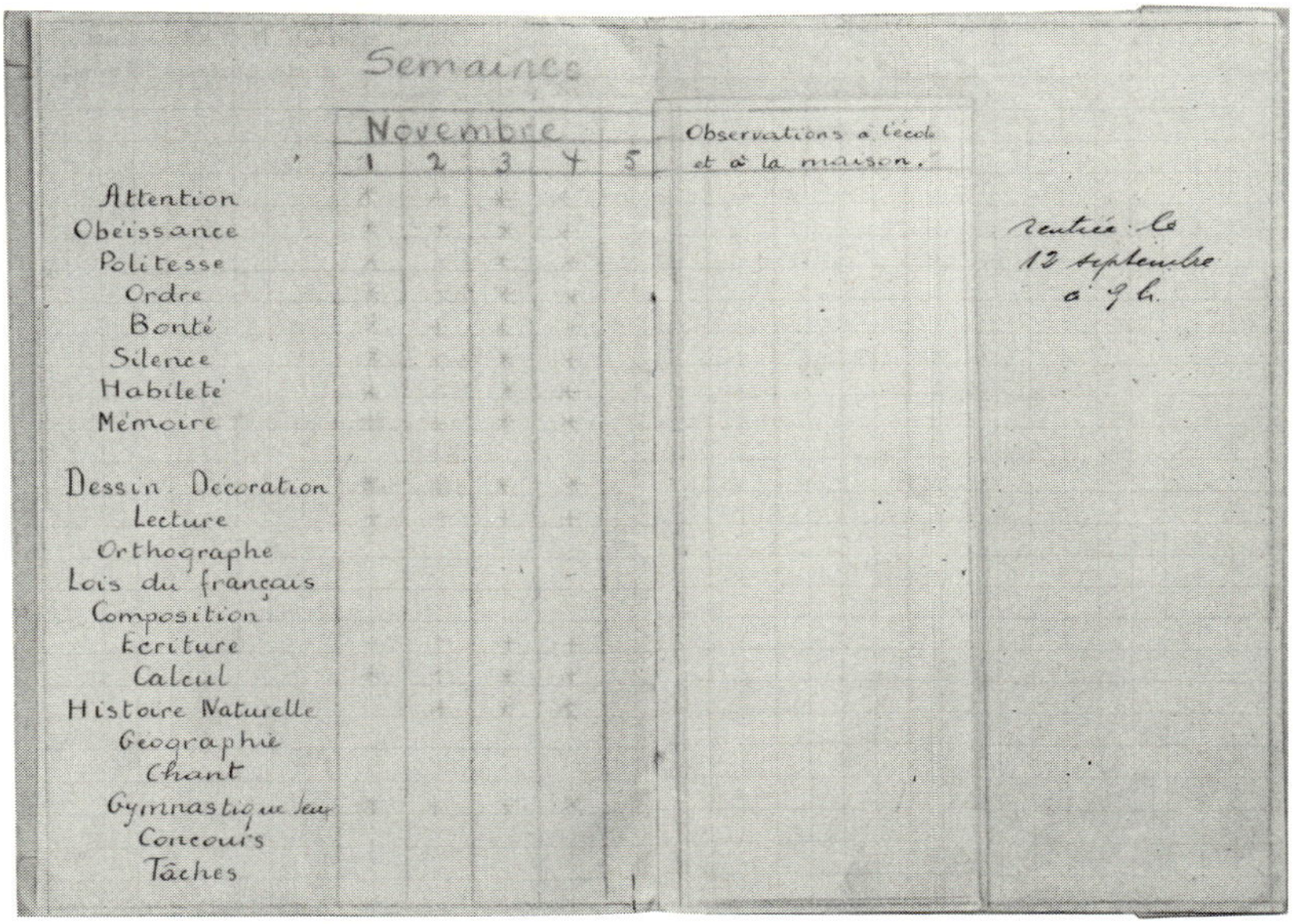

が、たまに磨くと、「マドモアゼル・ミエコ・マエダ、一九二五年十二月、スキー・コンクール優等賞」と彫ってある。

（「スイスものがたり」）

ジャン・ジャック＝ルソー研究所付属小学校の成績表

ここにこの学校での二年分の成績表二冊が残っている。二つともシャンポ先生手づくりのノートで、一週間ごとに五段階の評価のマークのどれかが記されている。評価の対象となっているものが左欄に並べられているが、その内容と順とを見ると、おぼろげにこの学校の方針が推察される。

A　注意力。従順さ。礼儀正しさ。秩序正しさ。善良さ。沈黙。器用さ。記憶力。

B　図画、装飾。読みかた。オルトグラフィ（スペリング）。フランス語文法。作文。書字。算数。博物。地理。唱歌。体操及びゲーム。宿題。

右は第一冊の表で、AとBの文字は便宜上ここにつけたが、実際はAともBとも記してなく、ただ二つの間に一行間があいているだけである。第二冊もだいたい同じだが、「読みかた」のあとに「暗唱」とある。

（「スイスものがたり」）

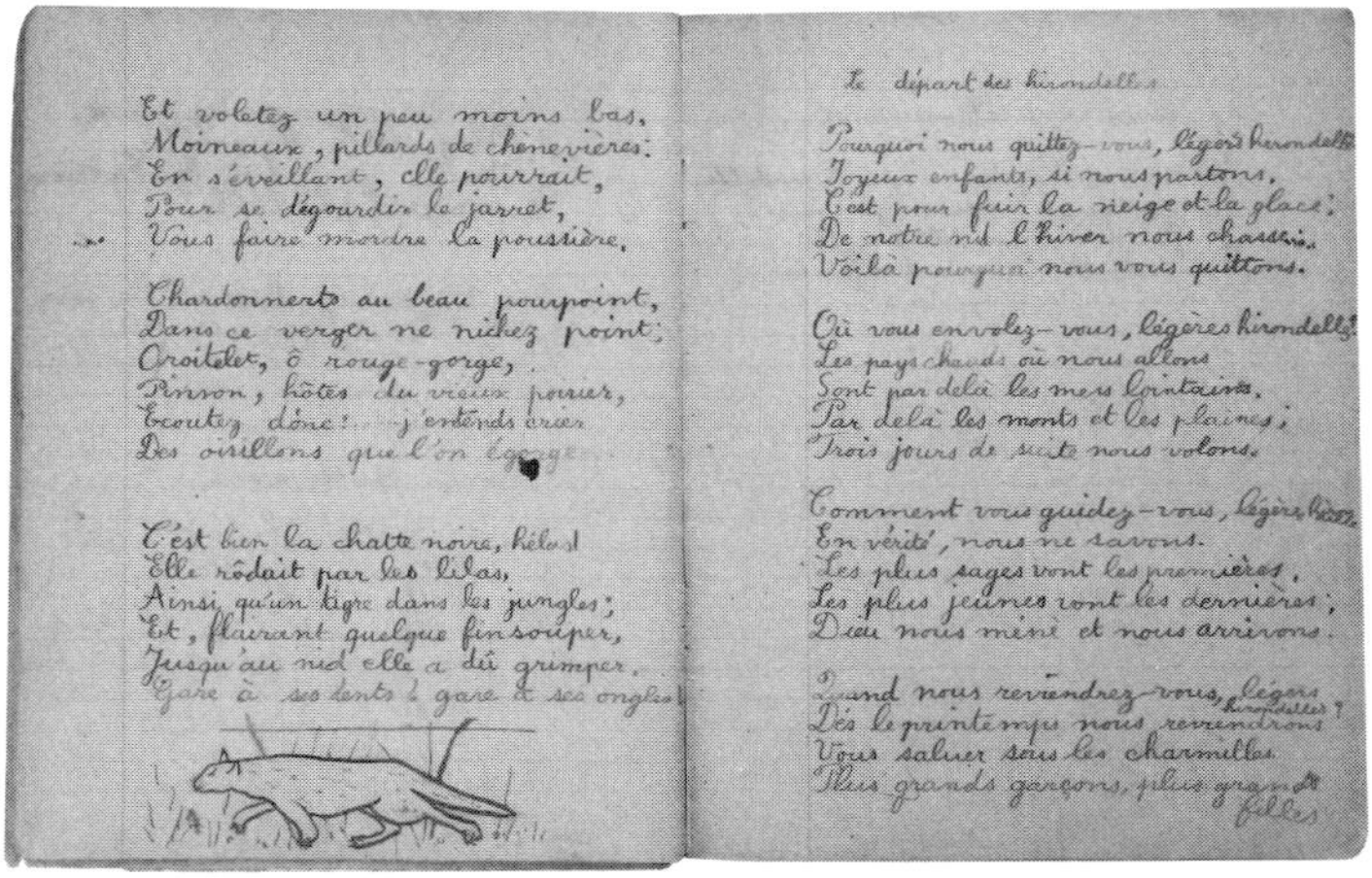

Et voletez un peu moins bas,
Moineaux, pillards de chènevières:
En s'éveillant, elle pourrait,
Pour se dégourdir le jarret,
Vous faire mordre la poussière.

Chardonnerets au beau pourpoint,
Dans ce verger ne nichez point;
Oroitelet, ô rouge-gorge,
Pinson, hôtes du vieux poirier,
Ecoutez donc: ... j'entends crier
Des oisillons que l'on égorge.

C'est bien la chatte noire, hélas!
Elle rôdait par les lilas,
Ainsi qu'un tigre dans les jungles;
Et, flairant quelque fin souper,
Jusqu'au nid elle a dû grimper,
Gare à ses dents! gare à ses ongles!

Le départ des hirondelles

Pourquoi nous quittez-vous, légères hirondelles?
Joyeux enfants, si nous partons,
C'est pour fuir la neige et la glace;
De notre nid l'hiver nous chasse.
Voilà pourquoi nous vous quittons.

Où vous envolez-vous, légères hirondelles?
Les pays chauds où nous allons
Sont par delà les mers lointaines,
Par delà les monts et les plaines;
Trois jours de suite nous volons.

Comment vous guidez-vous, légères hirondelles?
En vérité, nous ne savons.
Les plus sages vont les premières,
Les plus jeunes vont les dernières;
Dieu nous mène et nous arrivons.

Quand nous reviendrez-vous, légères hirondelles?
Dès le printemps nous reviendrons
Vous saluer sous les charmilles
Plus grands garçons, plus grandes filles

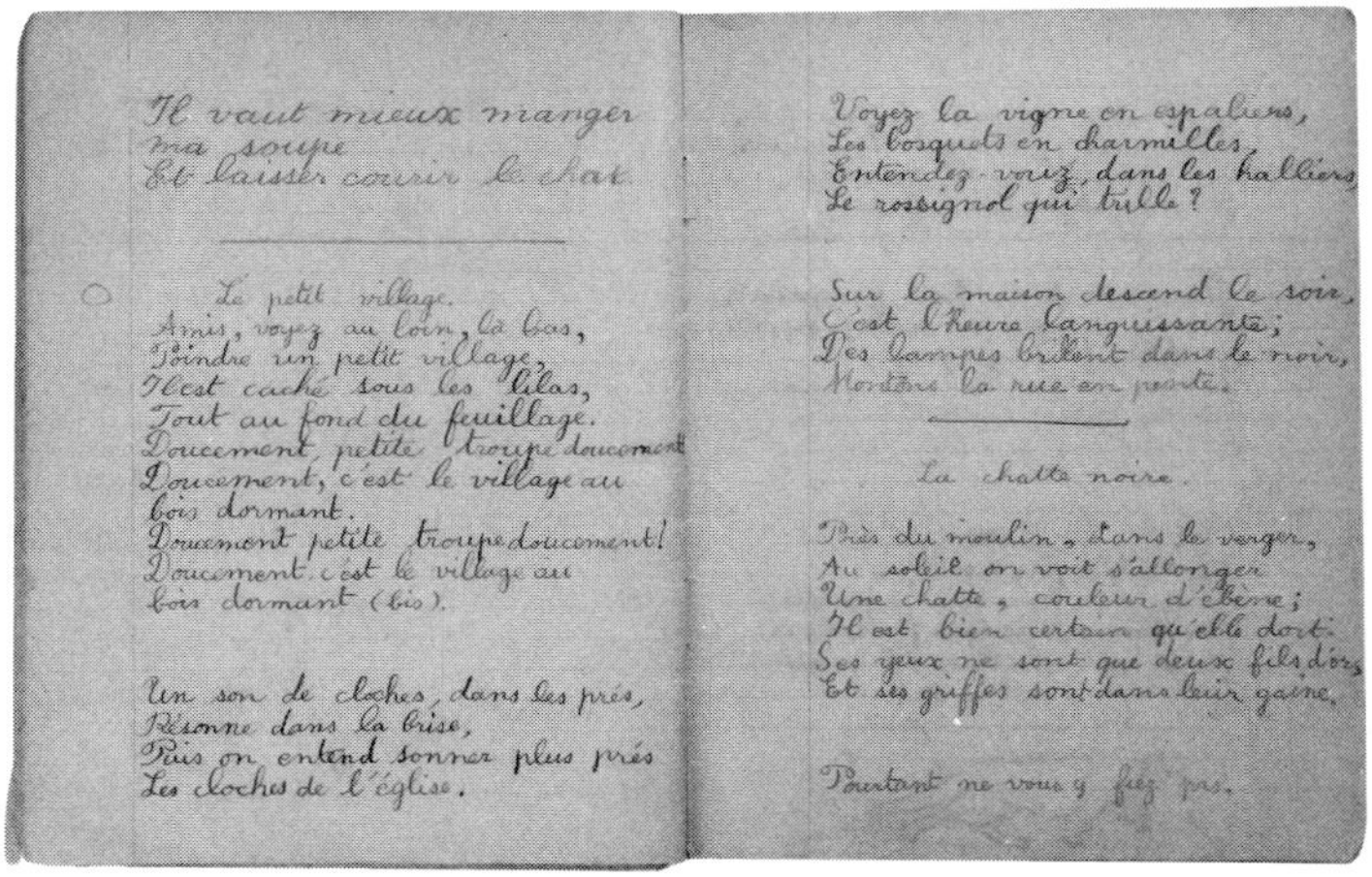

Il vaut mieux manger
ma soupe
Et laisser courir le chat.

Le petit village.
Amis, voyez au loin, là bas,
Poindre un petit village,
Il est caché sous les lilas,
Tout au fond du feuillage.
Doucement, petite troupe doucement
Doucement, c'est le village au
bois dormant.
Doucement petite troupe doucement!
Doucement c'est le village au
bois dormant (bis).

Un son de cloches, dans les prés,
Résonne dans la brise,
Puis on entend sonner plus près
Les cloches de l'église.

Voyez la vigne en espaliers,
Les bosquets en charmilles,
Entendez-vous, dans les halliers,
Le rossignol qui trille?

Sur la maison descend le soir,
C'est l'heure languissante;
Des lampes brûlent dans le noir,
Montons la rue en pente.

La chatte noire.

Près du moulin, dans le verger,
Au soleil on voit s'allonger
Une chatte, couleur d'ébène;
Il est bien certain qu'elle dort.
Ses yeux ne sont que deux fils d'or,
Et ses griffes sont dans leur gaine.

Pourtant ne vous y fiez pas.

ジャン＝ジャック・ルソー研究所付属小学校の唱歌ノート

寺子屋学校ではたくさんの唱歌をならい、それをたどたどしい文字で記したノート一冊が今なお手もとにある。自己流の挿絵入りのこのノートは、あけて見ても見なくとも、昔の歌が自然にそこから流れ出てくる。それは子どもを育てる時には子守歌となり、子どもたちがみな巣立った今でも小声で歌ってみると、心がなごむ。

（「スイスものがたり」）

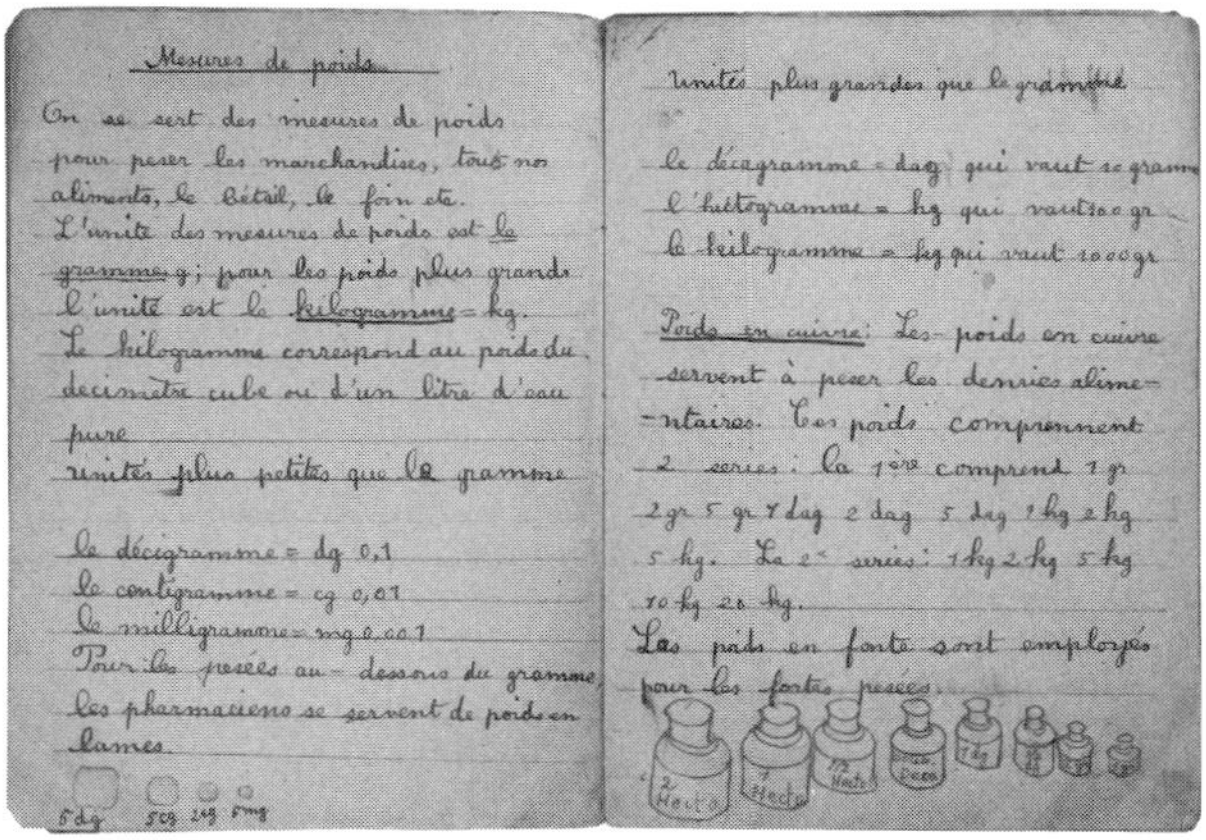

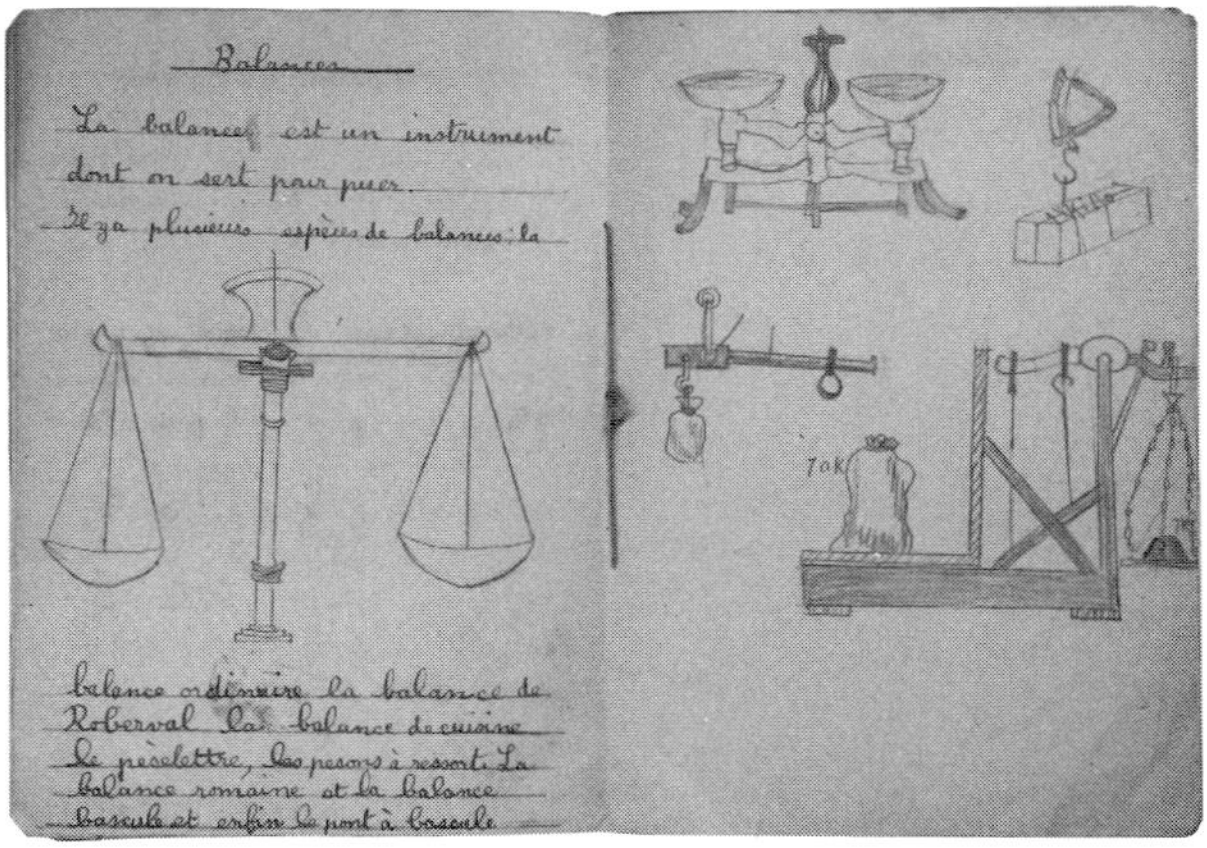

ジュネーヴ国際学校時代の教科ノート

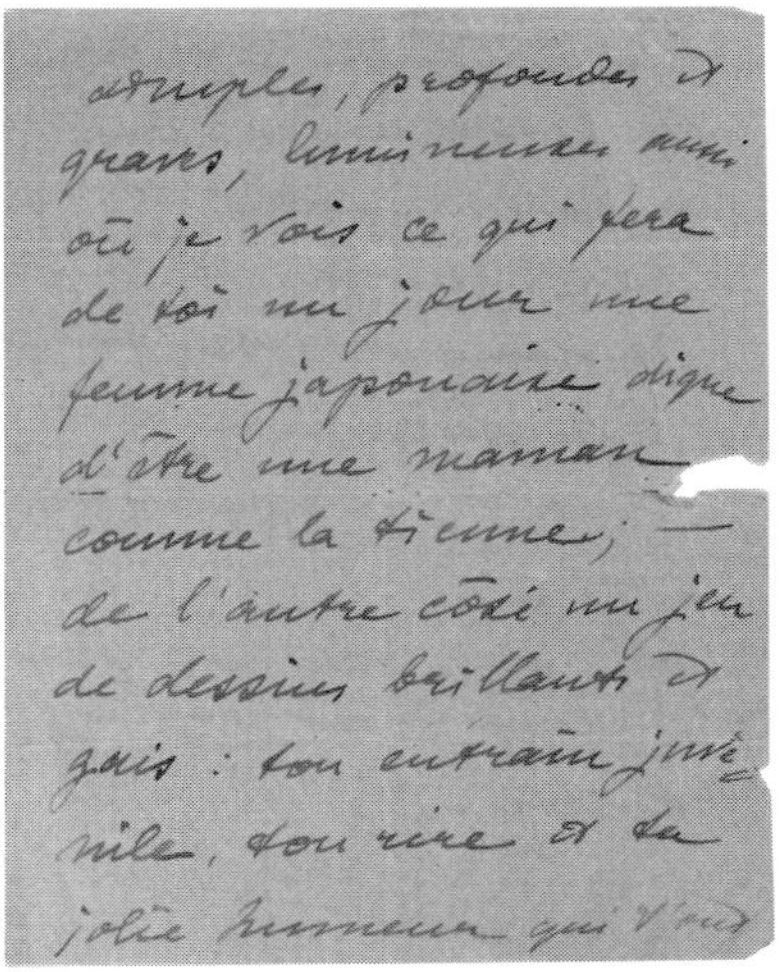

simples, profondes et
graves, lumineuses aussi
où je vois ce qui fera
de toi un jour une
femme japonaise digne
d'être une maman
comme la tienne; —
de l'autre côté un jeu
de dessins brillants et
gais : ton entrain juvé-
nile, ton rire et ta
jolie humeur qui t'ont

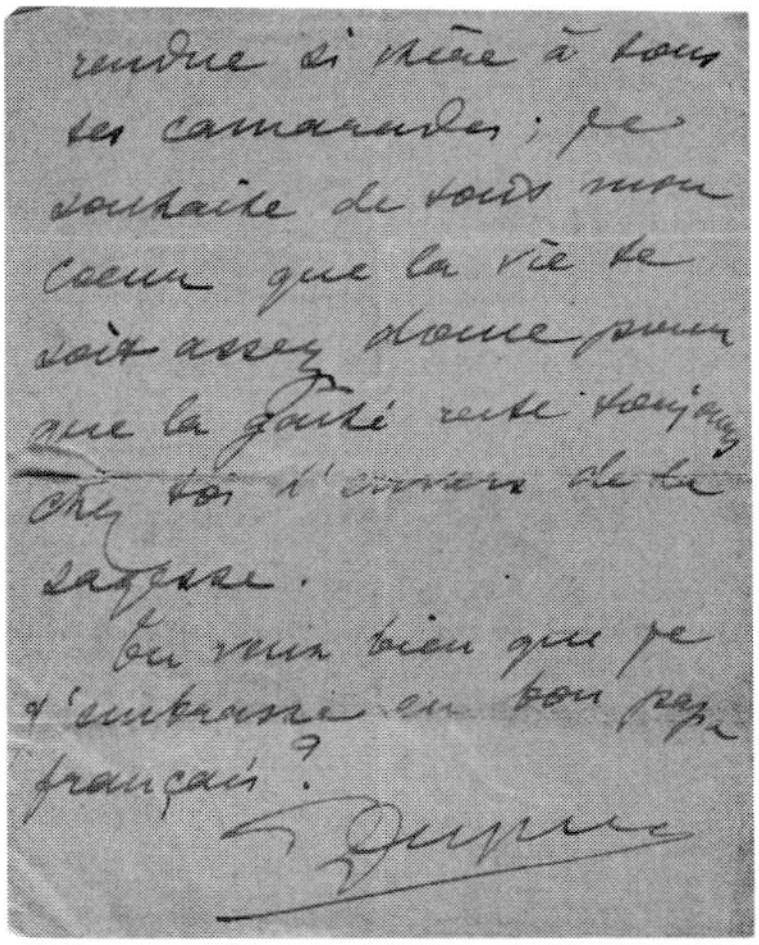

rendue si chère à tous
tes camarades; je
souhaite de tout mon
coeur que la vie te
soit assez douce pour
que la gaîté reste toujours
chez toi l'ornement de ta
sagesse.
Tu veux bien que je
t'embrasse en ton papa
français?
Dupuy

美恵子が国際学校で教えをうけたフランス人教師、ポール・デュプイ。担任として、フランス語、作文、文学、地理をはじめ一般教養的なことを広範にわたって教授し、十二歳の美恵子について、成績表につぎのように記したという。

「同僚たちみなも私と同意見だが、ミエコはその知性と性格の双方の特徴によって興味ある存在である。彼女の臆病ささえも、その興味を増す。しかしこの臆病さによって将来わずらわされないことを望む。もっと自信を持って欲しい。」

「ミエコは現在、心理的発育の途上で一つの曲り角にきている。その年齢にふさわしい子どもでありながら、いろいろな新しい面を見せ始めている。彼女とともに勉強するのは楽しい。」

ひろい教養と「年少者への愛」を持っていたこの教師について、美恵子はのちに記している。

「(…)デュプイ先生ほど私たちが質的にも時間的にも多くを教えられた先生はない。あまりにも幼かったために、あの先生の「知恵」を充分吸収しえなかったことが悔やまれるが、それでも漠然と何か「第一級」のものに接した思いがいつまでも残っている。」

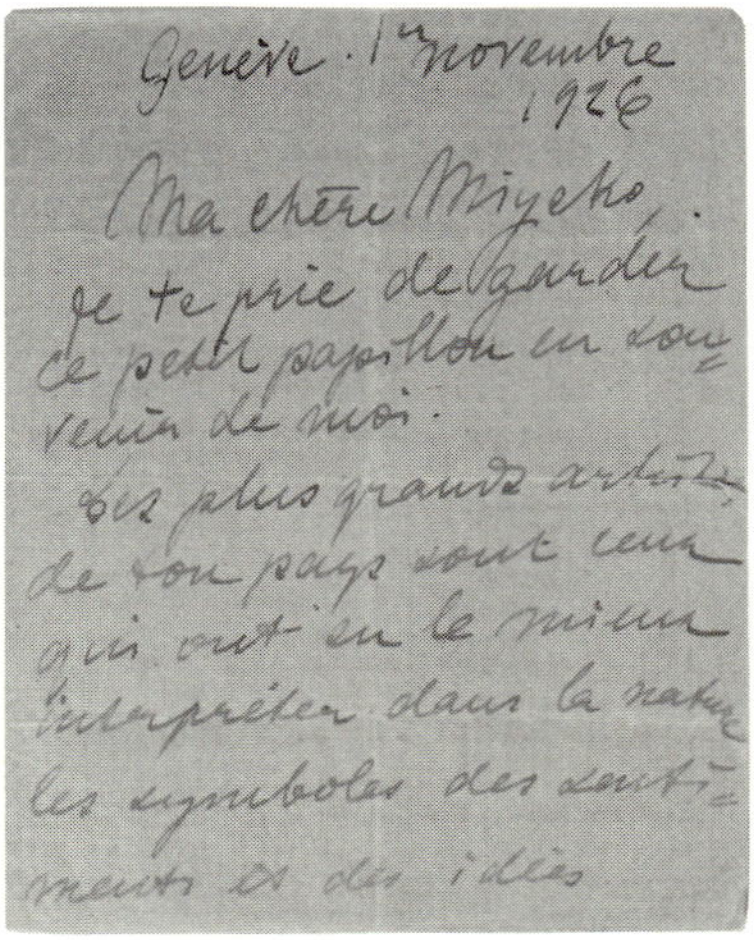
Genève · 1er novembre 1926

Ma chère Miyeko,
Je te prie de garder ce petit papillon en souvenir de moi.
Les plus grands artistes de ton pays sont ceux qui ont su le mieux interpréter dans la nature les symboles des sentiments et des idées

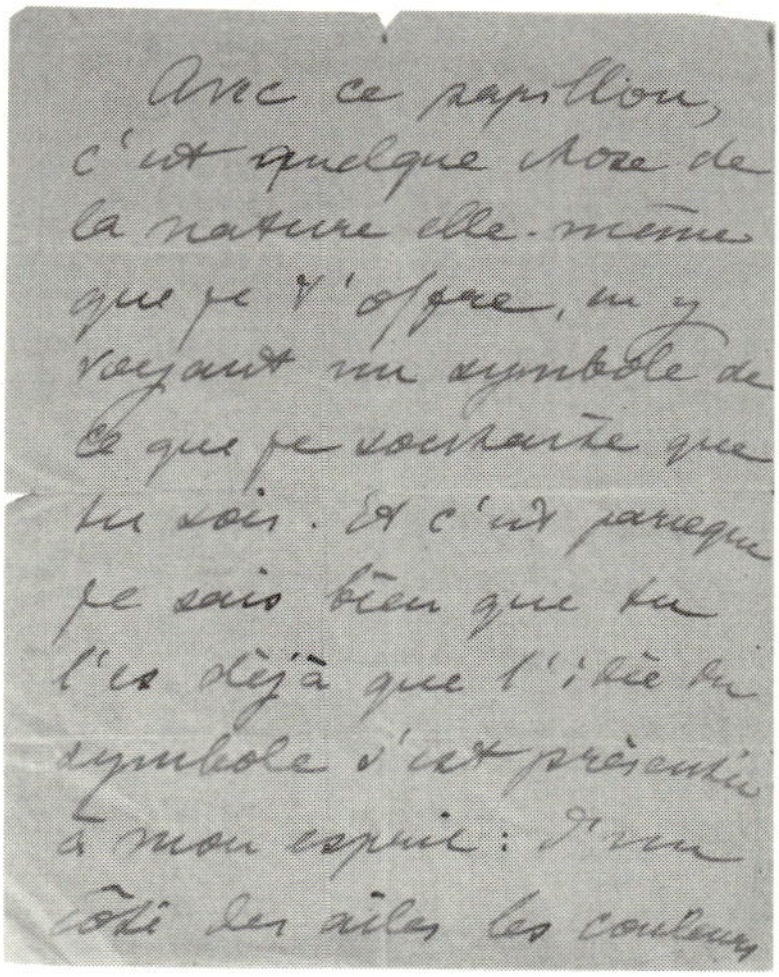
Avec ce papillon, c'est quelque chose de la nature elle-même que je t'offre, en y voyant un symbole de ce que je souhaite que tu sois. Et c'est parce que je sais bien que tu l'es déjà que l'idée du symbole s'est présentée à mon esprit : d'un côté des ailes les couleurs

左より、全４頁

デュプイ先生からの餞別に添えられた手紙

ジュネーヴ、一九二六年十一月一日
　私のいとしいミエコよ
　この小さな蝶を私の思い出に持っていて下さい。あなたの国の最も偉大な芸術家たちは感情や観念のシンボルを、自然の中から最もよく、引き出すことのできた人たちです。
　この蝶をあなたにあげるのは、自然そのものをあげるわけですが、それはあなたにそうなって欲しいと思うもののシンボルであるからです。シンボルという考えが浮かんだのは、あなたにふさわしいと私が考えたからなのです。羽の表面はしなやかで、深い、光を放つ濃い色。それらの色は、いつの日にかあなたを立派な日本女性に育てることでしょう。羽の裏面には、はなやかで快活な図柄が奔放にあそんでいる。それはあなたの若々しい活気、陽気を現わしており、それによって友だち皆と仲よくできたのです。あなたの人生を通じて、知恵の裏側がいつでも快活さでありうるように、一生があなたにとって十分穏やかなものであるよう、私は心から祈っています。
　フランスのお祖父さんとしてキスさせて下さいね。
ポール・デュプイ
（『スイスものがたり』）

帰国、女子医専入学まで

1926-1940

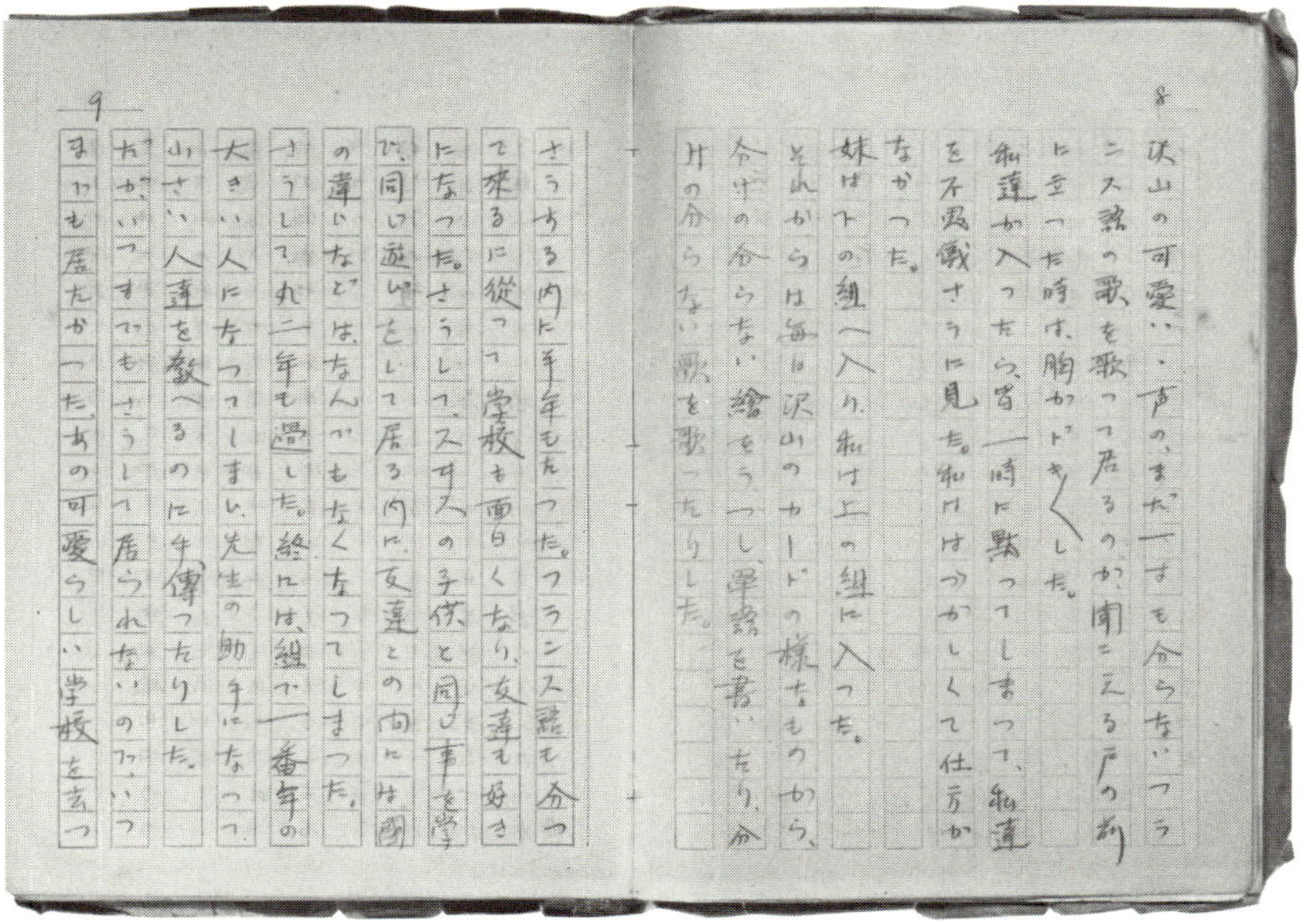

8

沢山の可愛い・声の、まだ一つも分らないフランス語の歌を歌つて居るのが聞こえる戸の前に立つた時は、胸がどき〳〵した。

私達が入つたら、皆一時に黙つてしまつて、私達を不思議さうに見た。私ははづかしくて仕方がなかつた。

妹は下の組へ入り、私は上の組に入つた。

それからは毎日沢山のカードの様なものから、分けの分らない絵をうつし、単語を書いたり、分けの分らない歌を歌つたりした。

9

さうする内に半年もたつた。フランス語も分つて来るに従つて学校も面白くなり、友達も好きになつた。さうして、スイスの子供と同じ事を学び、同じ遊びをして居る内に、友達との間には国の違いなどはなんにもなくなつてしまつた。

さうして丸二年も過した。終には、組で一番年の大きい人になつてしまい、先生の助手になつて、小さい人達を教へるのに手傳つたりした。

たが、いつまでもさうして居られないのがいつまでも居たかつた、あの可愛らしい学校を去つ

作文「ジェネバの学校」
1928年 1 月27日。

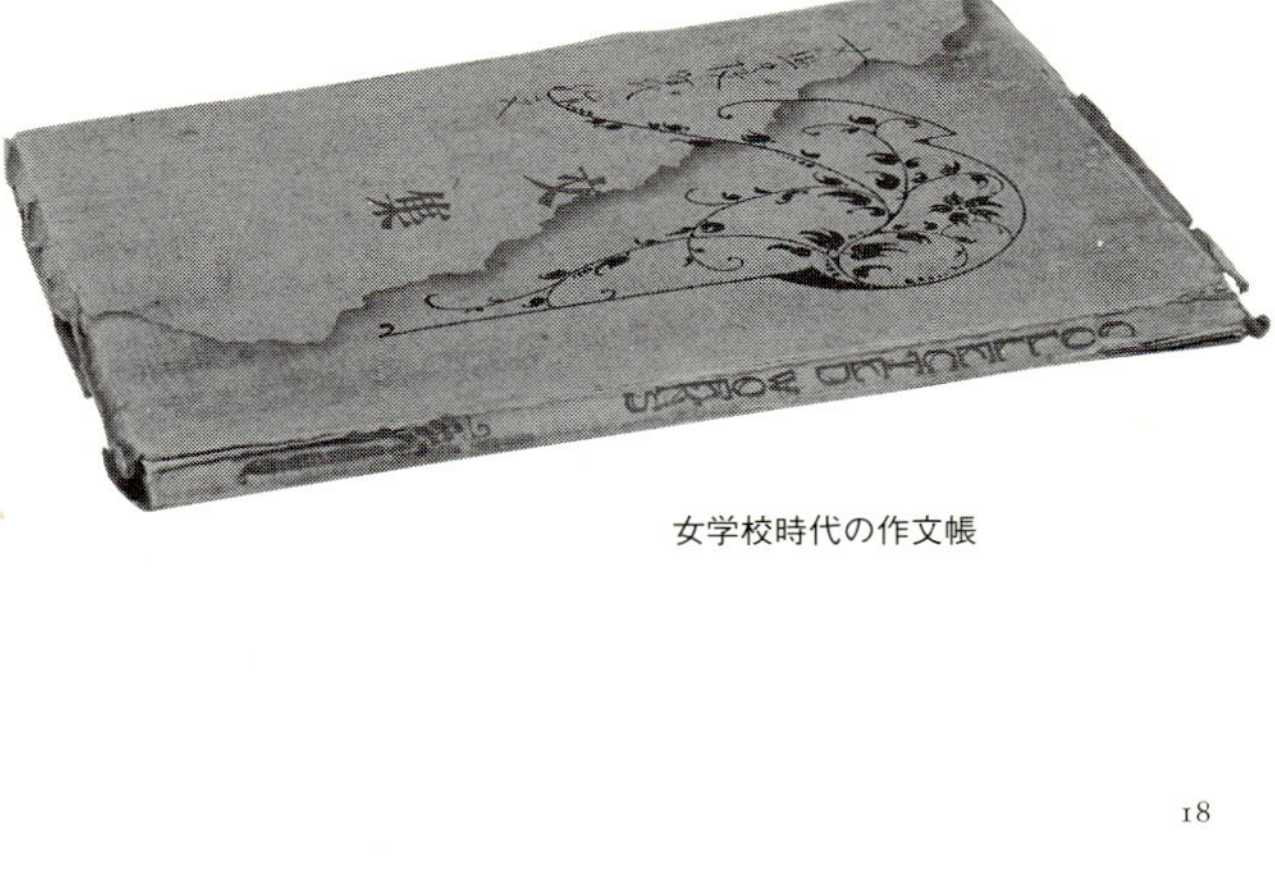

女学校時代の作文帳

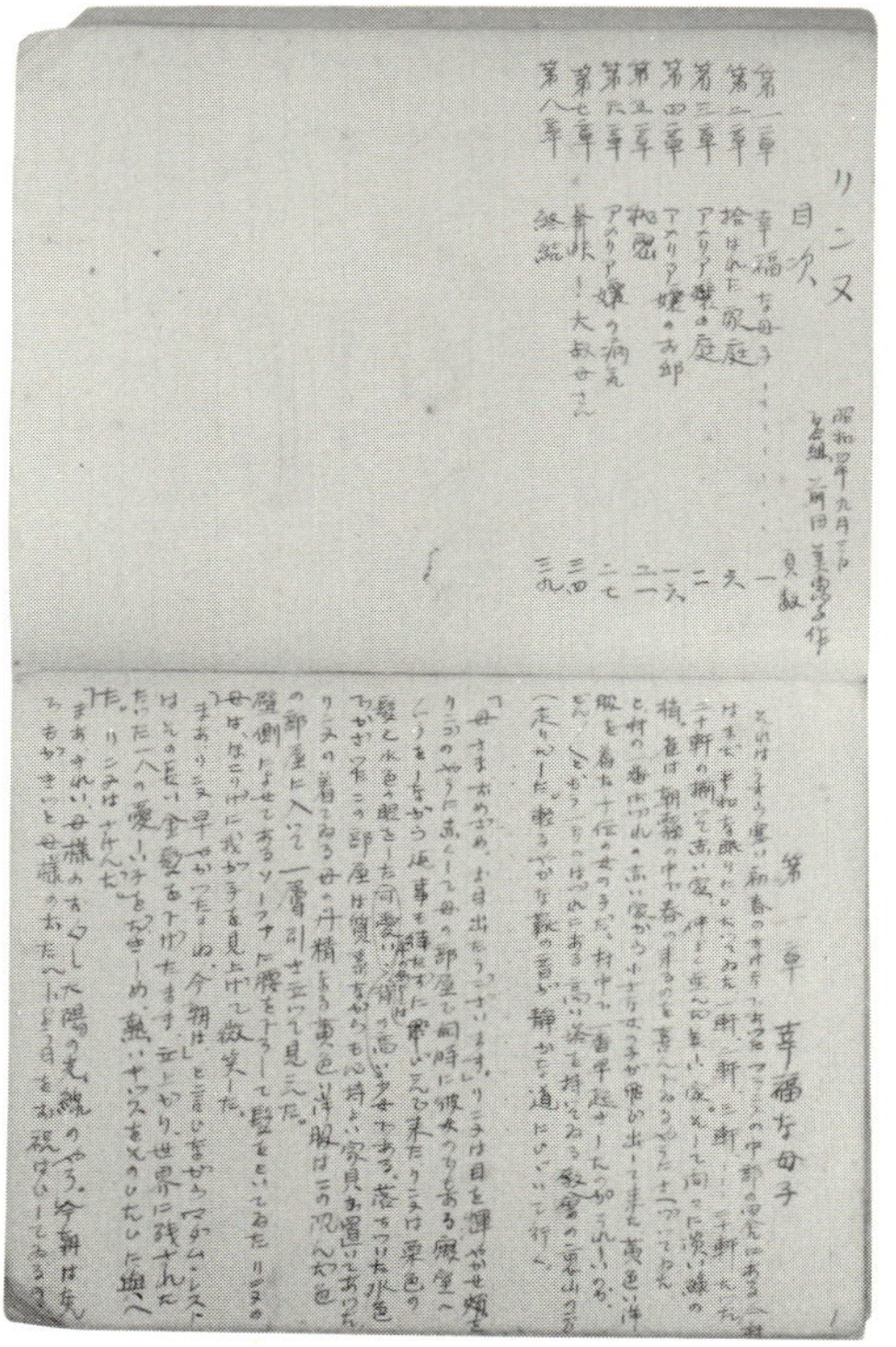

ものがたり『リンヌ』
1929年9月3日に書かれたもの。
8章からなる少女向けの物語。

成城学園講堂前芝生にて（1931年４月）
ゆり組クラスメートとともに

陶器のうさぎ
娘時代の美恵子のイメージは白い「うさぎさん」であり、うさぎの「耳」とミエコの「ミ」のひびきが重なって、親しい人びと、のちには夫からも「みみ」と呼ばれていた。
このうさぎの置物はそれほど古いものではないが、やはり「うさぎさん」に誰かから贈られたものであろう。

赤城にて（1933年）
兄 陽一とともに

軽井沢和美峠にて（1934年８月）
きょうだい、秋山春水、野村稔子とともに

成城高女卒業アルバム（1932年）

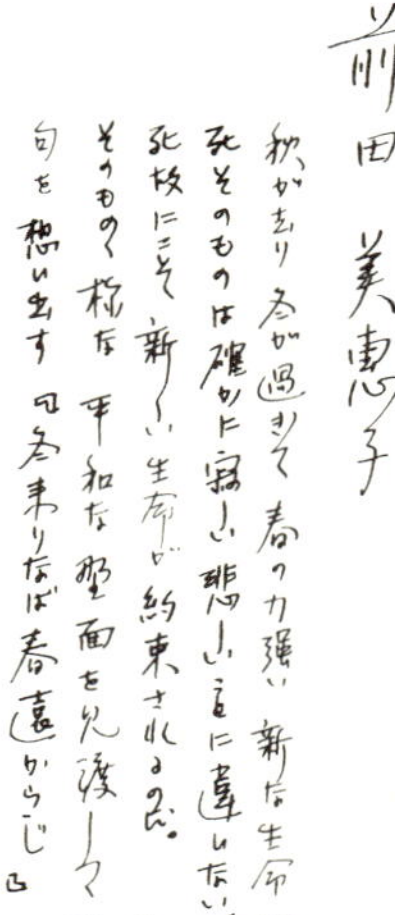

前田美恵子
秋が去り冬が過ぎて春の力強い新たな生命が生れるのだ。
死そのものは確かに寂しい悲しい事に違いない。しかし
死故にこそ新しい生命が約束されるのだ。 私は静
そのものゝ様な平和な死面を見護して 誰かの詩の
句を想い出す 「冬来りなば春遠からじ」

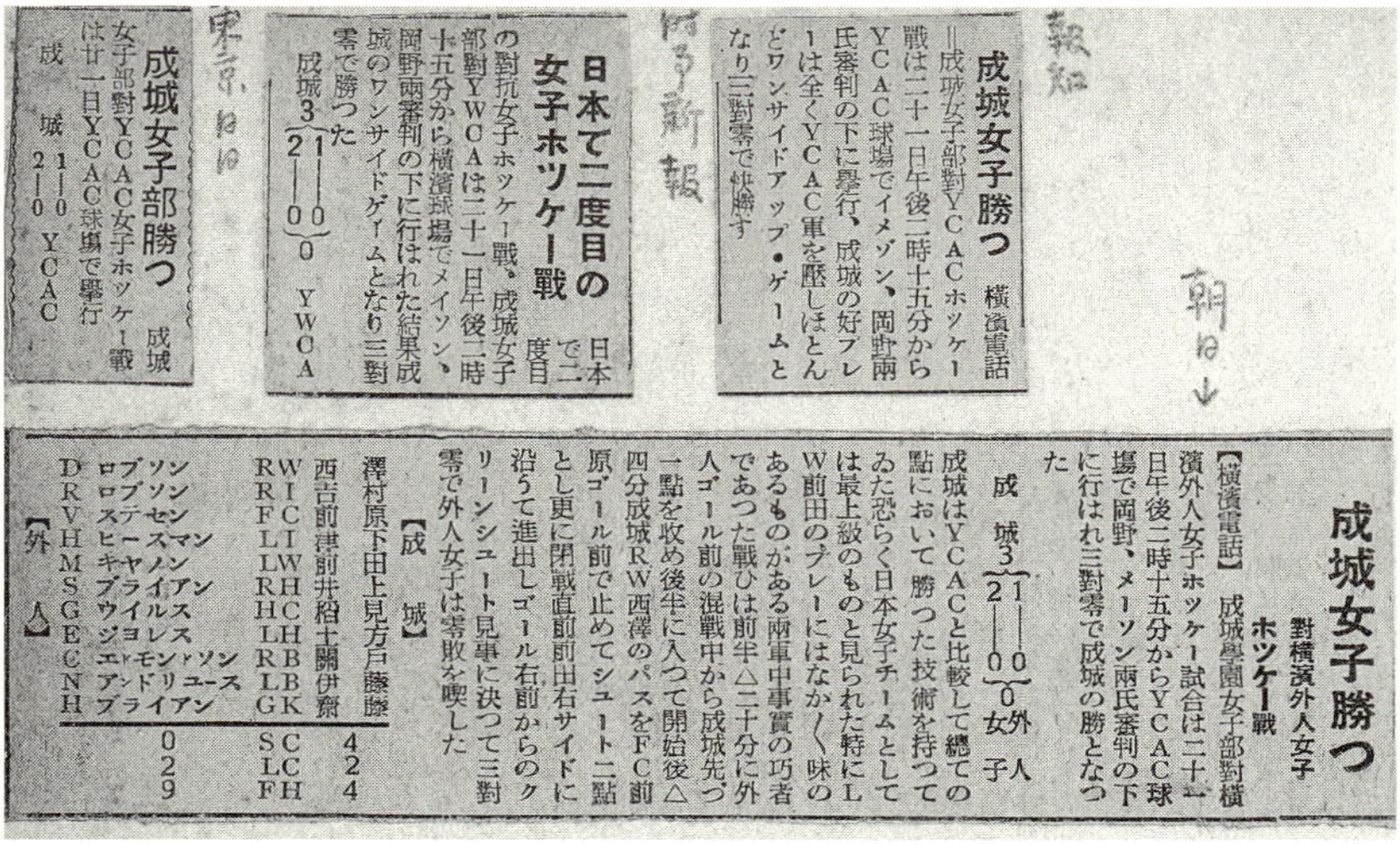

報知

成城女子勝つ　横濱電話

＝成城女子部對ＹＣＡＣホッケー戰は二十一日午後二時十五分からＹＣＡＣ球場でイメゾン、岡野兩氏審判の下に擧行、成城の好プレーは全くＹＣＡＣ軍を壓しほとんどワンサイドアップ・ゲームとなり三對零で快勝す

時事新報

日本で二度目の女子ホッケー戰

日本で二度目の對抗女子ホッケー戰、成城女子部對ＹＷＣＡは二十一日午後二時十五分から横濱球場でメイソン、岡野兩審判の下に行はれた結果成城のワンサイドゲームとなり三對零で勝つた

成城3{2—0 / 1—0}0 ＹＷＣＡ

東京日日

成城女子部勝つ　成城

女子部對ＹＣＡＣ女子ホッケー戰は廿一日ＹＣＡＣ球場で擧行

成城 1—0 / 2—0 ＹＣＡＣ

朝日↓

成城女子勝つ
對横濱外人女子ホッケー戰

【横濱電話】成城學園女子部對横濱外人女子ホッケー試合は二十一日午後二時十五分からＹＣＡＣ球場で岡野、メーソン兩氏審判の下に行はれ三對零で成城の勝となつた

成城3{2—0 / 1—0}0 外人女子

成城はＹＣＡＣと比較して總ての點において勝つた技術を持つてゐた恐らく日本女子チームとしては最上級のものと見られた特にＬＷ前田のプレーにはなか〳〵味のあるものがある兩軍中事實の巧者であつた戰ひは前半△二十分に外人ゴール前の混戰中から成城先づ一點を收め後半に入つて開始後△四分成城ＲＷ西澤のパスをＦＣ前原ゴール前で止めてシュート二點とし更に閉戰直前前田右サイドに沿うて進出しゴール右前からのクリーンシュート見事に決つて三對零で外人女子は零敗を喫した

【成城】			【外人】
西澤	ＲＷ	Ｄ	ロブソン
吉村	ＲＩ	Ｒ	ロブソン
前原	ＦＣ	Ｖ	ステセン
津下	ＬＩ	Ｈ	ヒースマン
前田	ＬＷ	Ｍ	キャノン
井上	ＲＨ	Ｓ	ブライアン
稻見	ＨＣ	Ｇ	ウイルス
十方	ＬＨ	Ｅ	ジョレス
關戸	ＲＢ	Ｃ	エドモンドソン
伊藤	ＬＢ	Ｎ	アンドリュース
齋藤	ＧＫ	Ｈ	ブライアン
4	ＳＣ		0
2	ＬＣ		2
4	ＦＨ		9

高女時代の新聞切り抜き
〈成城はＹＣＡＣと比較して総ての点において勝った技術を持っていた（…）
特にＬＷ前田のプレーにはなかなか味のあるものがある　両軍中事実の巧者であった〉

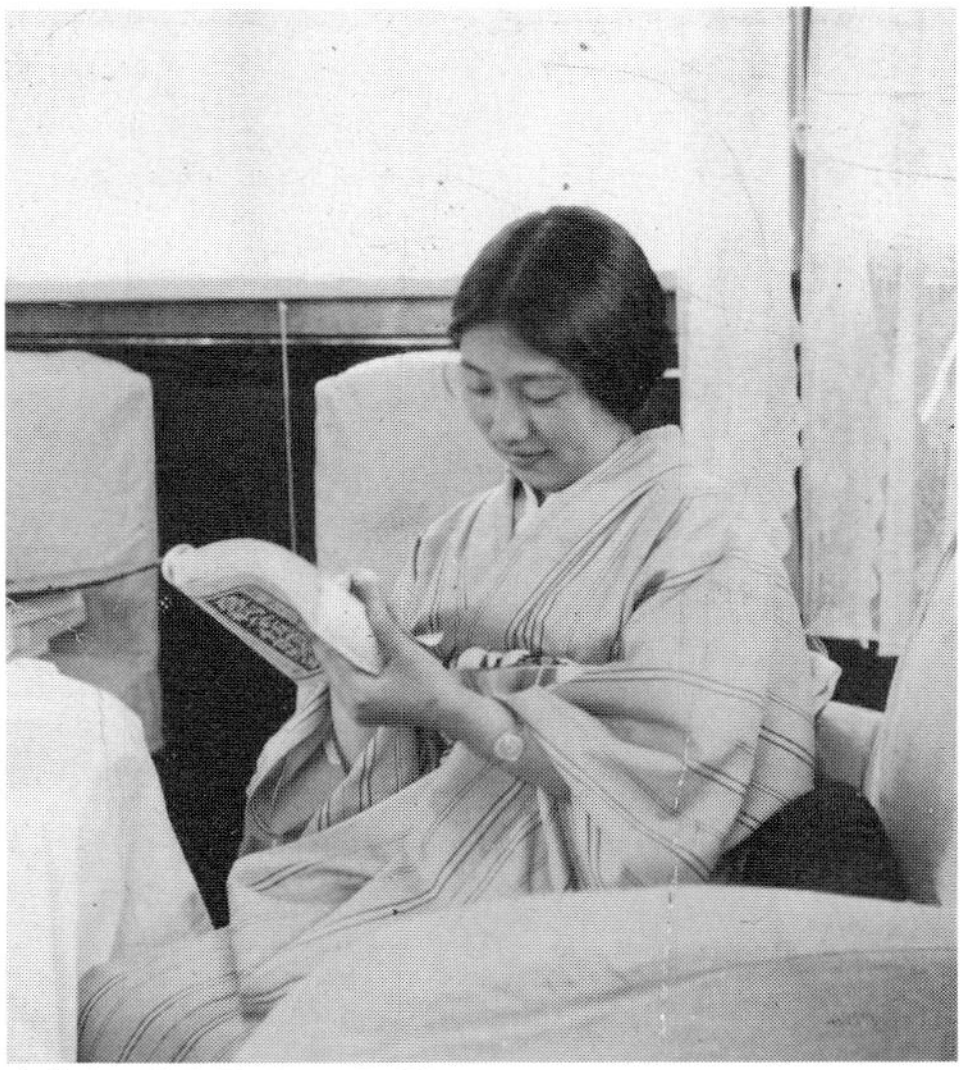

療養中の美恵子（1935年頃）
女学校を卒業後、津田英学塾にすすんだ美恵子だが、21歳から22歳にかけて二度にわたり肺結核が発病。軽井沢で療養しながら、読書と勉強の日々を過ごす。

軽井沢にて（1935年）

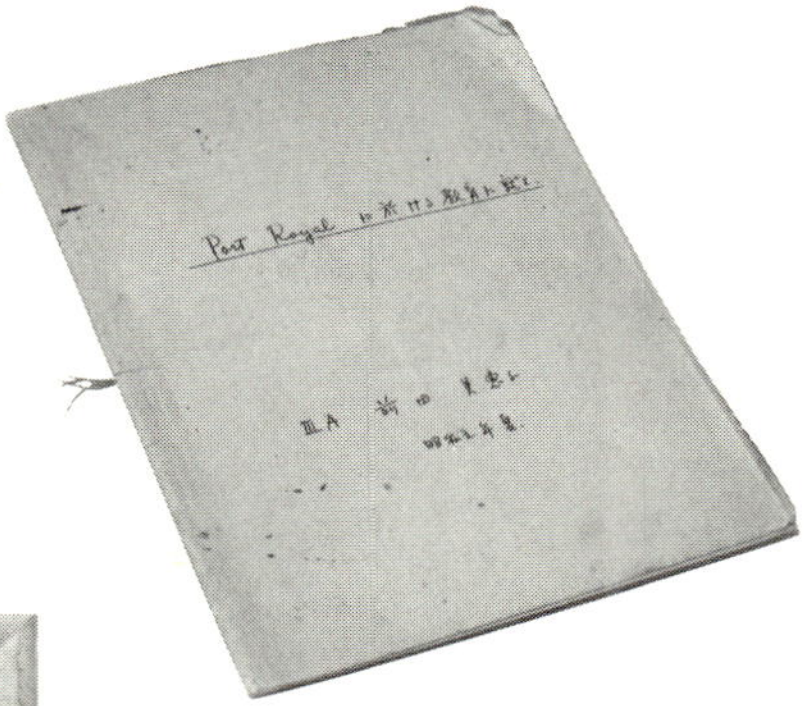

「ポール・ロワイヤルに於ける教育に就て」
津田英学塾三年次のとき、パスカルの妹、ジャクリーヌが主催したポール・ロワイヤルの指導原理について論じたもの。
女学校から津田時代にかけての美恵子にとってもっとも近しい「仲間」であり「指導者」であったのが、三歳年上の兄、陽一である。兄が専門としたパスカルに美恵子も自然と目をむけ、陽一をパスカルに、自分をジャクリーヌに見立てて未来の夢を抱いた時期に書かれた教育学卒業論文。

油彩画　「塩沢路」（1938年）
絵を描くのが好きで、母の見つけてきた一流の先生について絵を習っていた美恵子は、結核療養中にも、いくらか調子がよい時には筆をとって近くの景色をカンバスに描いた。

ギリシャ語の新訳聖書
二度目の結核療養中、美恵子は病床で独習したギリシャ語で聖書を読んだ。晩年、入退院を繰り返した美恵子だが、そのたびにこのギリシャ語の新約聖書はかならず病室に持っていったという。

ペンドル・ヒルにて（1939年）
結核治癒後、美恵子は奨学金を授与されて渡米、コロンビア大学でギリシャ文学を学ぶ。ニューヨークの喧噪を逃れて数ヶ月間を過ごしたこのフィラデルフィアのクェーカー学寮で、生涯の友となる浦口真佐と出会い、19歳の時にはじめて抱いたハンセン病治療への夢が再燃する。

切り絵細工
1939年のニューヨーク万博を、父と妹とともに訪れた美恵子のプロフィル。会場の切り絵師によるもの。会場で医学の展示に釘付けになる美恵子に父の反対がついにとけ、この日を境に医学の道に進むことを許される。

版画「ペンドル・ヒル物語」
文章を美恵子、挿絵を真佐が担当してつくろうと計画していた「ペンドル・ヒル物語」。

ニューヨーク万博会場にて（1939年5月13日）

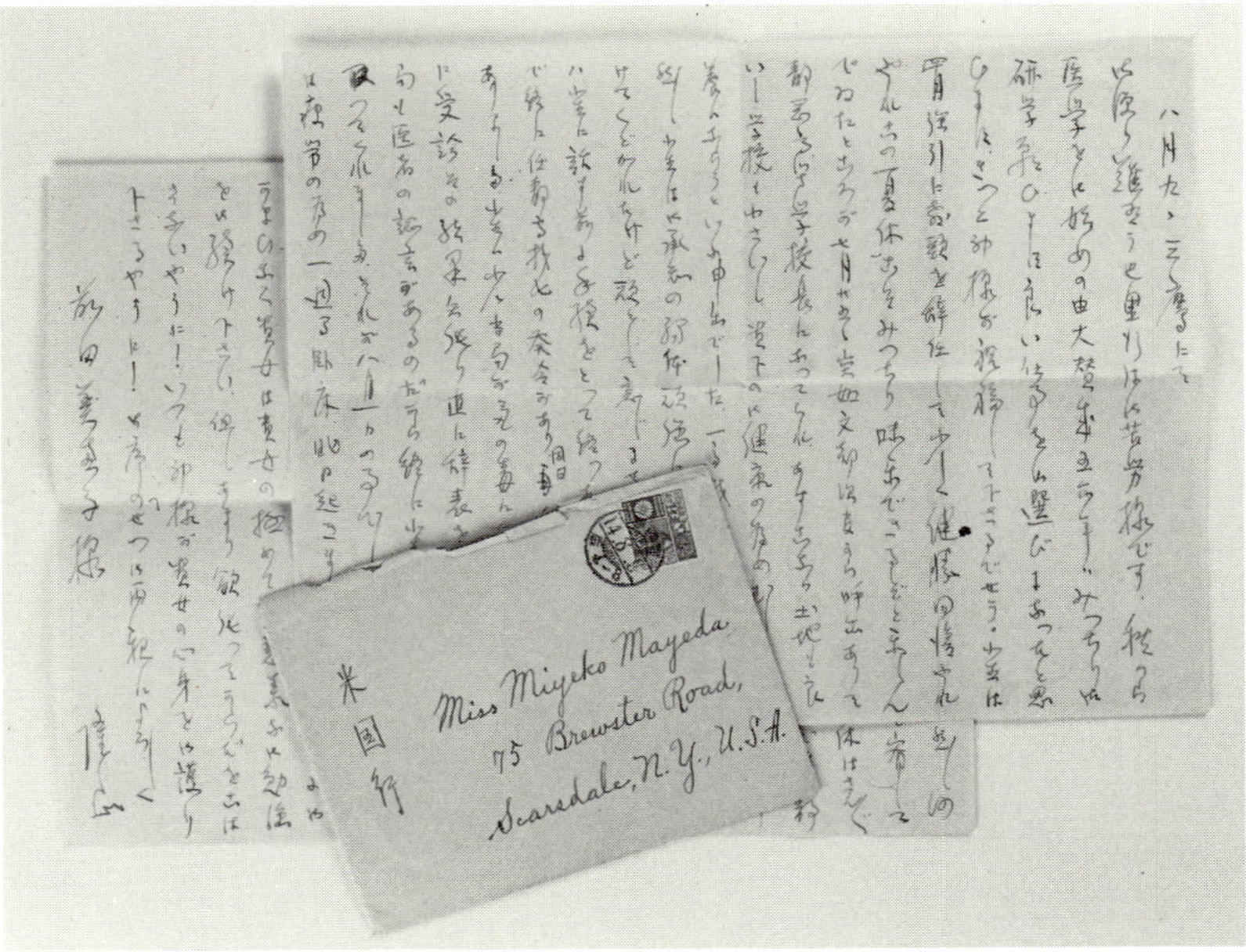

三谷隆正からの手紙（1939年8月）
結核療養中に文通によって師事した、キリスト教教育者・哲学者 三谷隆正からのエアメール。
「医学を御始めの由大賛成」とある。

ニューヨーク 日本文化会館にて（1939年頃）

ニューヨーク　日本文化会館にて（1940年）
ニューヨークでの美恵子は、コロンビア大学に通うかたわら、日本文化会館館長に就任した父を手伝って、日本文化の紹介の行事などにかり出されることもしばしばだった。

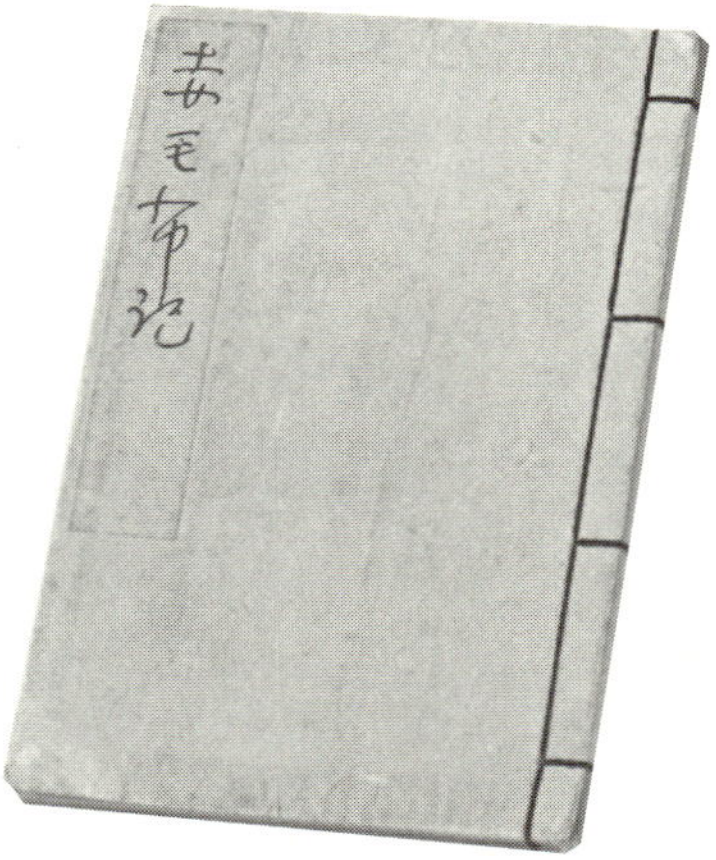

赤毛布記

1939年6月、単身、ニューヨークから兄の住むパリへ向かった美恵子は、船中で読んでいたプラトンの『ポリテイア（国家）』に熱中するあまり、イギリスのドーヴァーからフランスのル・アーヴル行きの船に乗ったつもりが、うっかり英領避暑地の島へ向かう船に乗り違えてしまった。サザンプトンまで戻らされ、一日おきにしか出ないル・アーヴル行きの船を待ちながら、港の小さなホテルで事の一部始終を記した小さな水色のノートが、この「赤毛布記」である。読書に夢中になるあまりにしでかした「うっかり」の中でも、この失敗は最たるもので、両親やきょうだいの間でいつまでも笑い草となったという。

ニューヨーク郊外、スカースデールの家にて両親と（1939年）

女子医専入学、結婚まで

1941-1946

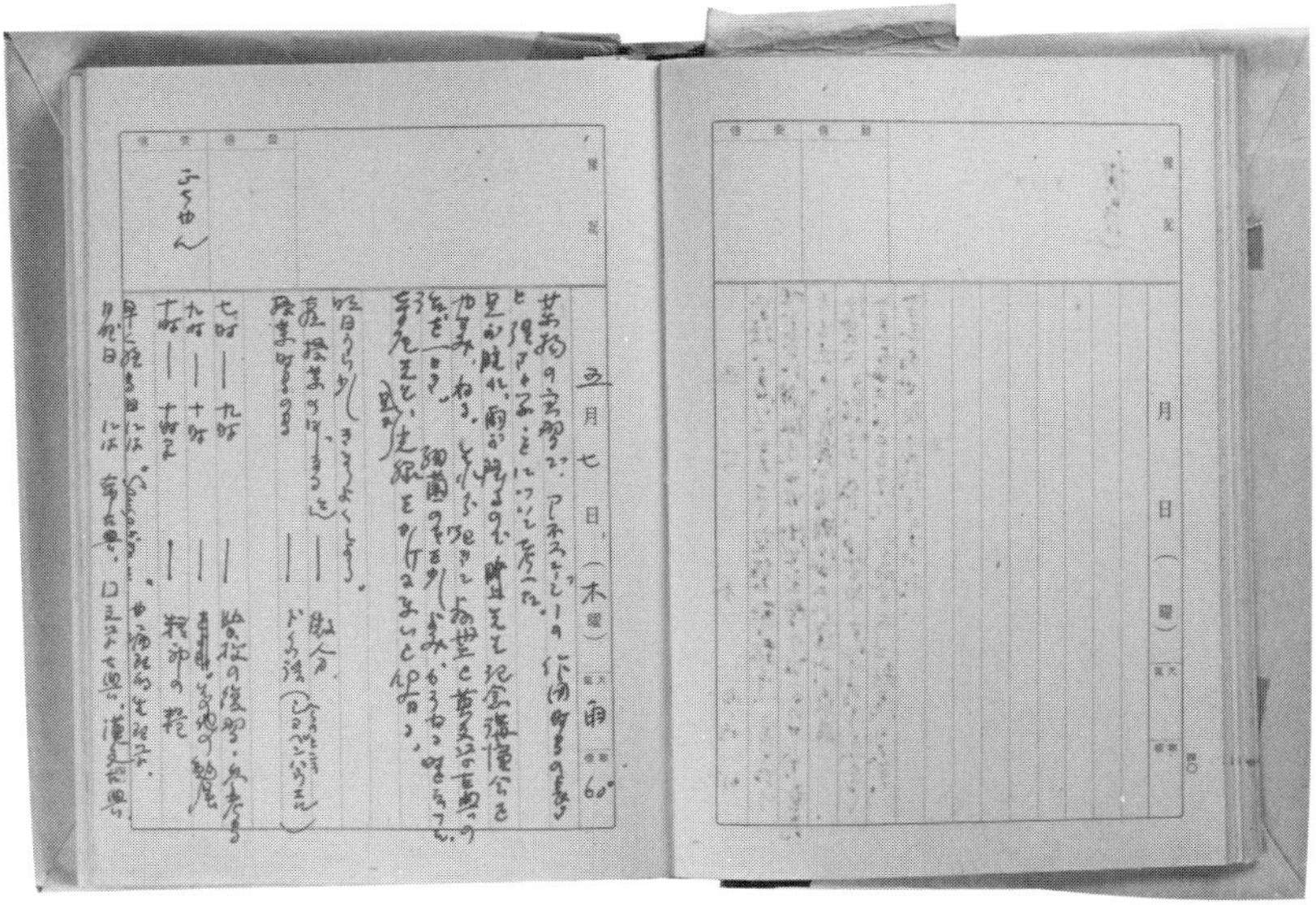

日記
1942年５月７日。自分できめた勉強の時間割がみられる。

五月七日（木）雨

薬物の実習で、アネステジーの作用時間の長さと強さということについて考えた。

足が腫れ、雨が降るので畔上先生記念講演会をやすみ、ねる。それから起きて叔母上と英文学古典の話を一とき。細菌の本を少し読み、もうねる時となった。寺尾先生、足に光線をかけに来いとおっしゃる。

明日から少しきまりよくしよう。

朝授業のはじまるまで——微分

授業時間の間——ドイツ語（今のところショペンハウエル）

七時—九時——学校の復習・参考書

九時—十時——その他の勉強

十時—十時半——精神の糧

早く終る日には、“Sensation...”や病態生理学。

日曜日には希鑞古典、国文学古典、漢文古典。

東北沢駅にて（1942年）
姪 妙子と

日記帳
1944年から1947年までの日記。一日の記述とは思えないほどの長文で、さまざまな心象風景が書かれた若き日の日記たち。戦争中も、片面しか書けないような紙質のわるい帳面を手にいれ、書きつづけた。

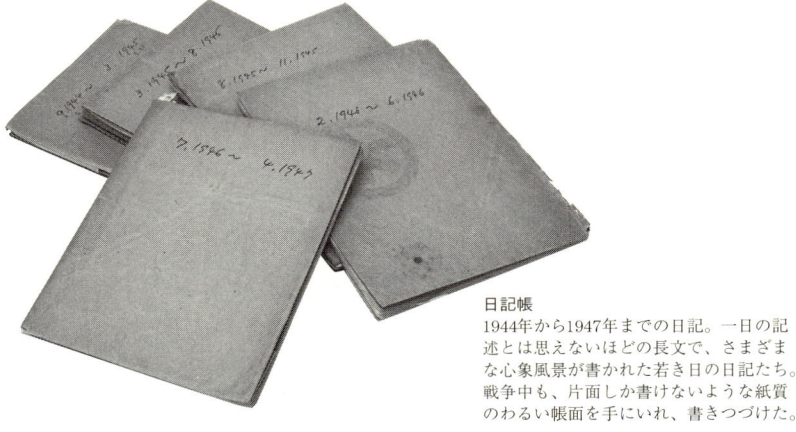

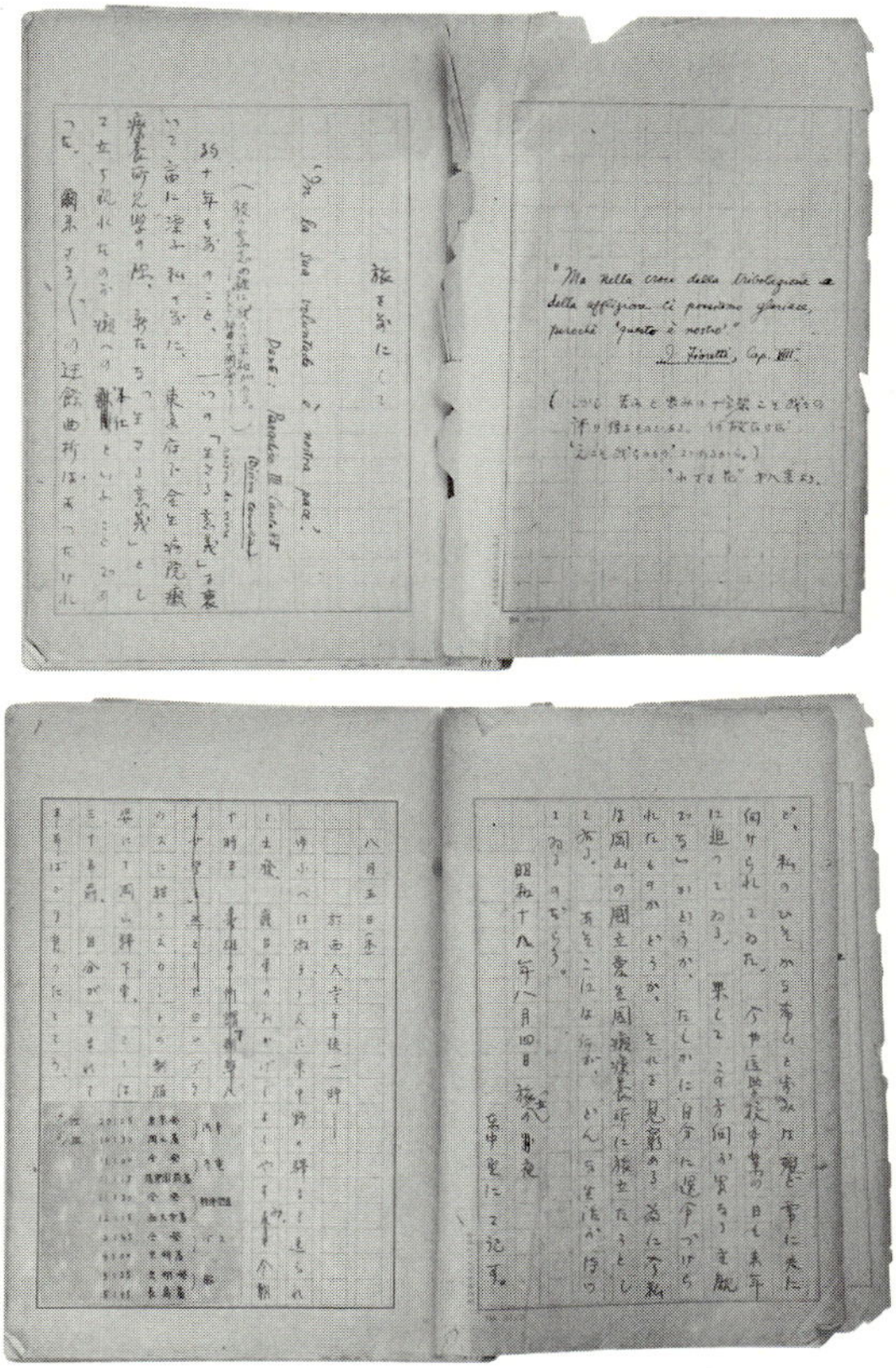

「愛生園見学の記」

旅を前にして

'In la sua voluntade nostra pace'.

Dante : ParadisoⅢ Canto 85. (*Divina Commedia*)

彼の意志の裡に我らの平和がある。

ダンテ『神曲』天国篇より

約十年も前のこと、一つの「生きる意義」raison de vivre を喪って宙に漂う私の前に、東京府下全生病院癩療養所見学の際、新たな「生きる意義」として立ち現れたのが癩への奉仕ということであった。爾来さまざまの紆余曲折はあったけれど、私のひそかな希いと歩みは殆ど常にそれに向けられていた。今や医学校卒業の日も来年に迫っている。果してこの方向が単なる主観でないかどうか、たしかに自分に運命づけられたものかどうか、それを見窮めるために今私は岡山の国立愛生園癩療養所に旅立とうとしている。あそこには何が、どんな生活が待っているのだろう。

昭和一八年八月四日旅立の夜

東中野にて記す

長島愛生園にて（1943年８月14日）
女子医専卒業を翌年に控えた夏、美恵子は瀬戸内海にあるハンセン病療養施設を訪れ、診療、手術、解剖などの実習を経験した。光田健輔園長以下、スタッフとともに。

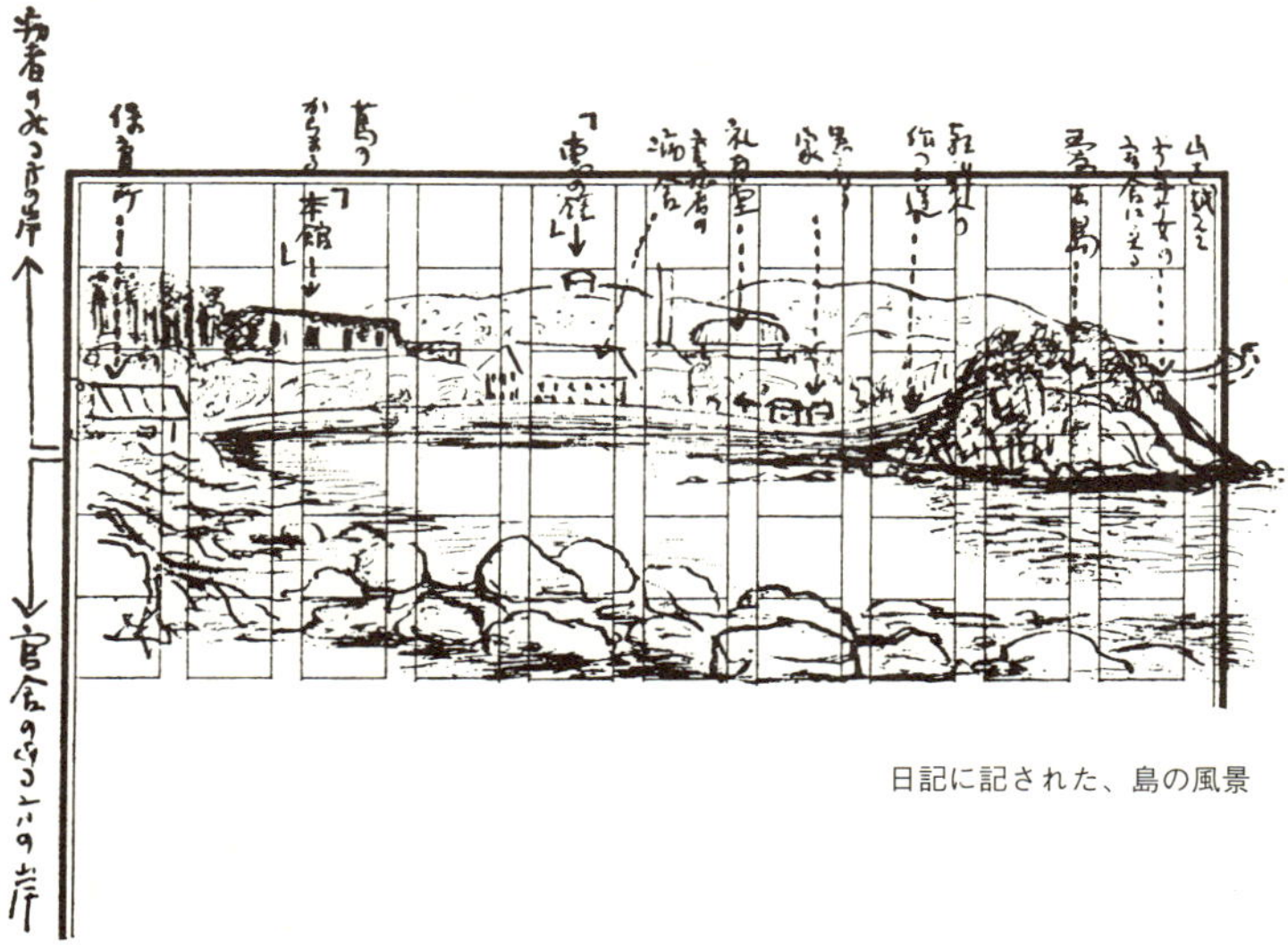

日記に記された、島の風景

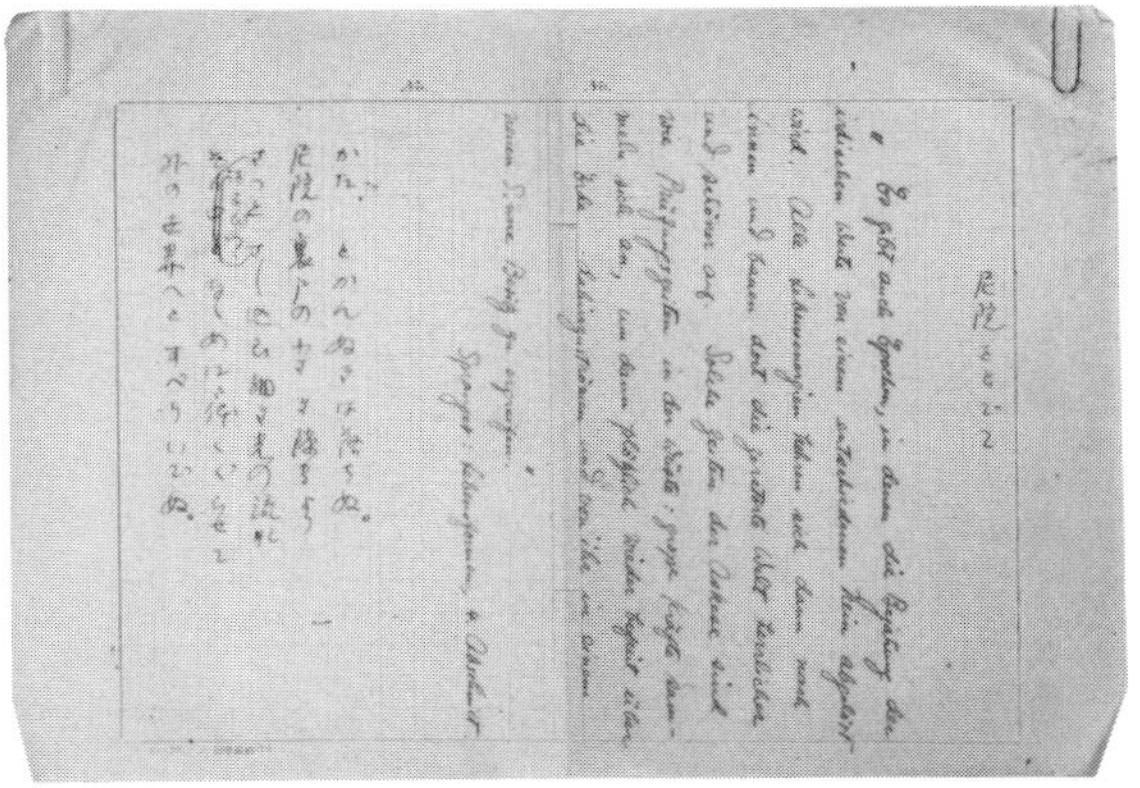

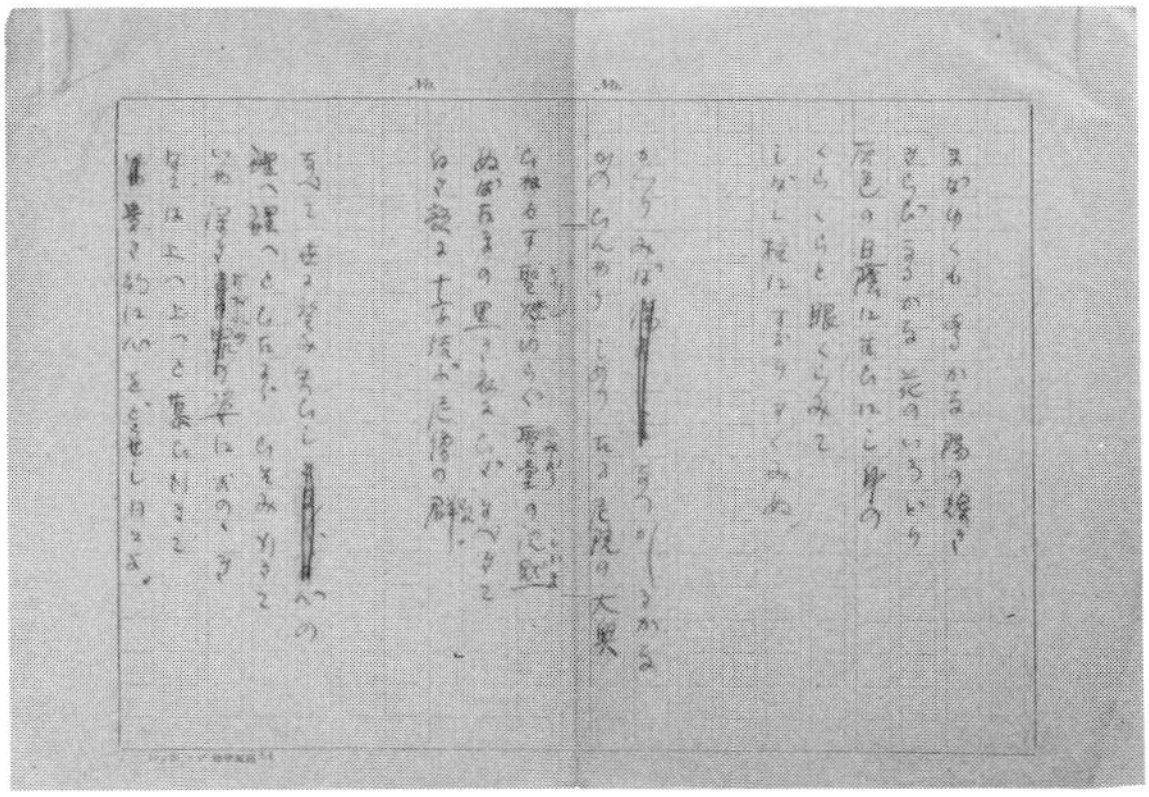

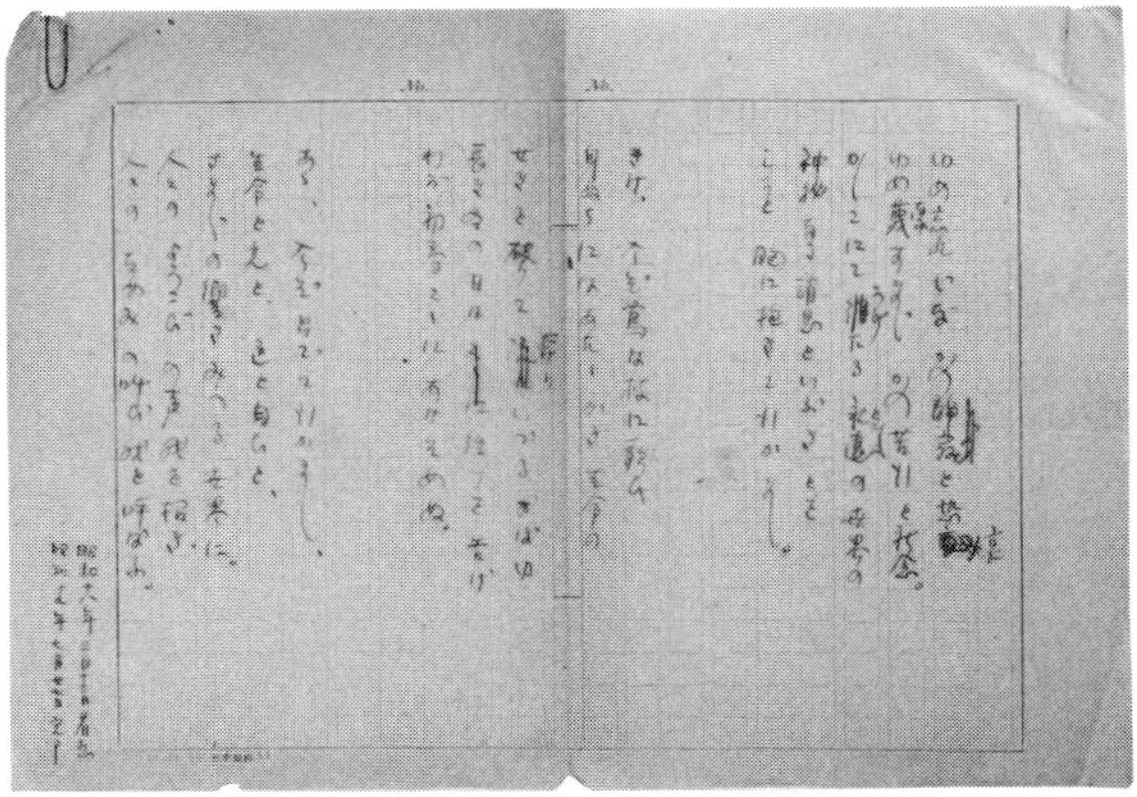

「尼院を出でて」（1944年）
愛生園行きについての父の反対はとけず、美恵子は女子医専卒業後の進路を精神医学に定める。医学修行をつづけながら、一方で、少女時代から抱いていた文学に自分のすべてを捧げたいという思いも美恵子の心から去ることはなかった。鳥羽光子のペンネームで書かれた多くの詩のひとつ。

帰国した父の赴任先、新潟県知事官舎にて（1944年頃）

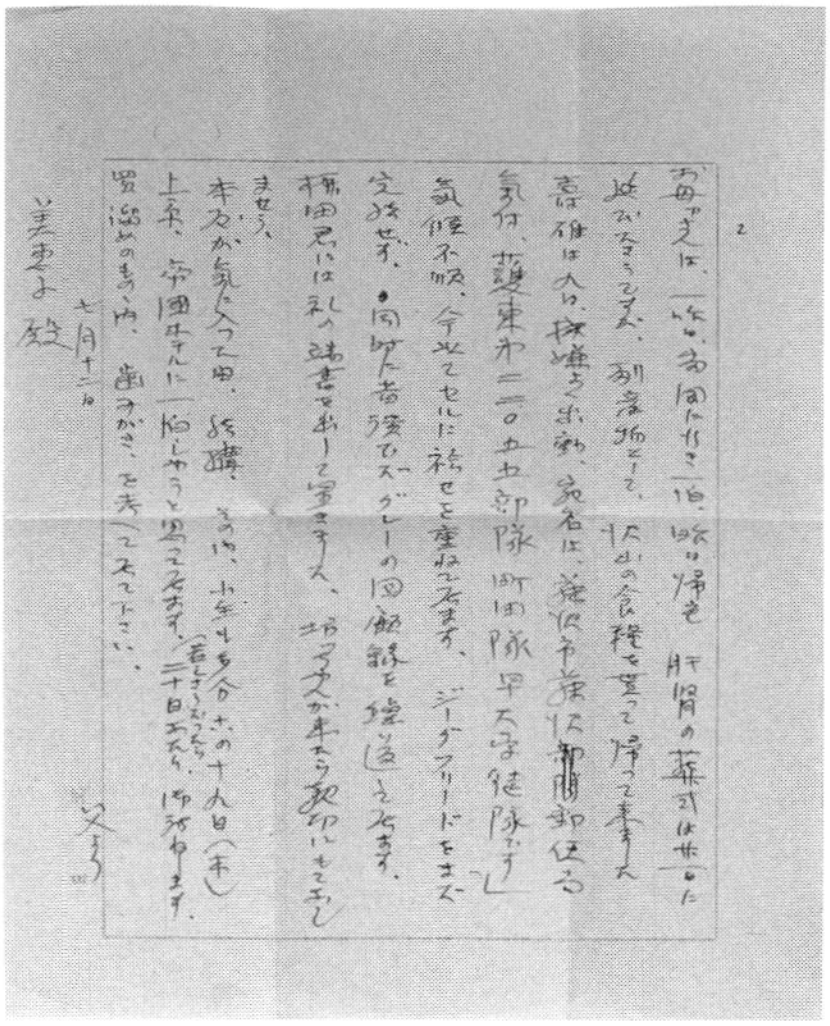

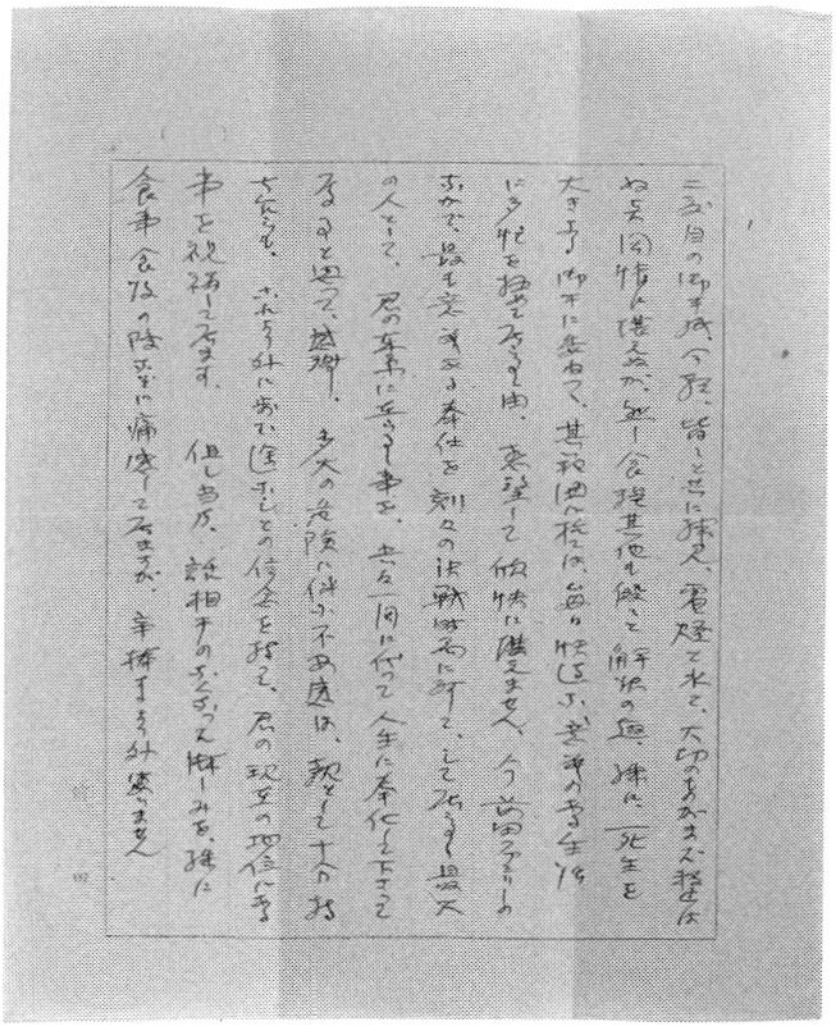

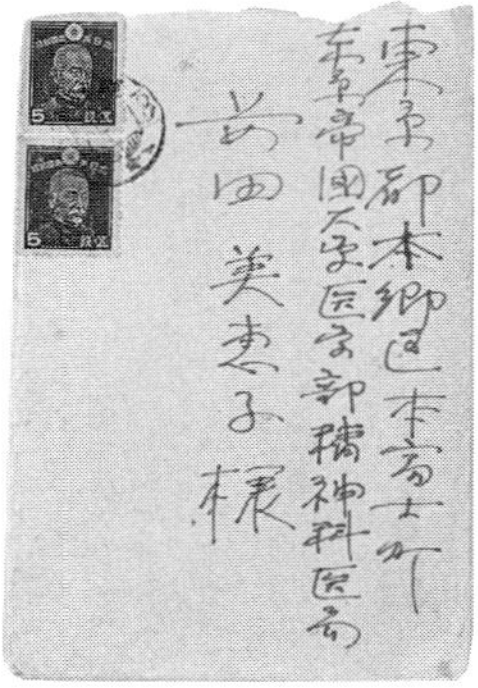

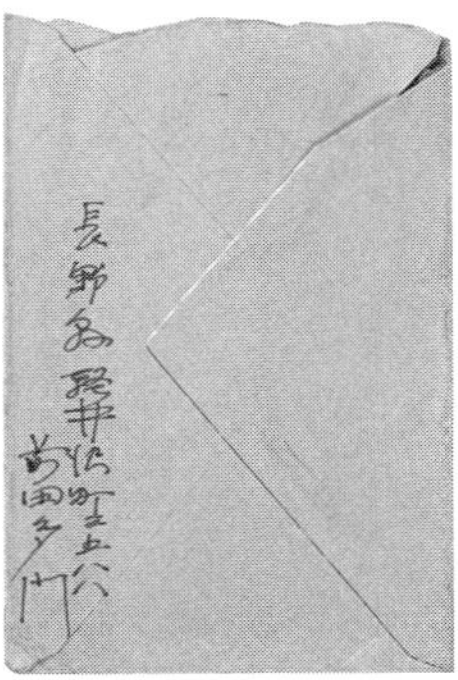

父 前田多門からの手紙

戦局が悪化し、軽井沢に家族で疎開中の父 前田多門から、空襲の絶えない東京で医局に住み込んで診療をつづける美恵子に宛てた手紙。多門はこの聡明で、どこか自分に似たところのある長女を愛し、対等に話のできる得がたいパートナーとも感じていた。

「但し当方、話相手のなくなった淋しみを、殊に食事食後の時なぞに痛感して居ます（…）」。
（1945年７月12日付）

文部省日記
美恵子は、終戦直後から一年たらずの間、文部大臣または文部次官の通訳として、ＧＨＱとの交渉の場に赴いた。このノートは交渉の席での速記録ではなく、交渉から帰るとすぐに文部省でその日の対談の内容を記録したものである。私的なノートであるが、きわめて正確なもので、日本の近代史のうえからも重要なものであると言えるだろう。

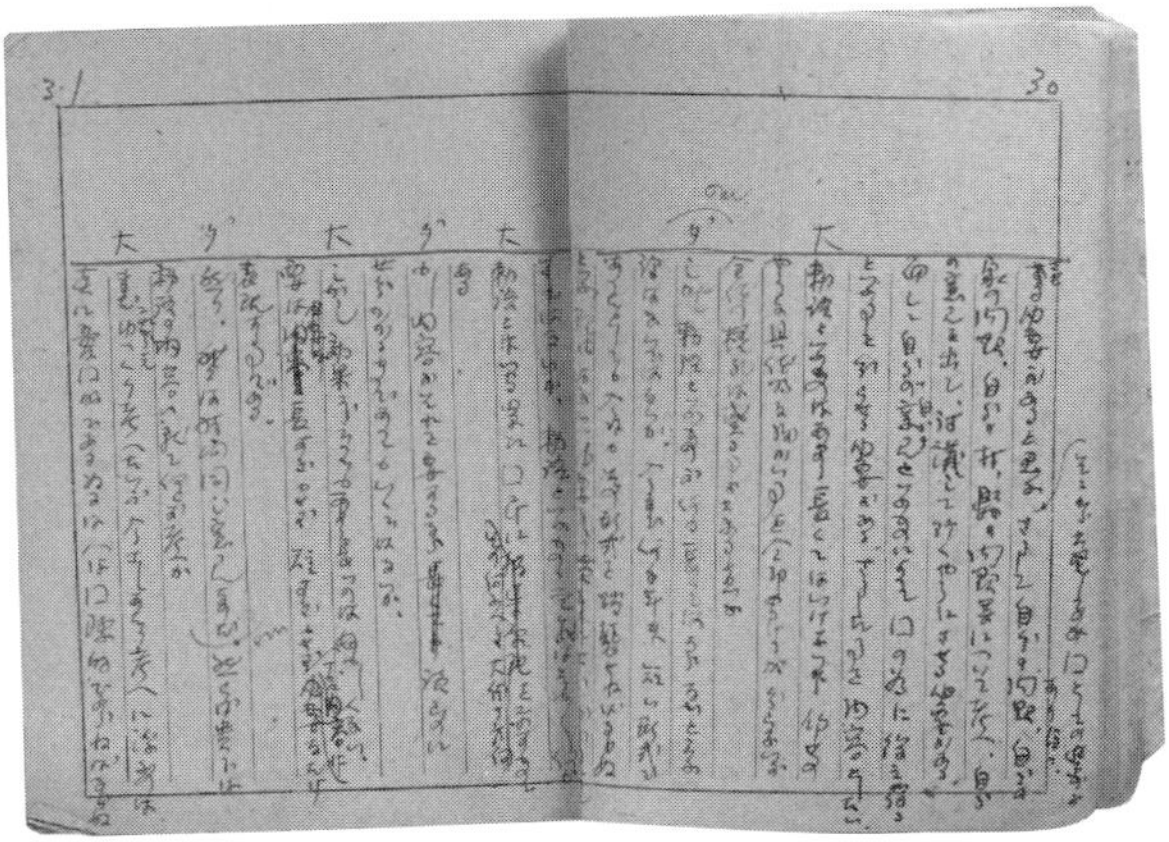

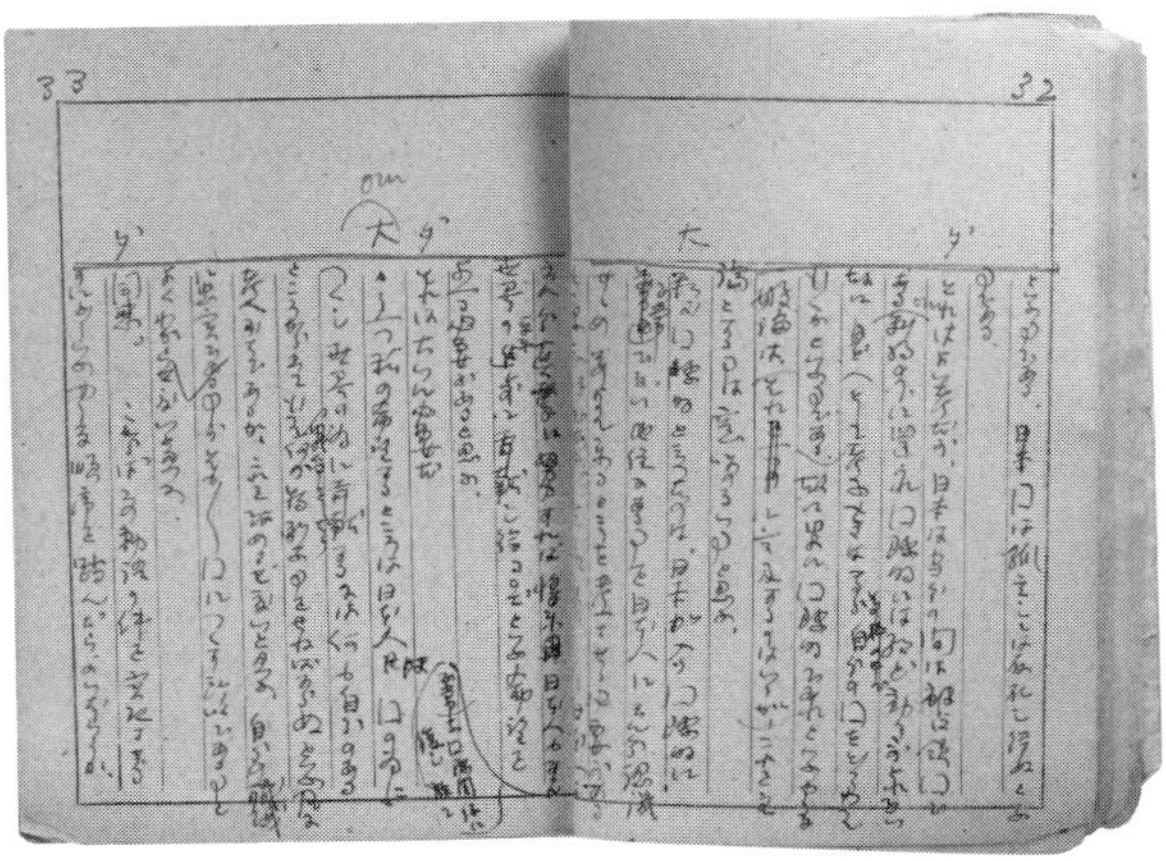

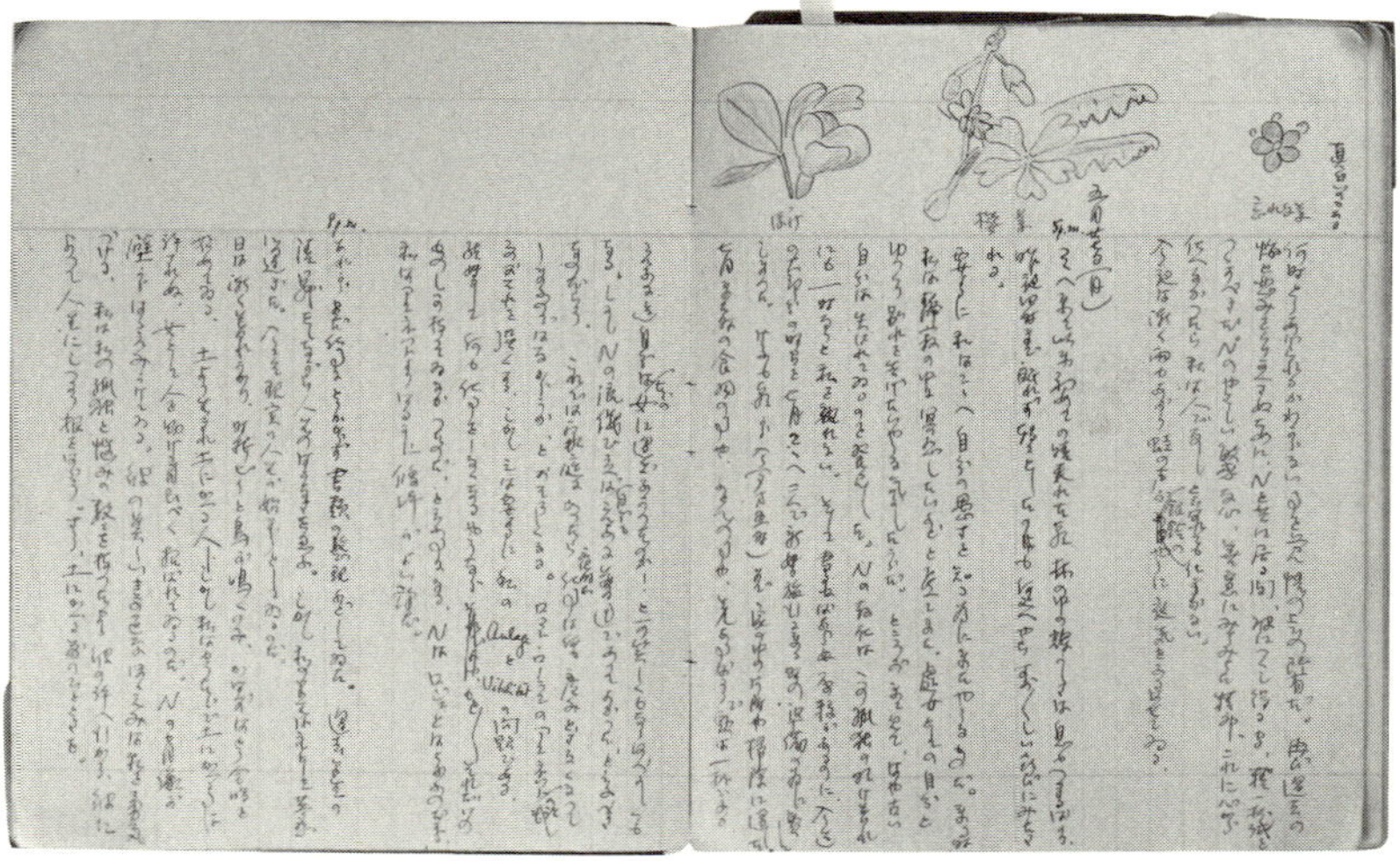

日記
1946年５月27日の日記。7月の神谷宣郎との結婚を控え、ひとり訪れた軽井沢の前田家の別荘で。

ここへ来て以来初めての晴れた朝、林の中の輝かしさは息もつまるばかり、昨夜四時まで眠れず転々としたのも何処へやら、すがすがしい喜びにみたされる。

要するに私はここへ自分の愚かさを知る為に来たようなものだ。来る時私は静寂の中に瞑想したいなどと考えて来た。処女としての自分とゆっくり別れを告げたいような気がしたからだ。ところが来て見て、はや古い自分は失われているのを発見した。Nの存在はこの孤独の明け暮れにも一時なりと私を離れない。そして書かねばならぬ原稿があるのに、今迄の大部分の時間を七月ここへ二人で新婚旅行に来る時の準備に費して過してしまった。きょうも朝から今（夕方五時）まで家の中の片付や掃除に過した。七月来た時の食物の事や、ふとんの事や、そんな事ばかりで頭は一杯である。こんなに迄自分はただの女に過ぎなかったのか！　と可笑しくもなりはずかしくもなる。しかしNの流儀で言えば自分もこんなに普通であってよかった、と言うべきなのだろう。これでは家庭に入ったら文化的な仕事は何も生み出さなくなってしまうのではなかろうか、とおそろしくなる。ロマン・ロランのアンネットの話もこのおそれを強くする。しかしこれは要するに私のAnlage［素質］とVitalit［活力］闇の問題である。結婚して何も仕事をしなくなるようならもともとそれだけのものしか持っていなかったのだ、と言う事になる。（…）

人生の本番

1946-1979

結婚、新しい生活へ

色紙（安倍能成筆）
安倍元文部大臣から結婚祝いに贈られ、自宅に掛けていたもの。美恵子は終戦後、安倍文相に請われて、東大医局を一時休職するかたちで文部省で働いた。

神谷宣郎と結婚（1946年７月３日）
戦後の混乱のつづく昭和21年夏、東京大学植物学教室講師 神谷宣郎と結婚。東大医局での勤務をつづけながら、世田谷に四畳半の新居を構える。

訳書『自省録』（創元社 1949年）
22歳で結核療養中に原書を読み、感銘を受けた「自省録」。著訳者として名前の出るはじめての仕事となったこの訳書が出た時、美恵子は長男を抱いてまっさきに母のところへ持っていった。「やっぱりあなたはちゃんとした女性になってくれたねえ、さんざん心配したけれど」母房子は、はじめてかたちになった娘の仕事に対してこのように言ったという。

「自省録」英語版
翻訳の参考資料として。

マルクス・アウレリウスのポートレイト

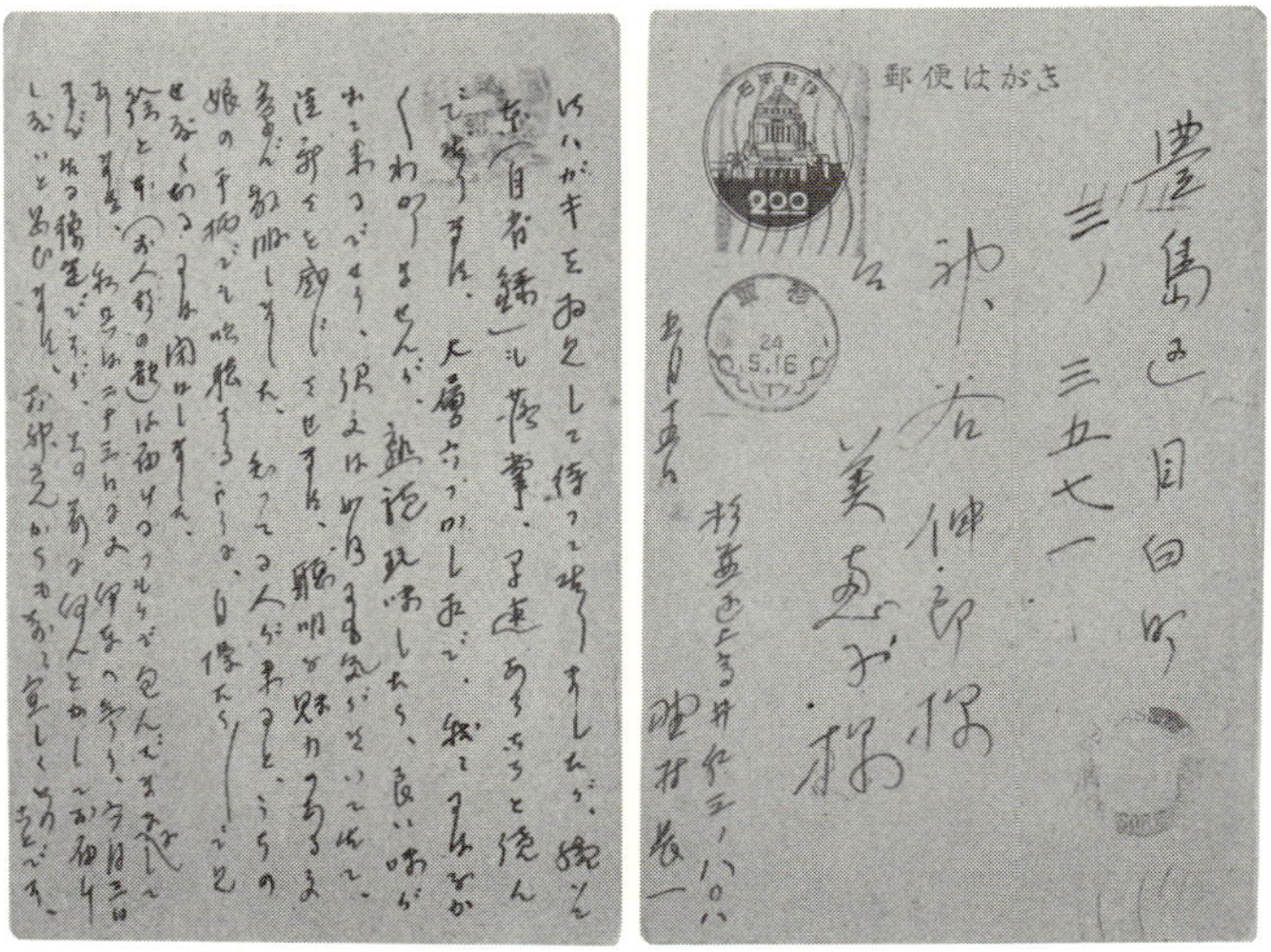

野村胡堂からのはがき
『自省録』贈呈への礼状。作家でクラシック音楽評論家の野村胡堂とは少女時代から家族ぐるみのつきあいがあった。1949年5月16日付。

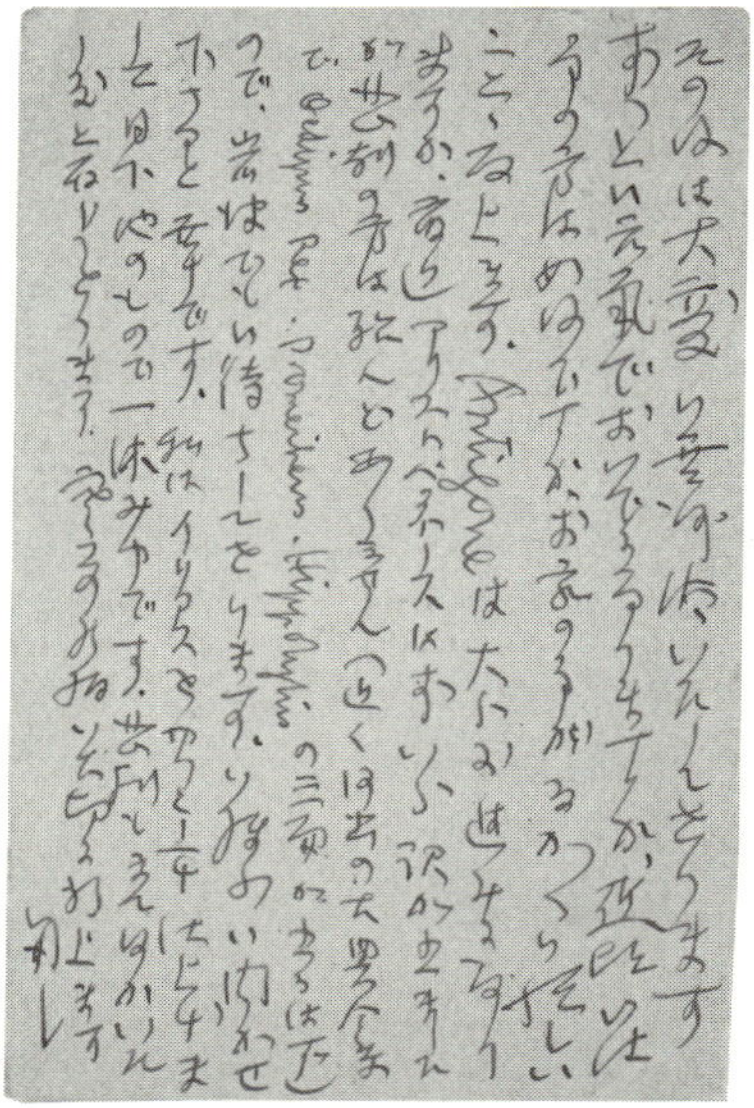

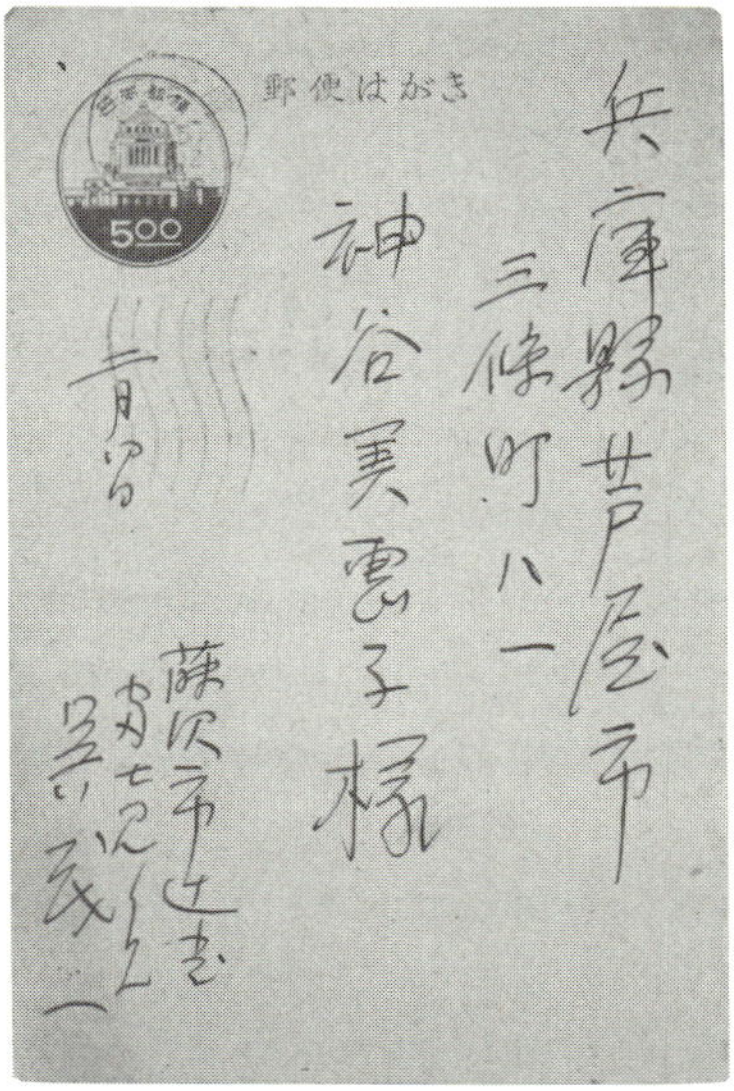

呉茂一からのはがき
「Antigoneは大分お進みになりますか（…）」。1952年2月4日付。

ギリシャの古典
プラトン、ソフォクレス、エウリピデス——医学に転じるまでコロンビア大学で専攻していたギリシャ古典。それは、のちのちまで美恵子の精神にしっかりと根をおろしていた。

私の恩人。

高い精神の世界で出会い、その世界の道しるべをしてくれて置きながら、しかし現実の世界に再び戻り、高い世界で得たものを其処にもたらす義務のあることを教えてくれた人——プラトン。（…）

堂々と宿命的悲劇に生き、悲劇に倒れることの美しさを教えてくれた人——ソフォクレース。

（1945年5月15日の日記）

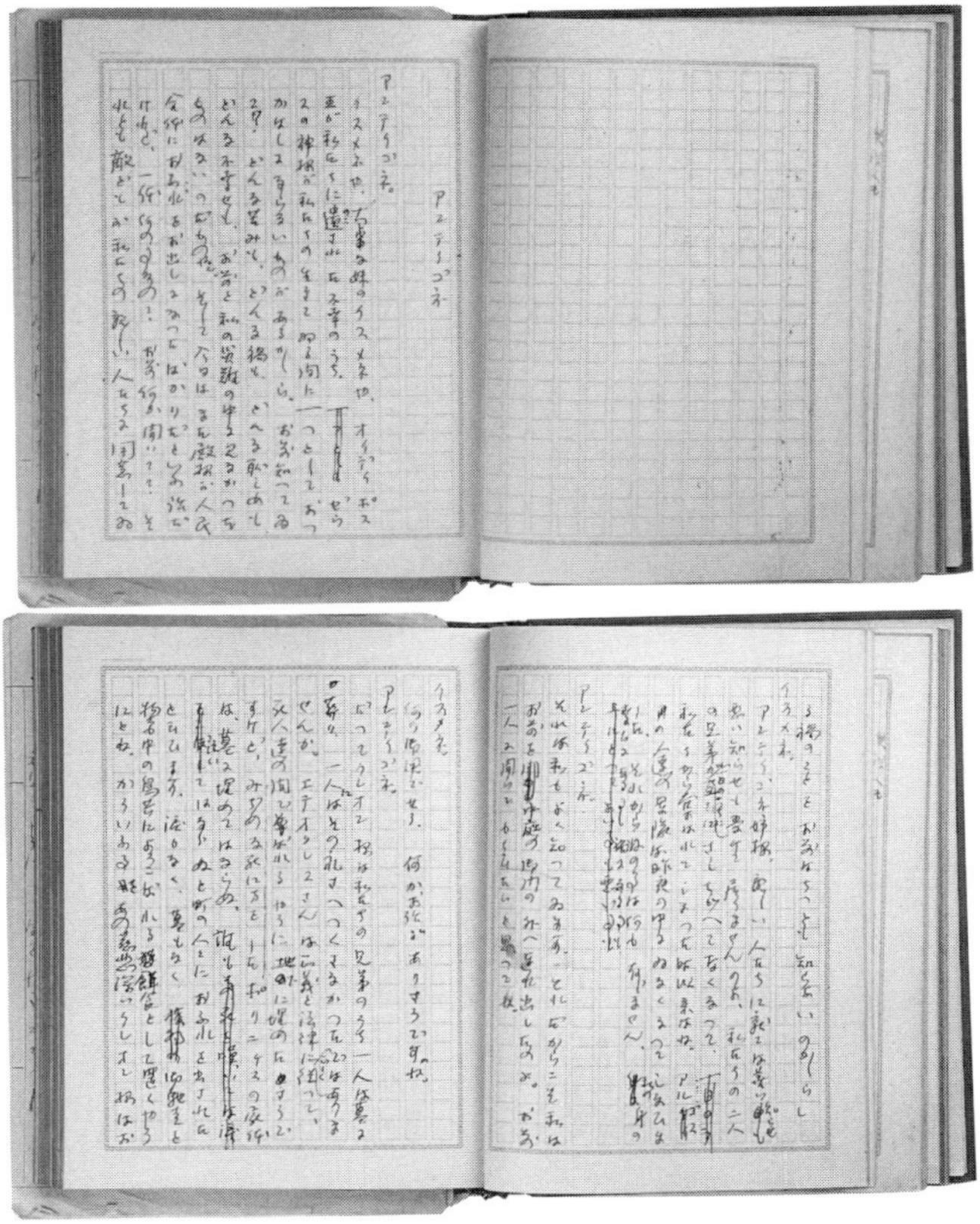

ソフォクレース『アンティゴネ』の翻訳原稿

結婚後、二人の子をさずかり、精神科医としてフルタイムで勤務することが難しくなった美恵子だが、その卓越した語学力のため、『自省録』に続いてギリシャ古典など翻訳の依頼を受けることも多くなった。娘時代に育まれたギリシャ古典への関心は、かわらず美恵子の中にあったが、「念願の医学を修めた今、自分のなすべきことはこれではない」との思いから、この古典の翻訳は中断されたまま公刊にいたらなかった。「ギリシャ文学は老後の楽しみにとっておきたい」ということをよく口にしていた美恵子。もしも長生きをすることが可能であったなら、この「アンティゴネ」をはじめ、ギリシャ悲劇のかずかずを翻訳する日がきたのかも知れない。

一方例の岩波のギリシア悲劇［Antigone］の訳もどうしても下書きだけでも出してくれ、そうすれば私があとをひきうけるからと呉茂一先生からしきりに言われ、とうとう再び約束してしまいました。(…) その間に下書きをし、呉さんに渡し、多分岩波から共訳という形で出る事になるのだろうと思います。

（浦口真左への手紙）

家族とともに

下北沢の自宅にて　長男 律と（1947年）

夫 宣郎、長男 律、次男 徹と（1950年）

徹　美恵子　律（1953年頃）

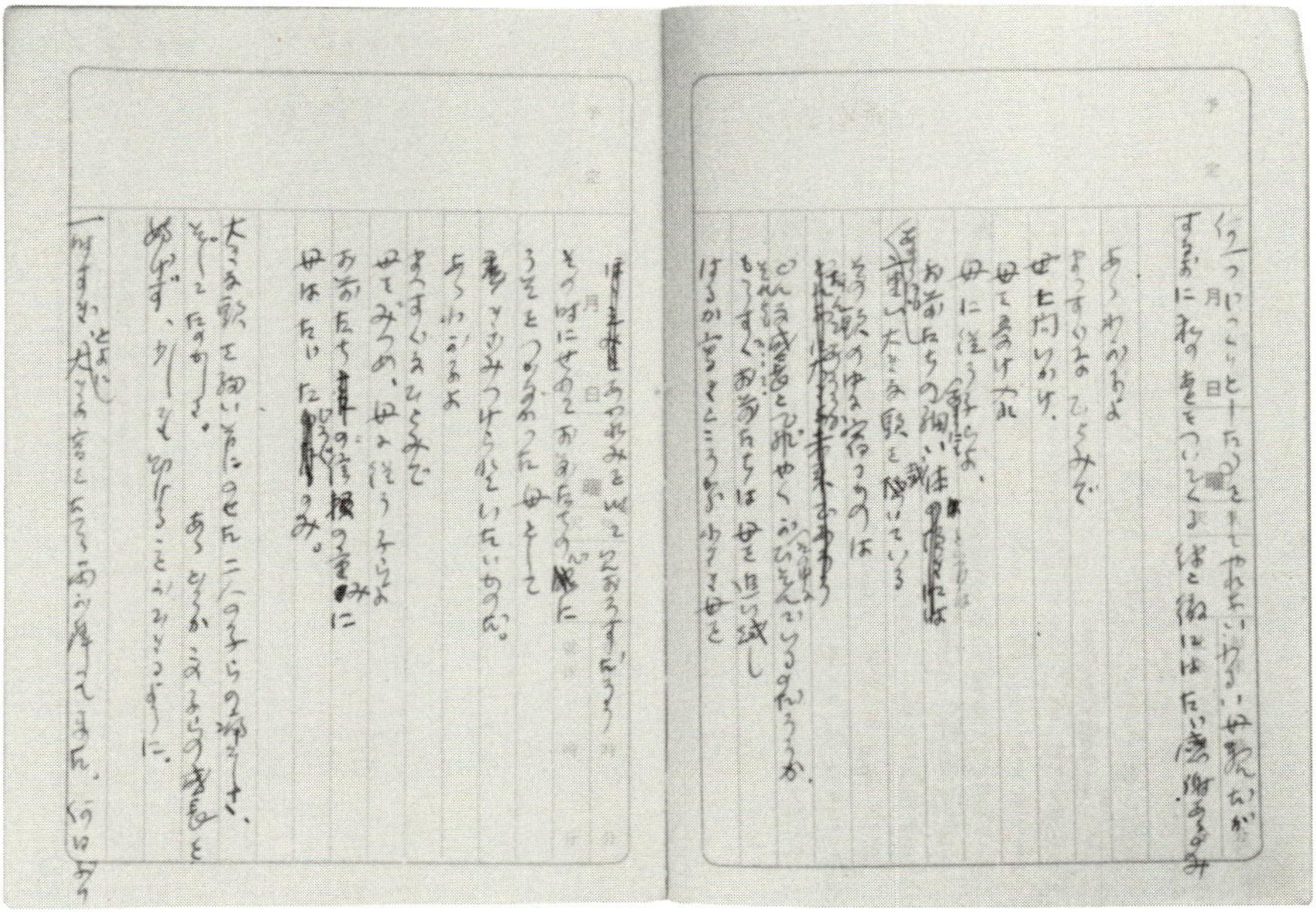

日記　一九五八年八月十二日

結婚後は、机に向かう自由な時間が制限されたこと、それに夫との会話の中で自分の思いを吐き出してしまうということができたために娘時代にくらべると密に日記を書かなくなったとはいえ、母として、教師として多忙な毎日を送る中で、美恵子は日記をひらき、思いを記しつづけた。

私は子供たちに何一つじっくりとした事をしてやれないわるい母親だが、すなおに私のあとをついてくる律と徹にはただ感謝あるのみ。


ああわが子よ／まっすぐなひとみで／母に問いかけ／母を受け入れ／母に従う子らよ／お前たちのあまりにも細い体と首は／あまりにも重い大きな頭を戴いている／その頭の中に宿るものは／なんであろうか。

どんな成長と飛やくがその中にひそんでいるのだろうか。

それとも……／もうすぐお前たちは母を追い越し／はるか高きところから小さき母を／あわれみを以て見おろすだろう／その時にせめてお前たちの心に／うそをつかなかった母として／きざみつけられていたいものだ。

ああわが子よ／まっすぐなひとみで母をみつめ、母に従う子らよ／お前たちの信頼の重みに／母はただたじろぐのみ。

比叡山にて（1957年夏）

芦屋の自宅にて　　徹　美恵子　父 前田多門　律（1957年頃）

芦屋の自宅にて、新年会（1961年）
正月には、夫の弟子たちを招いて美恵子の手料理で新年を祝った。欧米で暮らしたことのある美恵子のつくる料理は、日頃から西洋料理が中心。料理の本を外国から取り寄せ、シャンピニオンなど当時はめずらしかった食材も使って手早くつくった料理やお菓子は、おいしいと評判だった。中でも牛タンのシチューは人気で、おせち料理に代わって神谷家の新年会の定番として、毎年の宴の食卓にのぼった。

六甲山にて（1962年1月7日）
結婚後、宣郎の大阪大学転任にともない一家が移り住んだ関西。美恵子は晩年までのほとんどを、ここ阪神間で過ごした。芦屋の家のすぐ後ろは山で、日曜日など家族そろってハイキングを楽しんだ。

研究、執筆の日々

愛生園にて（一九五七年六月十四日）

ハンセン病をテーマとした精神医学的研究を行うため、一三年ぶりに愛生園を訪れた美恵子は、以後、非常勤職員として島に通い、調査、診療に当たった。この成果は、学位論文「癩に関する精神医学的研究」としてまとめられ、また、医師として患者たちの悩みに向き合う中から、主著『生きがいについて』の構想が生まれた。

（…）学校へ教えに行ったり主人の論文を英訳したり、ふとんを作りかえたり、子供の相手をしたり、市場へ買出しに行ったりしながらだんだんと研究ができて行くなんて我ながらふしぎです。こんな中からできる論文なんてずい分いいかげんなざっぱくなものでしょうけれど。神様が許して下さったのだ、と長い長い忍耐と待望のこの十年間をかえりみて涙が出るような思いです。人からみたらつまらない研究でも、こんなに感謝と感激をこめて行われたものはあまりないかも知れません。（…）

（浦口真左への手紙）

前列　金子仁郎　光田健輔

後列　桜井方策　美恵子　宮田唯夫

執筆中の美恵子（1963年）
芦屋の自宅にて。

プリンストンにて（1963年）
プリンストン大学に客員教授として招かれていた夫に合流し、特別研究員として同大学図書館で夏を過ごす。

限界状況における人間の存在

——癩療養所における一妄想症例の人間学的分析

一生のあいだに人間はさまざまな状況に直面するが、時には極度の逆境におちいり、これを避けることも操作することも変えることもできないような、せっぱつまった事態にみまわれることもある。こうした逆境は人間のまえにきびしい壁のように立ちはだかり、その忍耐力はぎりぎりまでためされ、まったく歯が立たないことも少なくない。不治の病を宣告されること、死を宣告されること、耐えがたい苦しみを負わせられること、愛する者に死なれること、自己の存在ゆえに他人が苦しむのを見なくてはならぬこと、自己の生が全く無意味であると感じること——こうしたものが上にいう状況の例であって、ドイツの精神医学者であり哲学者でもあったカール・ヤスパースはこれに「限界状況」という名をつけた。[21]

限界状況という概念にはいろいろな著者が——とくに「実存主義的」傾向に属する著者がさまざまの定義や内容を与えてきた。ヤスパース自身は、このような状況を人生にもたらす主な原因として葛藤、死、不慮の事故と罪を数えあげた。ガブリエル・マルセルは死と裏切りをあげた。ジャン＝ポール・サルトルは死と「他人」とを列挙した。仏陀が人生の限界状況にめざめたのは、病、苦、老、死という人生の四側面に接してのことであった。

いずれにせよ、限界状況とは人生をかたちづくる素材そのものの一部であることはまちがいなく、おそかれ早かれわれわれすべては一生のうちに少なくとも一度は限界状況に何らかのかたちでぶつからなくてはならない。

このような限界状況に置かれた人間が、もしそれを乗り越えるとするならば、どのようにそれに反応し、それを乗り越えるのであろうか。これは人間としての存在そのものにまつわる根本的な問題である。ヤスパースのいう通り、[20]これは「経験的心理学を超え」た主題かもしれないが、精神病理学を扱うときには避けて通るのはむつかしい題目であるように思われる。

この論文が『生きがいについて』へとつながってゆく。

Confin. psychiat. *6:* 15–52 (1963)

Department of Sociology, Kobe College
Nishinomiya, Japan

The Existence of a Man Placed in a Limit-situation

An Anthropological Analysis of a Paranoid Case in a Leprosarium

By MIYEKO KAMIYA

Among various situations that may confront human beings during the courses of their lives, there are certain extreme adversities that by their very nature cannot be avoided, manipulated or changed; they stand in front of man like stern walls, deaf to all entreaties or endeavours, so that man's powers of endurance are tried to the limit and usually to no avail. Being pronounced ill of an incurable disease, being sentenced to death, having to bear unbearable sufferings, being bereaved of one's beloved ones, to have to see others suffer because of one's own presence, to feel the utter meaninglessness of one's life—such are for instance some of the situations meant above, to which the name of *Grenzsituation* (limit-situation) has been given by the German psychiatrist and philosopher KARL JASPERS [21].

Various authors, especially those belonging to the "existential" trend, have given various definitions and contents to the concept of limit-situation. JASPERS himself enumerated conflict, death, contingency and sin as the main causes bringing about such situations in life; GABRIEL MARCEL counted death and betrayal; JEAN-PAUL SARTRE death and "others". We may recall here that the four aspects of life that awakened Buddha to life's limit-situations were illness, suffering, old age and death.

Be that as it may, there is no doubt that limit-situations belong to the very stuff of which life is made, and that sooner or later, all of us have to meet them in one form or another at least once in our lives.

How does a man, who is placed in such a limit-situation, react to it and in what form does he surmount it, if he ever does? That is a basic question related to his very existence as a man. Though it may be a subject that lies "beyond empirical psychology" as JASPERS says [20], it seems it can hardly be avoided when dealing with psychopathology,

『コンフィニア』誌に掲載された英語原文（1963 年）。訳は右に。

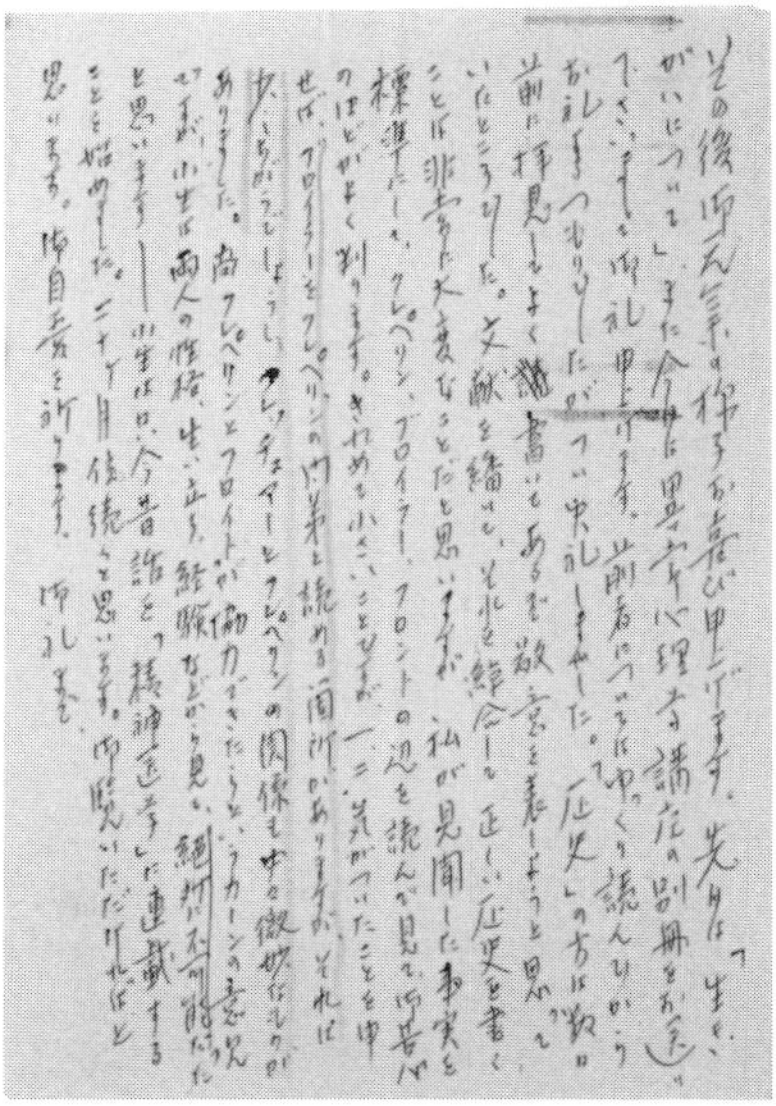

その後御元気の御様子お喜び申上げます。先日は「生きがいについて」また今は異常心理学講座の別冊をお送り下さいまして御礼申上げます。前者については ゆっくり読んでからお礼するつもりでしたがつい失礼しました。「歴史」の方は数日前に拝見し よく調書をあるが敬意を表しようと思いましたところでした。文献を縮めて、それを綜合して正しい歴史を書くことは非常に大変なことだと思いますが、私が見聞した事実を標準にして、クレペリン、ブロイラー、フロントの退を読んで見て御苦心のほどがよく判ります。きわめて小さいことですが、一二気がついたことを申せば、ブロイラーをクレペリンの門弟と読める個所がありますが、それは少しちがうではないか。クレッチマーとクレペリンの関係も中々微妙なものがありました。尚クレペリンとフロイトが協力できたら云々、ラカーンの意見ですが小生は両人の性格、生い立ち、経験などから見て、絶対不可能だったと思います——小生は目下、今昔話とって精神医学に連載することを始めました。二十ケ月位続くと思います。御覧いただければと思います。御自愛を祈ります。御礼まで。

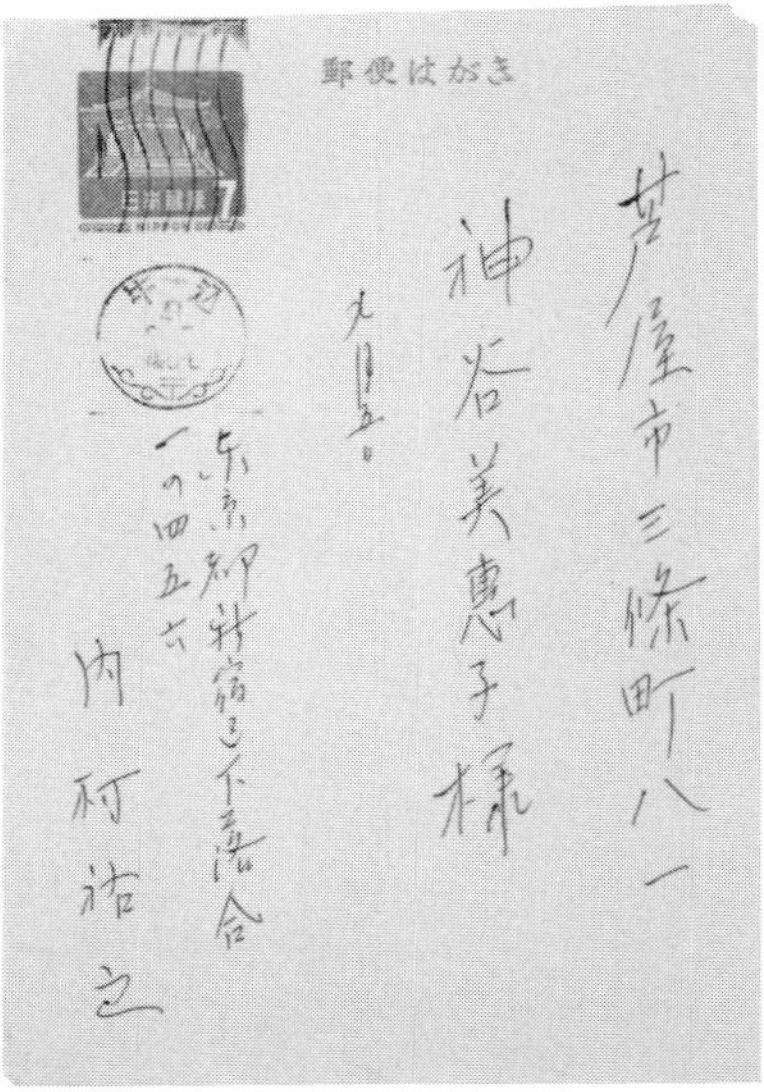

郵便はがき

芦屋市三條町八一
神谷美恵子様
九月五日
東京都新宿区下落合一の四五六
内村祐之

内村祐之からのはがき
『生きがいについて』『異常心理学講座』を贈呈された際の礼状。1966年。
東大精神科医局時代に内村のもとで働いた美恵子は、その礼状にしたためられた「気がついたこと」の指摘に、赤えんぴつで傍線をひいている。

愛用の万年筆

木製のカードケース
『生きがいについて』の成功につづき、あたためていたものを著作として次々に世に出していった美恵子。翻訳もふくめ執筆には、膨大なノートやカードなどの資料が欠かせなかった。

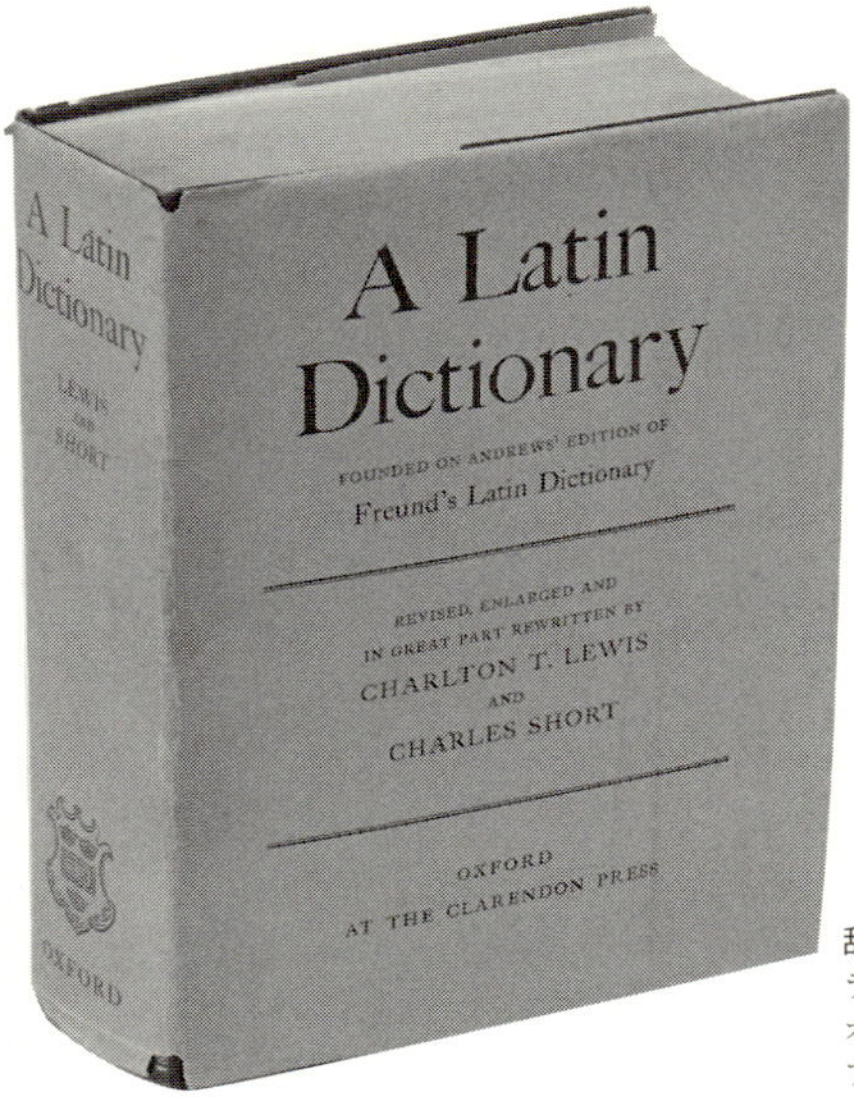

辞書
ラルースほか、フランス語の辞書３冊、オクスフォードのラテン語辞書。1968年、フーコー『臨床医学の誕生』の翻訳のために買いそろえたものなど。

またこの仕事のほかにみすずからたのまれているむつかしいほんやくの仕事（精神医学史と哲学をつきまぜたような内容）もありそのためにもたくさんのものをよみ、また、仏仏（フランス語→フランス語）やラテン→英語などの巨大な辞書も買い込みました。
（浦口真左への手紙）

フーコー『臨床医学の誕生』翻訳のためのノートと原書
原書第1版と改訂版の間にみられる異動を書き出したノート。

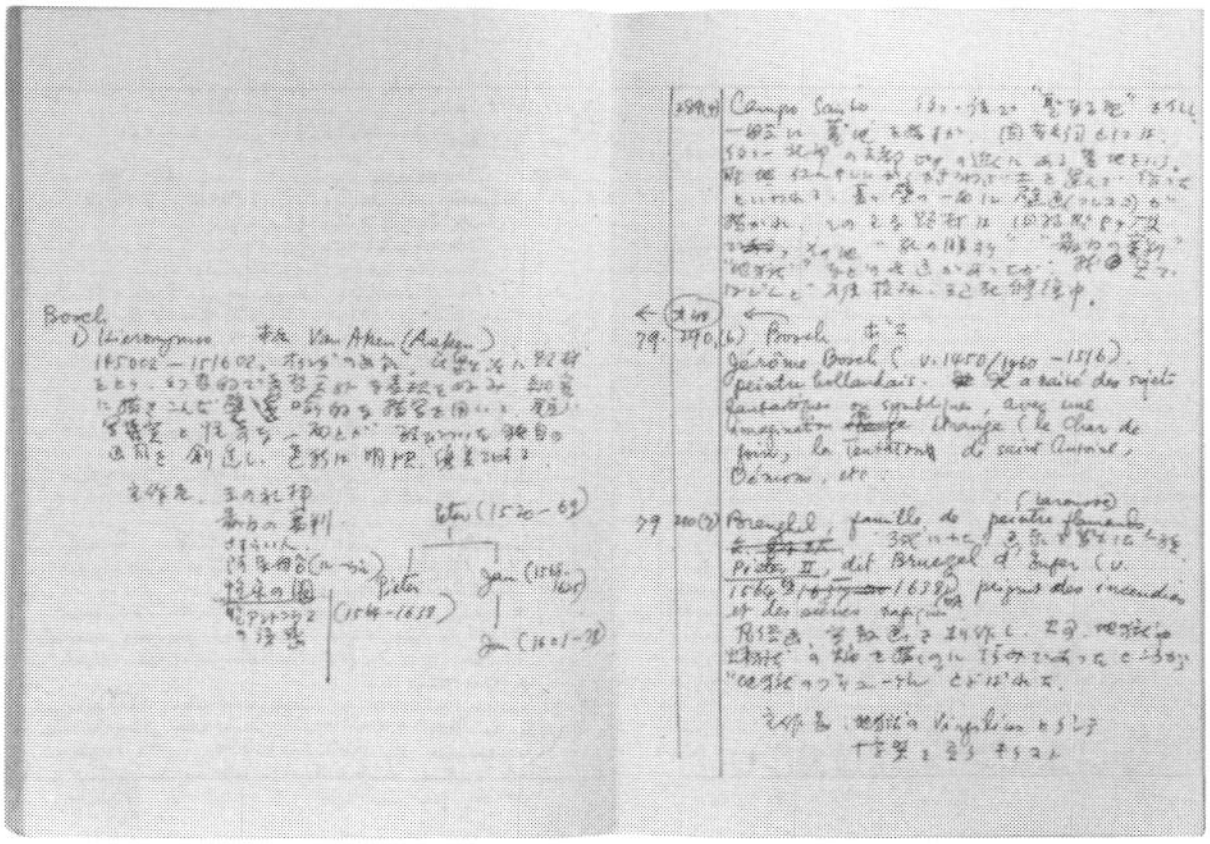

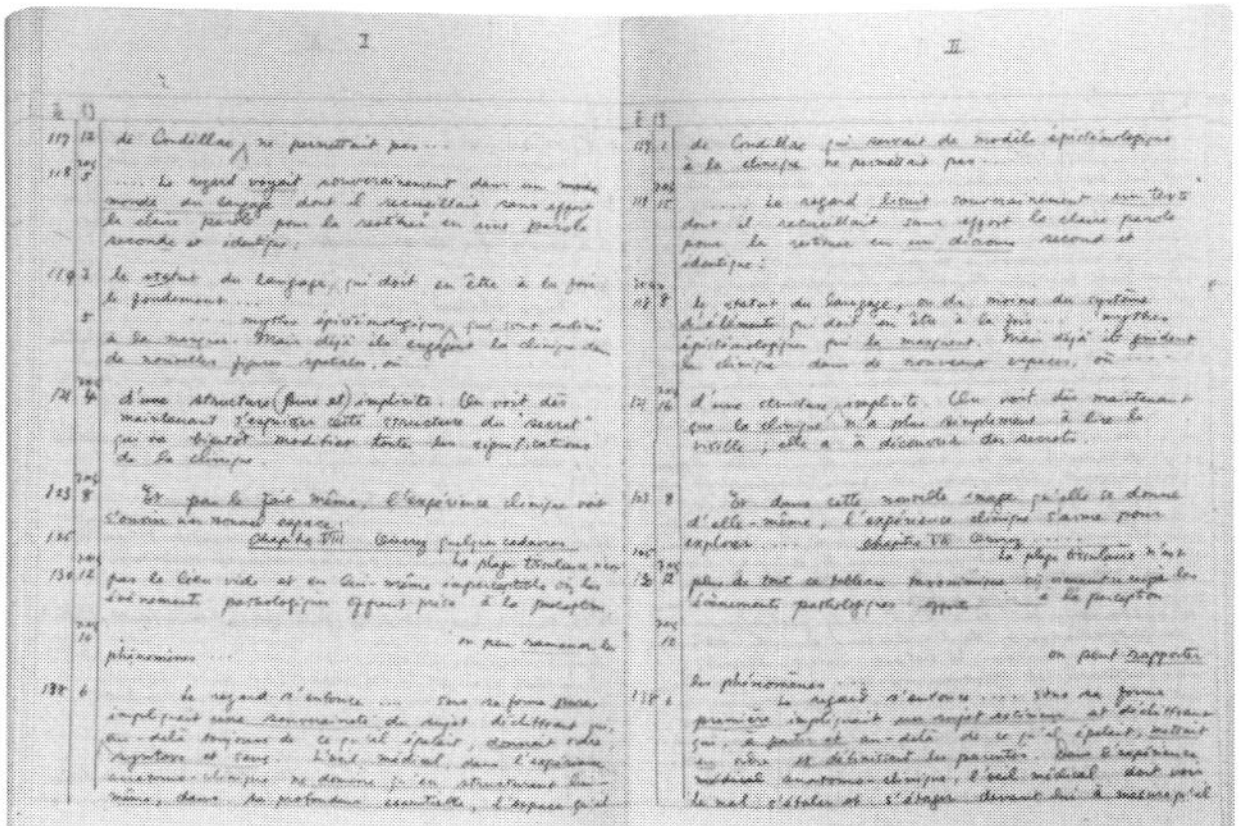

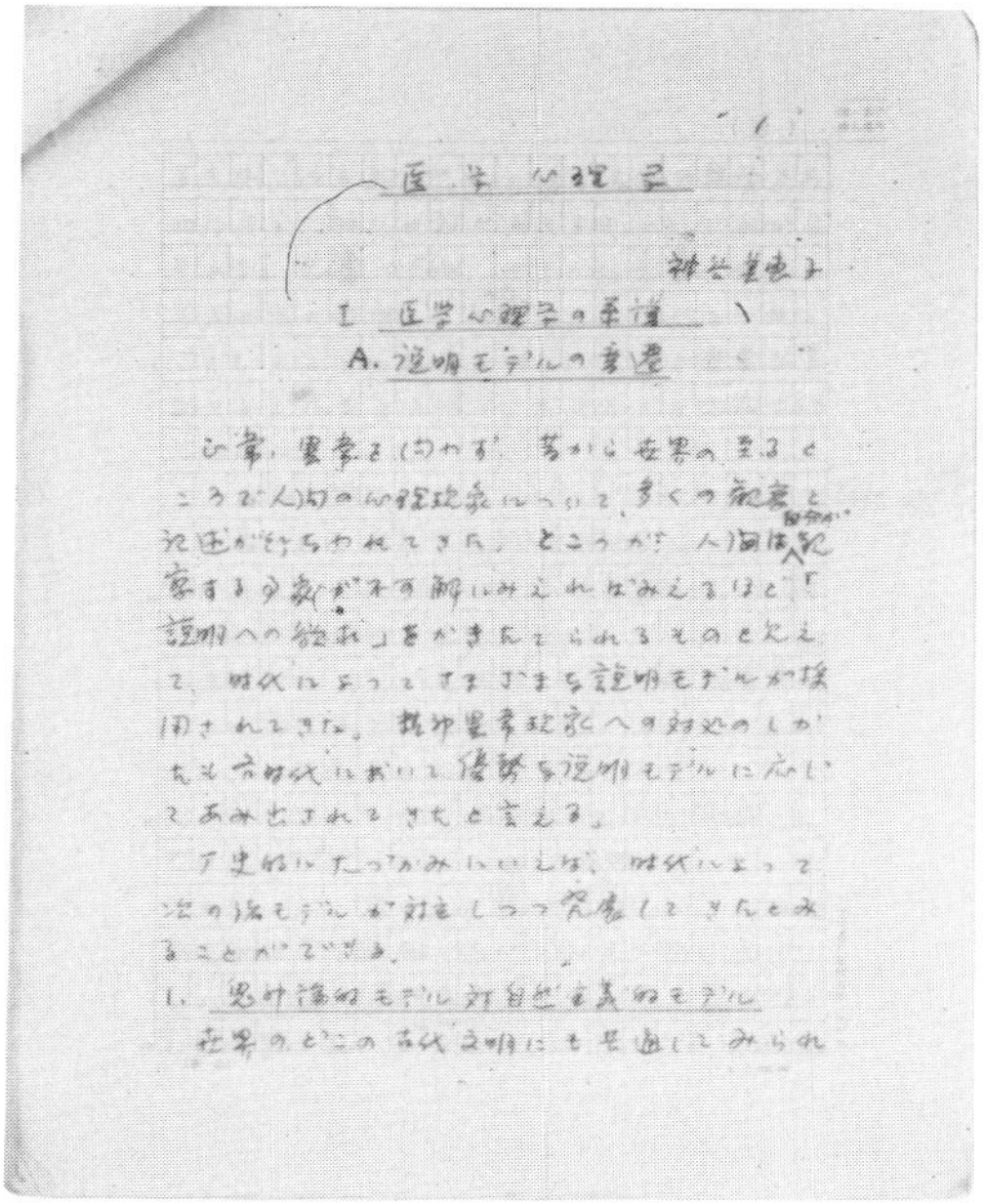

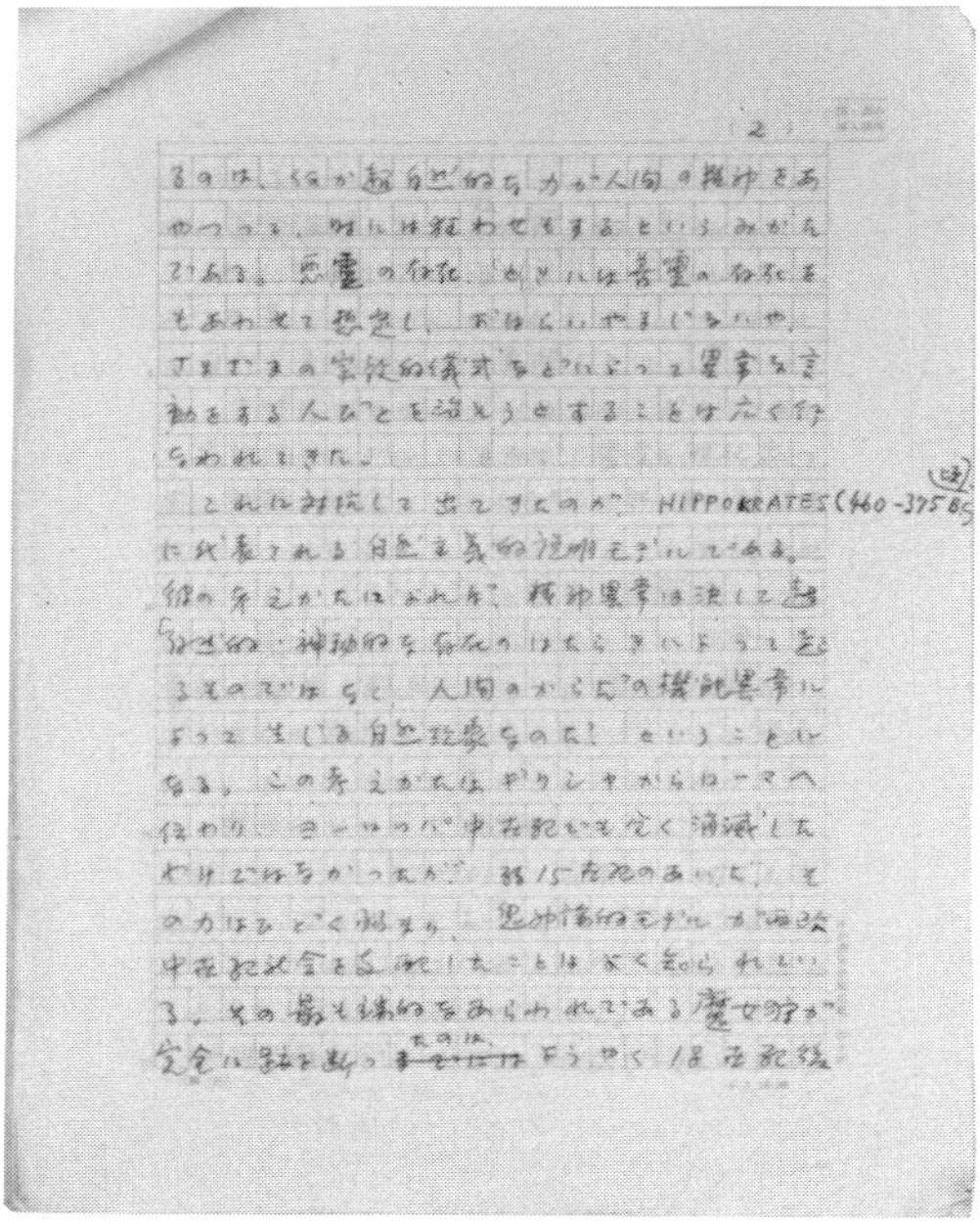

「医学心理学」原稿
1972年12月。(中山書店『現代精神医学大系』1巻B 1b 精神医学総論 II a2 所収)

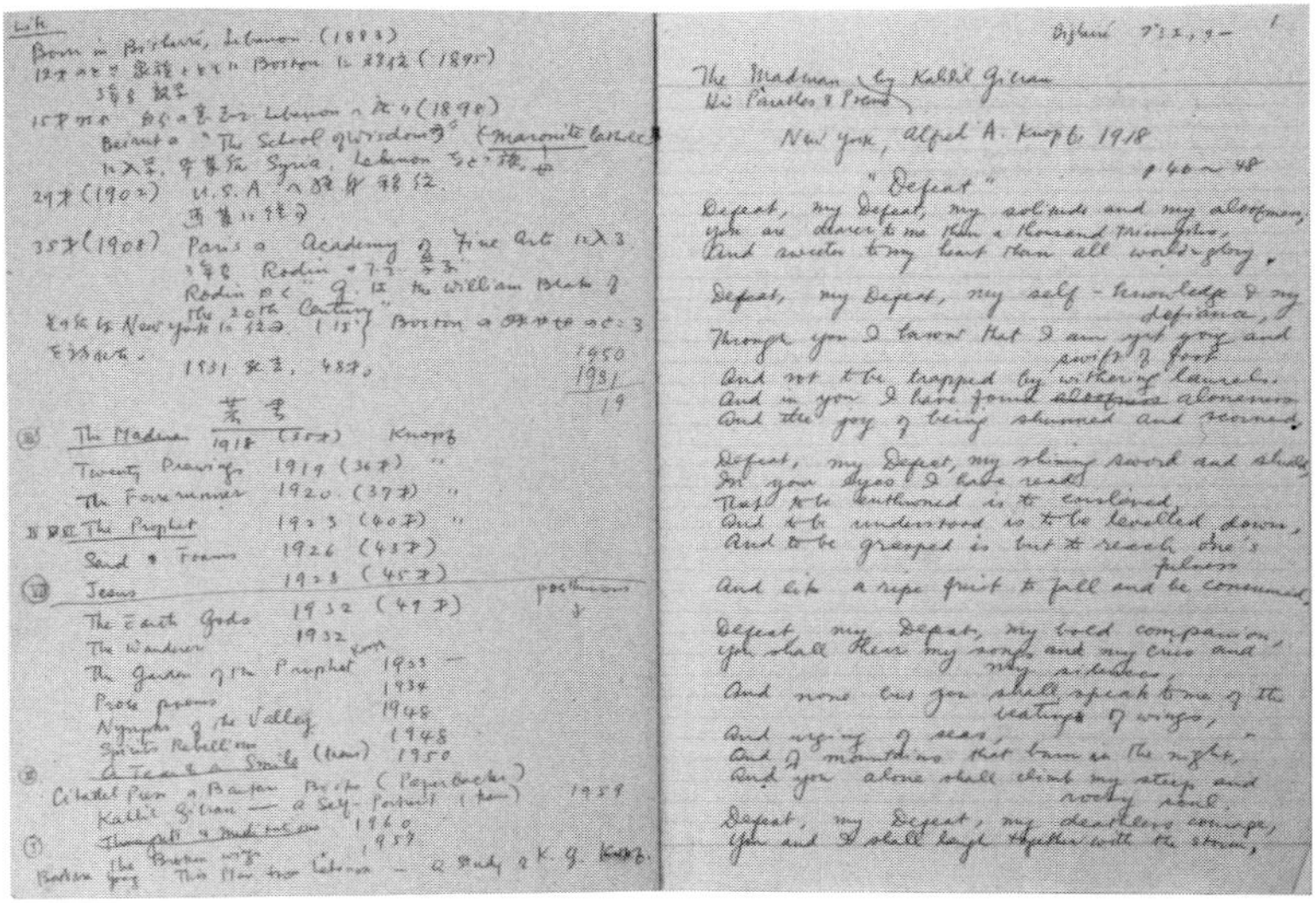
The Madman by Kahlil Gibran
His Parables & Poems
New York, Alfred A. Knopf 1918
"Defeat" p. 40〜48

Defeat, my Defeat, my solitude and my aloofness;
You are dearer to me than a thousand triumphs,
And sweeter to my heart than all world-glory.

Defeat, my Defeat, my self-knowledge & my defiance,
Through you I know that I am yet young and swift of foot
And not to be trapped by withering laurels.
And in you I have found aloneness
And the joy of being shunned and scorned.

Defeat, my Defeat, my shining sword and shield,
In your eyes I have read
That to be enthroned is to be enslaved,
And to be understood is to be levelled down,
And to be grasped is but to reach one's fullness
And like a ripe fruit to fall and be consumed.

Defeat, my Defeat, my bold companion,
You shall hear my songs and my cries and my silences,
And none but you shall speak to me of the beating of wings,
And urging of seas,
And of mountains that burn in the night,
And you alone shall climb my steep and rocky soul.

Defeat, my Defeat, my deathless courage,
You and I shall laugh together with the storm,

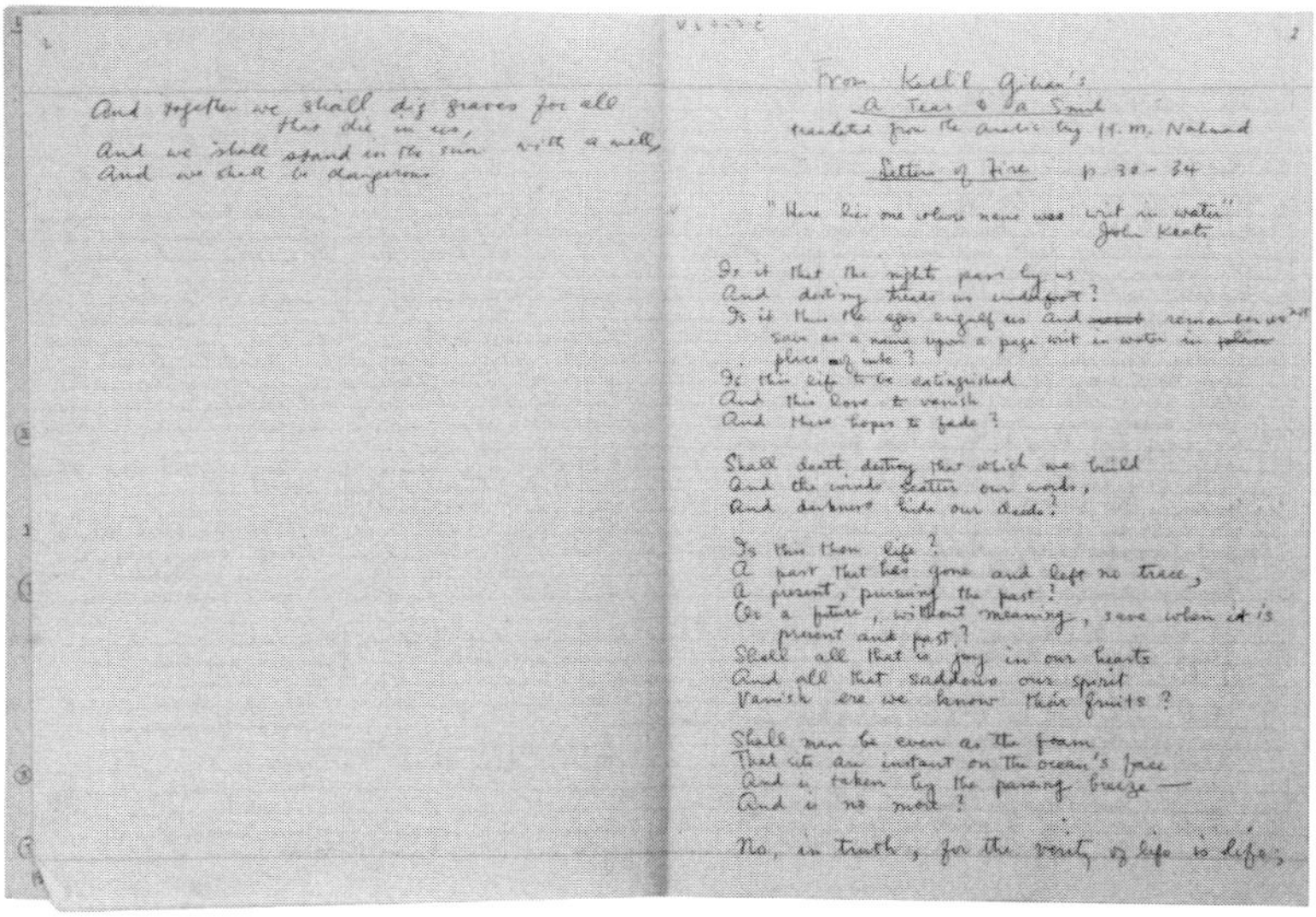
And together we shall dig graves for all that die in us,
And we shall stand in the sun with a will,
And we shall be dangerous.

From Kahlil Gibran's
A Tear & a Smile
translated from the Arabic by H. M. Nahmad
Letters of Fire p. 30–34

"Here lies one whose name was writ in water"
John Keats

Is it thus that the night pass by us
And destiny tread us underfoot?
Is it thus the ages engulf us and remember us
Save as a name upon a page writ in water in place of ink?
Is this life to be extinguished
And this love to vanish
And these hopes to fade?

Shall death destroy that which we build
And the winds scatter our words,
And darkness hide our deeds?

Is this then life?
A past that has gone and left no trace,
A present, pursuing the past!
Or a future, without meaning, save when it is present and past?
Shall all that is joy in our hearts
And all that saddens our spirit
Vanish ere we know their fruits?

Shall man be even as the foam
That sits an instant on the ocean's face
And is taken by the passing breeze —
And is no more!

No, in truth, for the verity of life is life;

ジブラーンの詩のためのノート
『予言者』によってレバノンの詩人、ハリール・ジブラーンの詩の深みと美しさに打たれた美恵子は、その出会いから10年後の1975年、「婦人之友」誌上でかれの散文詩、さらに主著『予言者』『イエス』から選んだ詩を翻訳し、紹介した。

「予言者」原書
美智子皇太子妃から贈られた豪華本。美恵子はそうした豪華本にも鉛筆で書き込みをしている。

ハリール・ジブラーンのその他の作品。

教師として

講義する美恵子（一九六八年）

美恵子は様々な学校で教師を務めた。大学、インターナショナル・スクールのほか、自宅教室でも英語やフランス語を教え、のちには助産婦学校、看護学院、大学で精神医学を教えた。晩年には、健康が万全でない中、関西の自宅から上京して津田塾大学で集中講義を行った。

語学を教えることはまずは生活を支えるためであり、本来の仕事のための時間を奪うものだったが、美恵子は同時に教えることの喜びも見いだしていた。

美恵子が長い間、誠意をつくして教師の仕事にむかったのは、かつて、すばらしい師に恵まれたことへの感謝の気持ちからであった。

精神衛生の講義、八十人以上の学生がききに来て、皆からだをのり出し息をはずませてきいてくれるのでこっちも一生懸命準備して話します（大きな階段教室だからよく見えるのです）。話していて自分でも面白くて仕方がないのです。今までやって来たあらゆる方面の事を注ぎ込んで話が出来るのでこれはたしかに私に適した教授科目でしょう。（…）自分に与えられてきたものを学生の成長のために役立てるということの楽しさを始めてまざまざと味わっています。

（…）

（浦口真左への手紙）

神戸女学院にて（1965年 1 月）

文箱

学生、患者、読者も含め、面識のあるなしにかかわらず届く膨大な量の手紙にはすぐに返事を書いた。書き直したりすることはなく、驚異的なスピードで一度で書きあげたという。文章を書き慣れていた美恵子ならではだろう。

長島愛生園で

長島愛生園、楯岩海岸で（1969年11月）
婦人之友社撮影

島へ送る切手
スタンプの押された古切手は、愛生園の盲人会の人たちが集めてイギリスへ送り、ネパールの子供たちのＢＣＧ購入のために使われた。多くの人から手紙を受け取る美恵子は、島へ送れるように古切手をこのようにとっておいた。

愛生園にて　座談会（1964年秋）

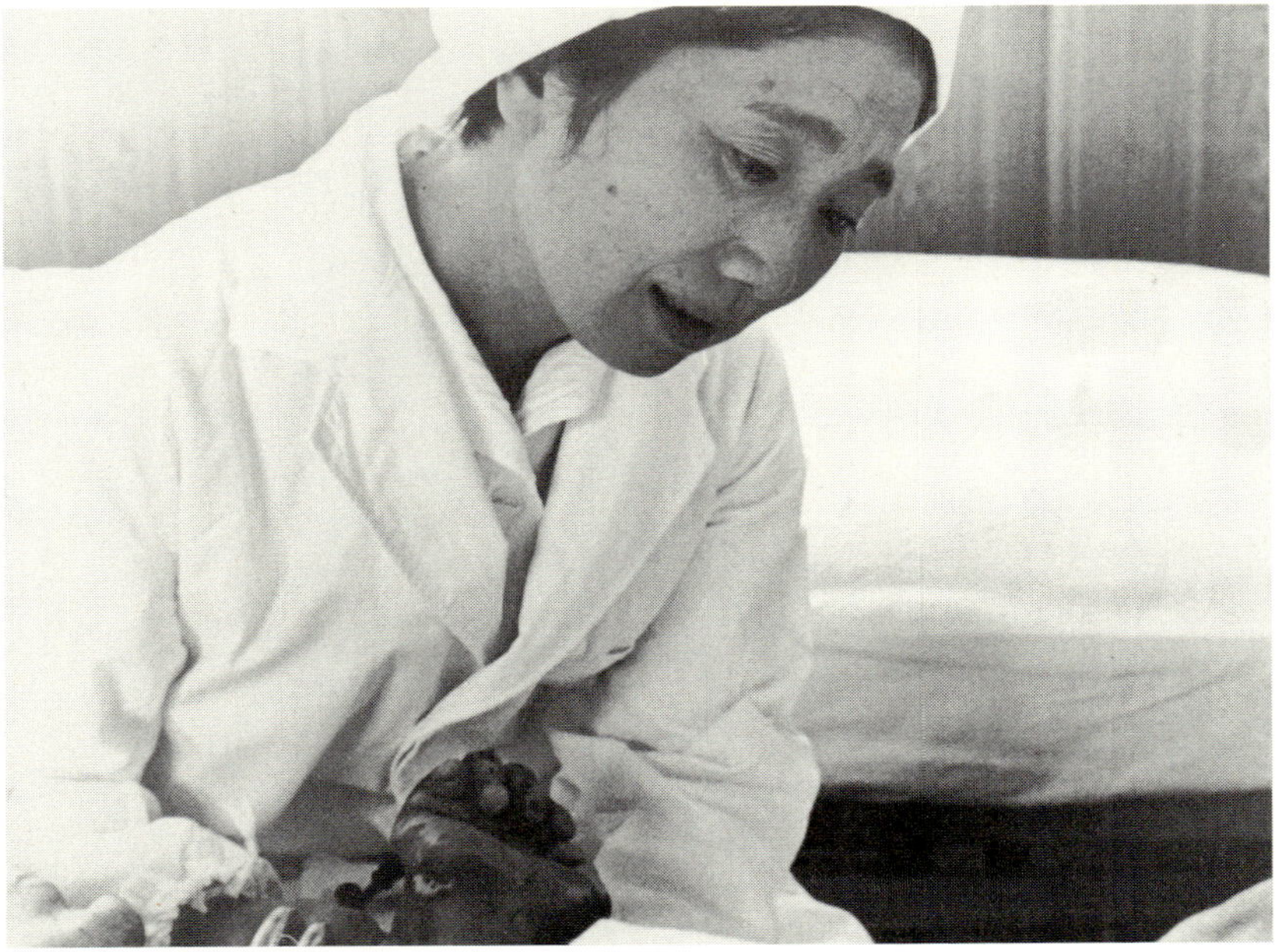

愛生園で診療（1966年9月）
朝日ジャーナル撮影

最後の日々

信州穂高にて（1972年8月）

信州穂高駅にて（1975年7月）
親友の植物学研究者、浦口真左と。

宝塚の自宅にて（1975年10月）

私、老人になるまで、生きていたら、野上彌生子さんみたいに一年の半分は山で過したいな、というのが念願で、今、信州の安い土地を買うことにしました。山でものをかいてくらしたいと思うのです。

（浦口真左への手紙）

一九七一年、五十七歳の時に狭心症の発作をおこしたのを最初として、以後、入退院を繰り返した美恵子。宝塚の自宅で、穂高の山荘で、また病院のベッドの上でも、体力の許すかぎり、夢中で読み、そして書く毎日は変わらなかった。

ライフワークであるヴァジニア・ウルフの病跡研究、『こころの旅』をはじめとする著作にエッセイ、その詩の深みと美しさにうたれ愛読していたハリール・ジブラーンの訳詩……ただひたすらに「ものを書くこと」を熱烈に願った娘時代が、医師として、教師として、また妻、母として過ごした日々を経て、これらの仕事にひとすじにつながったかのように。

整理ケース
木製の五段ケース。引き出しに「入院」「出版」などと貼ってある。

双眼鏡
マンションの窓の外には武庫川が流れ、大きな空が広がる。美恵子は双眼鏡を買い求め、そこにつどう鳥たちの姿を楽しんだ。

宝塚のマンションからの夕景

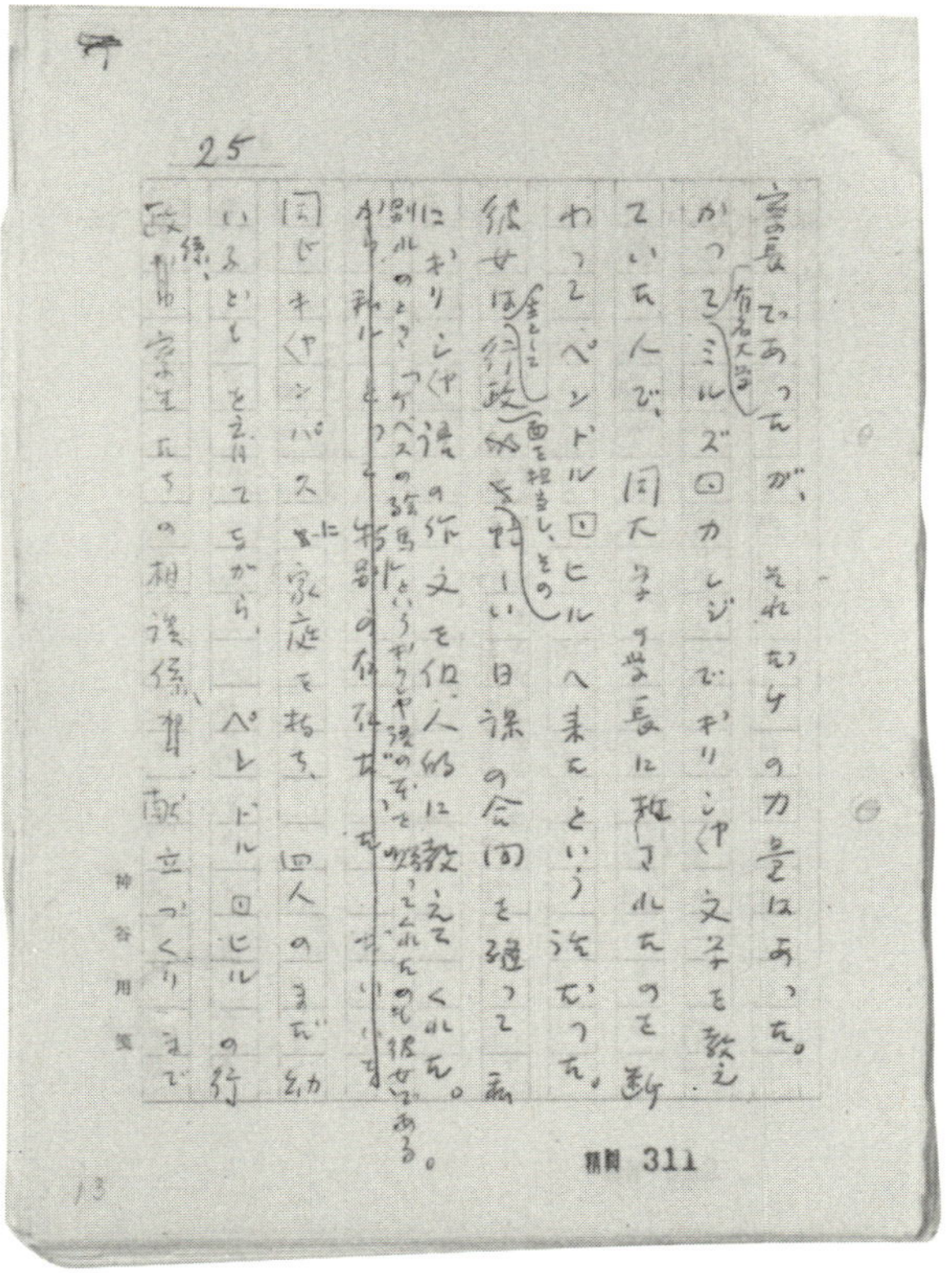

『遍歴』原稿

「あなたは覚えているかしら？　私が書けない、書く時間がないとこぼした時、あなたはそれなら何故人間並《ひとなみ》に家庭を持った？　どうしてもデーモンの命ずるままにしたいのなら、何故家庭も子供も棄てないの？　出家したらいいでしょう、と言った。これほど私にショックを与えた言葉はない。それで迷いがフッ切れたのよ。現在が最も幸福かも知れない。憂世《うきよ》のしがらみから全部解放されて、読みたい時に読み、書きたい時に書きたいものを書いて居られるなんて、何と素晴らしいことだと思わない？　私なりに出家したと思うのよ。その為に払う代償だと思えば、病気なんて安いものよ。」

（見舞いに訪れた明石み代との会話）

晩年を過ごした宝塚のマンションで、体調のすぐれない折には、川に面した部屋に床をのべて、手伝いに通ってくる次男の妻にいろいろな話を語って過ごすことも多かった。そうした話の中から、美恵子は、自伝的著作『遍歴』の構想を次第にまとめあげてゆく。

『遍歴』の原稿を書き上げ、出版社に送りとどけた一週間後の一九七九年十月二十二日、六十五歳で美恵子は世を去った。

フレッシュマンキャンプのために

神谷美恵子

みなさん、津田にお入りになって、本当におめでとうございます。受験生の方々の生活がどんなに大変なものであるかということは、私の子供たちがここ数年ひきつづいて受験生の生活をしていまして、やっと末の子が今年、大学に入りましたので、それをずっとそばで見ていて、本当によくわかる気がいたします。

それは非常に孤独な闘いであるということを、なによりも強く感じました。勉強というのは、お友達と一緒にやれれば一番楽しいのですけれど、受験勉強というのはそういう生やさしいものでないということを、本当に間近に感じました。

私の子供など、学校から帰るとひと寝入りして、それから夜中、みなが寝ている最中に起き出してきて、深夜放送というものだけを友達にしておりました。なにかやたらに沢山ハガキをくれと言うので、そんなにガールフレンドが沢山いるのかしらと思いましたら、それはみんな深夜放送に向けてのリクエストを出すためでした。そして、ラジオの向こうから自分のリクエストした曲が聞こえてくると、なにか自分にレスポンスしてくれるもの、自分に反応してくれるものがあるのをそこに感じて、孤独が慰められていたのではないかと——私は、これも甘い母親のひとつの推測にすぎないかもしれませんが——そういうふうに見ておりました。

そうして、その孤独な、ベビーブーマーのなかでの激しい受験の闘いをすませて、今、みなさんが立派な大学生としてここにお生まれになったことを、私は自分の子供を見るのと同じような気持ちで、本当に心からおめでとうございますと申しあげたいと思います。そうして、それはとても結構なことなのですけれども、さて、高校生の精神状態というのを考えてみますと、非常に狭い視野でもって、ただひたすらどこかの大学に入りたいということばかり考えていて、まあ、だいたい何学部くらいまでは考えていても、あまりそれ以上の具体的な希望についてはなにも考えていないようです。自分が本当は何がしたいのか、大学に行ったらどういう生活が待っているのか。そういうことはひとつも研究していないように見えます。なにしろ、がむしゃらに受かりさえすればいいんだというようにやってきたわけですから。

ですから、大学に入りますと、うろうろと余所見ばかりしていたり。それから、デモだとかなんだとかに注意を奪われたり。きょろきょろしているうちに、五月病というのがやってきて。みんな五月になると落ち込んで何もできなくなるという話も、最近よく、あちこちで聞きます。それで、この大学でオリエンテーションのキャンプが五月に行われるというのは、大変時宜を得たことではないかと、私は感心しております。これは自分の母校だから言っているわけではなくて、一般的に見てもそう思います。四月にやってしまうよりも、五月のほうがいいのではないでしょうか。五月になれば、ある程度まで自分がどういう大学に入ったのか、それから自分がこれからどういう講義を聞こうとしているのか、もうすでに方向が決まってきているわけですから。それで、少しゆとりができたところで、あるいはすでに五月病になりかかった人もいるかもしれませんけれど、ちょうどここでひとつ立ち止まって、いろいろなことをよく考えてみるということは、非常にいいことではないかと思います。

私は、なによりもまず、みなさんが大学に入れたということのありがたさをよく自覚していただきたいと思います。みなさんが大学へ入れたことの背後には、何人かの人が落ちたという事実があるわけです。そして、何十万人という浪人生が今年もまた生まれているわけですから。いわば、そういう人たちのおかげで、と言ったら少し合理的でないかもしれませんが、そういった人たちが犠牲になってくれたおかげで、みなさんはここに入学できたのだということを忘れないでください。ですから、みなさんは特権をもったのです。そして、その特権には責任がともなうのだということを考えていただきたいと思います。

私は、今ここに至るまでの経歴を読んでいただきましただけでも——それでも本当に一部分ですけれども——ほんとにごろつきみたいにいろいろなところを、学校の生徒としても先生としても歩きまわってきたのですが、いろいろなところで先生をしてみまして、いったいどういう学生が一番一生懸命勉強をするかということを、比較研究する機会が多少ございました。大学としては、女子大学ふたつで教えたことが何年かございますし、男女共学の大学でも教えたことが何年かございます。それから高等学校も、これは普通の高等学校はひとつもありませんが、外国の方が経営している外国人だけの高等学校で教えたことがございます。それから、らい療養所のなかでの定時制高校を教えたことがございます。それから、看護学院でも。なんだか、いばっているみたいですけど(笑)。看護学院も、高等看護学院というのと、それから准看護学院、二通りレベルの違うのがございますが、その両方とも……そういう、いろいろなところで教えてきました。准看護学院はここ十何年教えておりますが、それはらい療養所のなかにある准看護学院です。

今ここに言ったように、いろいろなところで教えた経験から言いますと、一番学ぶことをよろこんで、ありがたがっている人たちというのは、どうも恵まれた人たちよりも恵まれていない人に多いということに気がつきます。たとえば、らい療養所のなかの定時制高校で教えたことのある学生たちは、学ぶことが本当にうれしくてうれしくてたまらないといった様子で、べつに受験のためではなく、本当に勉強したくてたまらなくてそこにやって来ているという感じがいたしました。その人たちは、岡山にある一番大きな国立療養所に全国の十一の療養所から選抜されてくるわけですけれど、非常に生き生きとして、よろこんで学んでおりました。

それからまた、そこにある准看護学院というのは、これも一般的な学力の程度はずいぶんと低いものなのです。

中学校しか出ていない人ばかりです。しかも、それも九州とかその島嶼の、たいていそういう辺鄙なところの……しかも、その中学校で必ずしもそう出来たほうではない上に、家も貧しいというような娘さんたちが入学試験を受けてやってまいります。そうして、教えてみますと、そう言っては悪いのですが、呆れるほど出来ないのです。なかなか解りが悪い。ですけども、その一生懸命さといったら、本当にびっくりするほどです。こちらの言うことを一語一語、本当に飲み込むように、また食い入るように聞いております。そうして、一生懸命になっておぼえて、准看護婦の試験をパスして、そうして一人前の看護婦になってゆく。そうして、非常に人の嫌うような患者さんのためにも一生懸命つくして……。そのつくす時には自分の学んだことをすべて発揮して、本当に一生懸命にやります。そういう光景を見ておりますと、こういう人こそ本当に自分の受けた教育を社会に還元しているのだな、という気がつくづくいたしました。ですから、私はああいう人たちにここ十何年間、もう飽きることもなく教え続けております。その理由のひとつは、非常に教えがいがあるというわけなのです。ですから、非常に恵まれた女子大学、まあ、ここもそうですが、そのような女子大学と比べますと、失礼ながら、私は、あの中学校出の娘さんたちのほうがずっと一生懸命ではないかという感じすらするわけです。もっとも、津田は多少普通の女子大学と違って、非常に一生懸命勉強をなさる方が多い。私はそれを、非常に誇りに思っておりますが。

話を戻しますが、そのような准看護学院の学生さんというものは、本音を言えば高等看護学院に入りたいに決まっています。高等看護学院というのは高等学校を出てから入るところであって、そこを出れば永久の免状がもらえますから、お給料もずっとよくなり、病院でもいいポジションにつけるのです。ですけれども、家が貧しくてそういうことが許されない、あるいは、他のいろんな理由でそこまで行かれないという場合もあるでしょう。そういういろんなハンディキャップのために、下のレベルで満足しながら何事も一生懸命にやっているわけなんです。そういう、みなさんよりもずっと恵まれない人たちのことを考えていただきましたら、みなさんがどんなに大きな特権に今恵まれて、ここに来ておられるかということがわかっていただけるかと思います。

結局、人間というのは、沢山与えられれば与えられるだけ、沢山その人から求められるものではないか。多く与えられる者は多く求められる者である。そのような本の一節を、私は、この津田の学生時代に読んで、非常に心に深く感じたことがありました。恵まれている人は、それだけより多く社会に対して負い目を負っているのではないか、というふうに思います。ですから、みなさん、将来、社会に沢山のものを還元できるように、おおいにこの与えられた特権を利用して沢山のものを吸収して、社会のためにつくしていただきたいと思います。社会のためにつくすというのは、なにも華やかに目立つような舞台で活躍することだけを意味するのではないと思います。むしろ見えないところで縁の下の力持ちをする人のほうが、もっと尊いかもしれません。どんなかたちでもかまわない。家庭のなかにあっても外にあっても、いつでも社会にとって自分がなくてはならない存在になれるように、一生懸命与えられた機会を有効に、フルに活かしていただきたいと思います。

次に、大学というところはどういうところかということを考えてみたいと思います。

昔の旧制大学と新制大学では、ずいぶん形式が違ってしまったと思います。旧制大学は非常に専門化していて、旧制高校ではすでに第二外国語のようなものを勉強しているわけですし、それからいろいろな本もたくさん読んだり、いろんなことを考えたり、旧制大学では、ひとつの専門に向かってまっしぐらに進む場所だったと思います。戦後の学制変革によってだいぶ変りまして、そして、ことに今の受験制度のために、高校時代にちっとも、今言ったようなことに一生懸命になる暇がないわけです。

見ておりますと、余計な読書などをしておりましたら、受験勉強のほうがはかどらないわけです。それがよくわかります。ですから逆に、浪人した人はゆっくり本が読めて本当によかったなんて、みんな言っております。たしかに、浪人でもしないかぎりは、高校時代にはあまり沢山の読書をする暇もない。あるいは人生について、人間についていろいろ考える暇もないように思います。

ですから、結局、本当は高校時代にしたらいいと私には思われることを、今の学制制度では、大学に入ってからすることになるのではないかと思います。少なくとも、はじめの二年間の一般教養課程はそういうことのためにあてられている期間ではないかと思います。ですから、どうぞみなさん、ここにある図書館をどんどん利用して、沢山本を読んでほしいし、それからまた、他のみんなのいろいろな話をよく聞いてほしい。先生方のおっしゃることを、その講義だけではなくて、与太話や無駄話も一生懸命聞いて、なんでもいいから吸収してほしいと思います。

本を読むという習慣を身につけることは、一生を豊かにするかしないかの分かれ目ではないかと思います。ことに女性にとって一層そうではないかという気がいたします。なぜかと言いますと、どうしても女性は、そのなかの多くの人は結婚して家庭を持ちますと、ある期間は家に閉じこもりがちになります。そうして、孤独になりがちになります。そのような期間でも、本を読むという習慣がしっかり身についていたら、そんなに苦労なくそれを続け、孤独を紛らわすことができます。そして、たとえ自分の身はアパートの一部屋にあろうとも、世界中のことを吸収していくことも出来ると思います。本を読むことが義務でなくて楽しみであるように、これからはそういうふうになるようにいろいろ研究していただきたいと思います。これを、みなさん、このキャンプの間もよく話しあっていただきたいと思います。

各講義でもって、先生方がいろいろな科目について、こういう文献があります、ああいう文献もありますとおっしゃいます時に、それをただ聞き流してしまわないで、もし先生の講義のなかで特にあるところに興味がわけば、そういう他の文献を頼りに自分の力でまたそこをつついてみる。そして、わからなければ、先生に聞きに行く。そういうふうにして、また他のいろいろな本を教えていただく。そういうふうに、だんだんに芋蔓式に本を読む方法をひろげていってほしいと思います。何か本をひとつ読みますと、その本の後ろのほうに文献一覧というものが付いておりますが、それは必ずしも著者がどんなに自分が沢山本を読んだかを見せびらかすために書いてあるわけではなくて、読む人のためにあるのです。参考として、この人はどこからこういうことを借りてきたのか、あるいはどこからヒントを得たのか、そういうことを知るための出所が書いてあるわけです。それを頼りにこちらもまたいろいろ本を読んでみる。そういうことが非常に自分の生活を豊かにするのだと思います。

ひとりの先生の講義を聞いていても、その先生が口でおっしゃることからだけではさして沢山のことは得られませんが、絶えずいろんなものを読みながら聞いていると、同じ話でもまったく違うくらい内容に厚みができると思います。それから先生に質問することができる、そしてその質問も沢山出てくると思います。私は思いますが、疑問を常に沢山抱いているということがとても大事なことであって、疑問というものがなければ、もう読む必要もないわけです。先生のおっしゃることを鵜呑みにして暗記するというのは、試験の点取りにはいいかもしれませんけれども、本当の意味での勉強にはなりません。ですから、絶えず疑問をおこして、本や先生やあるいはお友達や、その他のいろんな機会をつかまえて、知識を増やしていっていただきたいと思います。

『生きがいについて』というのは先ほどご紹介いただいた私の本の題名でもありますし、どういうわけかあの本を書いてから、世の中で余計「生きがい」という字が目につくようになってしまったわけですけれども……この生きがいということについても、みなさんによく考えておいていただきたいと思うわけです。一生自分がよろこびの泉とするに足るものを、今のうちに見当をつけておいていただきたい、それはずいぶん大事なことではないかと思います。生きがいについての詳しいことは、私の本が図書館にございますから、読んでくだされば載っておりますから、ここでは申しあげませんけれども。とにかく、一生を通じて自分のよろこびの泉になるものを摑むということはとても大切なことだと思います。

女の人の一生を考えますと、まあ男の人の一生でも同じですが、女の人は結婚して家庭さえ持てば幸福かというと、必ずしもそうではない。どんな幸福な家庭でも、やはり、時期的な変化によって、子供が育ってしまって老夫婦二人きりになるとか、あるいは未亡人ひとりきりになってしまうとか、そういう家庭の崩壊の時期というのが必ずやってきます。結局、人間はひとりになりますが、そのひとりになってもなお残るような、そういう生きがいについて、今からその基礎となるようなものを探しておいていただきたいと思います。そのためには、自分がいったいどういうことに本当によろこびを覚えるのかということを、今のうちによく検討しておくことが必要ではないか、それは、言葉を換えれば、自分の可能性というものを見極めるということでしょう。

みなさん、津田にお入りになった動機はいろいろあるでしょう――英文科にお入りになった方は英語をうんと上手になりたいとか、あるいは英語が好きだからとか、英文学が好きだからとか、あるいは数学科にお入りになった方は数学が好きだからとか……。それだけの考えでお入りになったかもしれませんが、でも、お入りになってから、みなさん全部の方が英文学者にこの先におなりになるとは決まってないし、また数学者になると決まっているわけでもない。その学科に入るというのはひとつの段階にすぎなくて、入ってみてから、ああ、私はそんなに英語好きじゃなかったのに、こんなに毎日英語ばかり沢山あるのは嫌だなと思う人もいるかもしれませんし、数学も高校よりも少し程度の高い数学をやってみると、ものすごく難しくて、ああ、なんだか自分には性に合わないと思う人もいるかも知れません。またその逆に、非常にそれが性に合って、そこで本当にこれこそ自分のやるべきことだという感情を抱く方もあるでしょう。それは非常に幸せな方で、その方はこれからおおいに英語や英文学なり数学なりの方向に進んでいっていただきたいと思います。

時々、この大学でも私は経験がありますけれども、二年生とか三年生くらいになって、私の部屋にやってきて、「先生、私、どうしても医学がやりたくなったのですけれど、どうしたらよいでしょうか」というようなことを言ってこられる方がある。そうすると、私は大変困ってしまいます。私自身が津田を出てから医学をやったものですから、私が悪い模範を示しているためにその人が真似してそんなことを言っているのではないかと、大変心が責められます。そして、自分が医学をやったのに、その人に医学をやってはいけないという権利はないという気もいたしますし、何を言ったらいいか、いつも困ってしまいます。

たいていの場合、私が言うことは、もう二年生にもなったのだから、とにかく一回入った大学は卒業したほうがいい、それが原則だと思う、ということを申します。これも絶対的な原則というのはなく、あくまでもその人の自由だとは思いますけれども、もしこの大学に入って自分のやりたいことが他にあったんだということが後で気がついたりしても、よほどよく考えて、一応ここで頑張ってみて、そのうえでさらにその別の何かをやってみてもいい。そうしても少しも遅くはないと、私は思います。私自身は、まずこの津田を出て、それから医学を志望したことで、ずいぶん後で沢山の得をしたと思っております。それはひとつには語学が多少とも身についたので、それでずいぶん得したことがあります。ですから、今の段階で何がその人にとって得になるかわからないものなので、どんなことでも一生懸命やってみてそれが身につけば、後で何らかの形で必ずそれが役立つと思います。

ここの卒業生のなかには、ずいぶんいろいろな道に進まれた方が沢山ございますから、それをしっかり調べ上げてみるのも面白い研究じゃないでしょうか。それこそ、私はまだよく存じませんが、お医者さんになった方もおいでですし、その他にもいろんなことをしてらっしゃる方がございます。今の新制大学は、それで一生が決まってしまうものでもないと思います。ひとつの大事な人生の基礎固めの時期だとお思いになったならば、そこでなすべきことはいくらでもありますし。そして、とにかく一生懸命になってお入りになったのですから、なるべくなら、途中で他所に変るというのは非常に時間のロスがありますので、ここで頑張って卒業して、その上でまた考えることがあればやっていただきたいと、そういうふうに思います。

そして、そのことは自然に津田ということにつながるのですけれども。私は自分の母校だから、それで褒めているのだとみなさんお思いかもしれませんが、実際に本当にそう思っているのです。この大学はご覧の通り、大変小さい大学です。他のマンモス大学などを見ると、数のうえでは非常に頼りないような気がなさるかもしれませんが、実はそれが非常に大きな特徴になっておりまして、それこそが優秀性のひとつであると、私はかねがね思っております。経営のうえでは非常に困難なわけですけれど、多くの犠牲を凌ぎながら少数教育を創立者の考え通り続けているということは、やはり、それに大きな意味があるからだと思います。

この頃の『ニューズウィーク』などを読みますと、アメリカでも大学教育を受ける人が増えすぎてしまって、メガ・ユニバーシティとか、四、五万人くらいの生徒がいる大学がざらにあるという話です。それだけの学生が講義を聞こうと思ったら、とてもひとつの教室で一人の先生の生の声を聞くというわけにはいかないで、あちこちの教室に分散させて、その先生が講義している様子をテレビで映して、そのテレビを聞きながらみな講義を受けているという、そんな写真が出ておりました。まあ、日本ではそれほどということはございませんが、それに近くなってきております。そういう、いわゆるマスプロの教育というものは、学生たちが全体としてまとまるという統一感を失わせ、そして先生との一体感もなく、まったくばらばらになってしまい、いろいろな意味で悪いことが沢山あるようです。

そういうことに対して、津田が少数で頑張っているというのは、これは見事なことだと思います。少数であるからこそ、いくつかの小グループに分けられ、そして先生方も学生ひとりひとりのことを知ることができ、細やかに面倒をみてくださる。それが非常な利点となります。現代の日本において、他にはない大きな特権だと思います。あまりにも細かく先生の目が行き届くのが嫌だという学生さんも時々あることを、私は知っております。細かく世話を焼かれるのは、まるで小学校みたいだから嫌だという話も聞いたことがありますが、それは悪く言えばそうかもしれません。しかし、それほどまでに先生方が一生懸命になって、ひとりひとりのことを考えてくださるというのは、今は多少うるさく思っても、私くらいの歳になって振り返ってみたら、非常にそれはありがたいことだったと、きっとみなさんお思いになるに違いないと思います。

私がここでしております集中講義などは非常に大勢で、そのような少数の教育ができないので、私自身たいへん心が責められるのですが、大部分の講義はそんなに大勢ではなく、ひとりずつ先生のほうでもわかっておりますし、またひとりずつの人が先生に質問しに行くこともできるわけです。私のような大勢を対象とする講義の場合でも、ひとりずつ、もし質問があれば後で部屋に来てくださいと申しあげて、そしてかなりの方が部屋に来てくださいます。個人的にも密接なやりとりがある程度までできております。そういうことも、生徒数があまりにも膨大だったらとてもできないことだと思います。

それから私が、津田でいいと思っているもうひとつのことは、津田の卒業生たちみなさんに共有されているひとつの特徴があると思うのですが、これは自分で言うとさも自分もそうであると言っているようでおかしいですけど、よく卒業生たちが集まったりする機会がある度に言われているのですが、津田の卒業生はみなさん、この頃の流行りの言葉で言うと、「根性がある」という特徴があると思います。これはどういうところから来るのかといつも疑問に思うのですが、津田の人はなんでも徹底的に一生懸命にやる特徴があるように思います。これは歴史を通じてそういえると思うのですが、やはり創始者の津田梅子先生のもっていた「根性」から流れ出ているものだろうと思います。私は、ここで受ける教育が徹底的であって、いい加減なことは許されない、自分自身それぞれの人の力の出来るだけを出すということを要求される、そういう創設の理念というものに由来するのだろうと思います。

ですから、卒業生たちはどこへ行っても、みんなそれぞれのところでいろいろ頑張って仕事をしておられます。そして、このように実質本位であって、有名無実の飾りのようなものを少しも尊重しないという精神が、この学校には漲っていると思います。これは非常に尊いことだと思うので、みなさんも大いにそれを身につけていただきたいと思います。ただ、あらゆる美点には、それを裏返すとそれがそのまま欠点になるということにもなります。もし、今の長所の裏返しにどういう欠点がありうるかといいますと、私は、優等生根性だと思います。つまり、みんなが一生懸命で、なんでもよく出来る。それはそれでいいことだと思うのですが、それをあまりにやりすぎる。時と所をかまわずにやりすぎるという場合がある。それで時々あちこちで津田の人が問題になる、ということも聞いております。これは、やはり、私たちは、そういうところは弾力性をもってよく考えなければならないのでしょう。なにかを一生懸命やるということは結構ですけれども、常にあらゆる時に頑張っていればいいかというとそうではなくて、人生にはいろんな時がありますから、自分の力を出しきることが許される時にはおおいに出して頑張るし、引いたほうがいい時には上手に引っ込んでいるというふうに、伸縮自在の弾力性を身につけるということも、津田の人には特にこれから必要ではないかと思います。

なぜこういうことを言うのかと申しますと、津田の卒業生で何人かそういう面で多少、悲劇的なノイローゼなどに陥ってしまった方々に出会っているものですから、それで、このようなことを申しあげるわけです。大学生時代でも、まるで受験生みたいに点取り虫の人が沢山いて、成績争いとか、そういうようなこともございますし。それから、卒業してからも、頑張りすぎて職場で嫌がられ、あるいはお母さんになってからも、あんまり優等生のお母さんでありすぎて、子供に対して非常に期待が高くて、そして子供に最善の勉強をさせようと思って、何から何まで参考書から家庭教師からみんな用意して、そしてお母さん自身も乗り出してきて、自ら英語は教えるし、次から次へと子供に押し込み教育をする。そういうふうにあんまりにも頑張りすぎたために、子供のほうがもうやりきれなくなってしまい、逃げ出してしまったというお家も、私は知っております。その子供が、どこに逃げ出したかというと、ノイローゼのなかに逃げ込んでしまったわけです。その他にも、全然学校に行かなくなってしまった人もありますし、また、あるご家庭では、子供の兄弟全部がアメリカに逃げ出してしまって、高校時代からアメリカへ行って、アメリカの大学を出て、アメリカで家庭も築いて、女の人はアメリカ人と結婚し、男の人は日本のお嫁さんをアメリカに連れて行って、そして、一生お母さんとは一緒に生活しないといって頑張っている若い世代も知っております。お母様は非常に優秀な津田の卒業生でした。

そういうのは、もちろん特殊な場合でしょうけど、あまりにもお母さんが張りきりすぎると、子供がノイローゼ気味になってしまったり、またぺしゃんこになってしまって自分の力がよく出せないという場合もありますから、お母さんがむしろ引っ込んでるほうがいい。お母さんが少しのろまにみえたほうがいいということもあるらしいですね。お母さんは放っておいたら、あんなにノロノロしてしょうがないから、こっちが頑張ってやろうという気を出して、子供が一生懸命やるという場合もたしかにあるんですから……。特に津田の人は、家庭に入ってお母さんになった場合には、少し馬鹿のふりをしたほうが、かえって結果はよいのではないかというふうに、私などは、思ってしまうのですね。そこに気をつけてやっていただきたいと思います。

教室での講義でよい点をもらおうと思えば、それは勉強ばかりしているのが一番点がよくなるのかもしれませんけれども、私は授業の点がよくなることなんて決して大事なことではないと思います。それよりも、できるだけ豊かな生活をしてみて、いろいろなことに挑戦してみて、生き生きとした精神で沢山のことを吸収して、将来それをなんらかのかたちで社会に還元していく人になること。それがとても大事なことだと思います。それは家庭を持ってお母さんになっても非常に大事なことだと思いますし、また社会で働く時にも大変重要なことだと思います。なによりも、個性豊かな人になってほしい。

この学校に対していろいろ不満もあるかもしれませんけれど、さらにいえば今こうしてある人生そのものに対しても不満があるかもしれませんけれども、それに対しては、フランクルというウィーンの精神科医が言った有名な言葉をお伝えしておきます。私たちは人生に対していろいろ不満を持ちやすい。人生が自分にどれだけのものを与えてくれたかということをしょっちゅう数えたてて、そして、あれも足りない、これも足りないと言って、不満を言いたてている。それはひとつの生き方だけれども、もっといい生き方は、人生が自分に何を求めているかということを考えることではないか。自分は人生から何を求められているのか。それを考えて、できるだけ人生から求められているものに対して、自分が応じていくような、そういう生き方のほうがもっと建設的ではないか、と言っております。これはまさに大学生活についても言えると思うんですね。

津田に対してみなさんがもし、いろいろな不満をお持ちになっても——そしてもちろん津田にも欠点は沢山ございましょう、その欠点のなかにはおおいに改めるべきこともあるかもしれません、そういうことはそれぞれの時に、いろんな先生方と話しあっていただきたいと思いますが——、ですけれども、ひとつは、この大学をこれから良くするも悪くするも、皆さんの生き方にかかっているという点も忘れないでいただきたいと思います。

ですから、大学が自分に何をしてくれるかということ、それも考えずにはいられないでしょうけれども、まずは自分がこの大学のために何ができるかということ、それを考えて、この大学を少しでも豊かないい大学にするように、みなさんがここに来てよかったと思えるような大学に、自分がそれをするのに少しでも参加できるように、役に立つように、そんなふうに考えてみていただきたいと思います。

いろんなことを長々と申しあげましたけど、これは今度のフレッシュマンキャンプでみなさんがいくつにも分かれて、いろいろディスカッションなさるとうかがいましたので、そういう時のテーマをただいっぱい並べたのだと、そういうふうにお考えくだすって、みなさんでさらにいろいろディスカッションして、解答を見つけていただきたいと思います。それでは、どうぞ、みなさんお元気で。

（一九六八年五月十八日、津田塾大学フレッシュマンキャンプにて）

なお、この講演のテープは津田塾大学より御提供いただきました。記して感謝いたします。

（みすず書房編集部）

コラム1　身のまわりの彩り

1959年

少女時代から、自分を飾り立て華やかな場に身をおくことに一種の嫌悪を感じていた美恵子。特別に装うことをしなくとも、幼い頃に過ごした欧州の雰囲気がずっと影響していたのだろうか、戦争中の女子医専時代にも「パーマネントをかけにいく」と日記に記しているなど、自分とそのまわりに彩りを添えるような控えめなおしゃれをごく自然にしていたようだ。

専属デザイナー?

結婚後、大学で教えていた頃の美恵子の着るものは、ひとりの女性が一手に引き受けてつくっていた。

そのひとは、美恵子が自宅で開いていたフランス語のクラスの生徒だった大橋きよさん。洋裁で生計を立て、その勉強のためにパリへ行きたいという夢をもっていた彼女は、小柄な美恵子のために、七分袖のジャケットに膝丈のスカートといった洋服を仕立て、美恵子は自分の着るものを探し歩いたりすることなく、清楚なスーツを着て大学へ通うことができた。

美恵子を慕う大橋さんとは、家が近所であったこともあって、ながく交際が続いた。晩年になってもう着るものはいらないと思うようにもなった美恵子に「先生に着ていただきたいので」と、洋服が届けられることもあったという。

外国みやげのポーセリン

富本憲吉のブローチ

印鑑入れ

晩年に使用した眼鏡

ふくろうのペーパーナイフ

富本憲吉のブローチ

美恵子は、陶芸家富本憲吉の長女、陶と成城高女の同級だった。富本家に遊びにいったおりに富本憲吉から贈られたのが、このブローチである。富本憲吉はまた、第一期生である陶や美恵子たちの卒業する年に、百合の花をモチーフにしたブローチを記念品としてつくり、美恵子はそれを晩年まで愛用していたという。

装身具を自分で買うということのなかった美恵子だが、夫をはじめ、誰かれからのおみやげで、木彫りのものや陶器のものなどブローチはいくつも集まり、その襟元を飾った。

生きがいについて

中村桂子

仕事の上でも、人間としてもいつも心にかかっていながら、ついにお会いする機会を持てなかった方が数人ある。著書などで、非常に強く惹かれ、大きな影響を受けたがゆえに、身近に感じ、いつかお目にかかれるような気になってしまう場合が多い。そんなお一人に神谷美恵子さんがある（本来は、神谷美恵子と書くべきなのだろうが、私の中ではずっと神谷美恵子さんとして存在してきた。恐らく本書を含めて、これから神谷さんの著書に触れる若い人たちにとっても、神谷美恵子さんになるのではないかと思う。この方を最も素直に受け止めると自ずと親近感が湧いてくるので、失礼を顧ずこう書かせていただいた）。

私は、大学入学直後に生体での物質のはたらき方のみごとさに惹かれ、当時の女性としては珍しいと言われながら理系の大学院に進学したので、外から見れば、それなりの決心があってのことと見えたかもしれない。しかし、子どもの頃から、毎日を楽しく暮らすのが得意で、格段の悩みごともなく、周囲の大人に教えられながらそこまで来たというのが正直なところであった。若い頃から自分をお持ちの神谷さんに、まずここで圧倒される。

ところで、一九七一年、恩師江上不二夫博士のお誘いをいただいて「生命科学」という分野に入り、生物の科学研究を〝生きるとはどういうことか。生きものである人間が、人間らしく生きるとはどういうことか〟という課題につなげるというテーマを与えられた時から、急に生活が変わった。それまで、実験をしてその結果について考えるという狭い世界にいたのに、そこから、生きるということ、人間ということを考えなければならないという場へとび出すことになったのである。とても大事だとはわかるけれど、どのように考えていったらよいかわからないし、それまで科学については親切に教えてくれていた仲間たちもあまり頼りにならないという状態に追い込まれたのである。

その時――幸いなことに、神谷美恵子著『人間をみつめて』が出版された。それまで、人間という文字の入った本を手にしてもうまく入り込めなかった私にとって、科学を基盤にしながら〝いのちとこころ〟に真正面に取り組み、それを〝人間の生きかた〟〝人間をとりまくもの〟へとつなげていく思考は、一行一行そのまま一緒に考えていけるものだった。学問として学ぶと同時に一人の人間として、ああこういう考え方があるのだと教えられ、基本をここに置いて考えていきたいという指針となった。今改めて読み直してみると、これを著わすきっかけは、新聞社が生きがいアンケートをしたところ、三十代・四十代の主婦の半数が生きがいがないと訴えていることを知ったことだったとある。よく知られているように、それより五年前(一九六六年)に、著者は『生きがいについて』を出版している。生きがいという言葉を横文字になおそうとするととても難しく、日本にしかないらしいのだが、私たち日本人にとっては日常語であり、長い間、主婦にとっての生きがいと言えば、子どもの成長や家族の健康など、家庭を軸にした日常生活の運営だったろう。しかし、社会の変化が急速で、過去から続いてきた方法で生活しその中で幸せを見つけていく場としての家庭や地域の姿が見えなくなってきた中では、人間や人生を根底から問わずに生きがいを語ることはできない。これが、何事にも真向から向き合う神谷さんの受け止め方だった。

この時から三十年以上経過した今、この課題は、ますます深刻になっており、「何か物足りず不安だが、何をしたいのかがわからない」という人が、年齢・性別を問わず増えているように思う。その理由は何か。正しい答はわからないが、生きものの研究をしている者として感じるのは、まさに、生きていること、そして人間であることをみつめていないからではないかと思うのである。物質的豊かさに関しては、世界のどこの国にも負けないだけのものを手にすることができた。しかし、ここで問題が出てきている。一つは、経済が、物そのものよりも金融で動くことになり、お金への欲望には限界がないらしいことが明らかになってきたのである。そのための競争に追い立てられる社会になり、人々の心に余裕がみられない。それどころか競争が手段でなく目的になっている人さえ出ている。もう一つは、人間活動が自然破壊をもたらしていることだ。これは、いわゆる環境問題として認識されていることだが、実は人間もヒトという生物として自然の一部であり、内に自然を抱えているのである。「内なる自然」という言葉を、私は自分で探しあてたつもりでいたが、『人間をみつめて』を読みなおしてみて、そこにこの言葉を見出してハッとした。もっとも、そこでの内なる自然は、脳とこころをまとめて表現するものとして使われており、身体のすべてを自然として受け止めたいという私の考えとは少し異なる意味で使われてはいる。しかし、生きものに注目した内なる自然の中でも、重視すべきものとして〝こころ〟があることは確かであり、これを内なる自然として捉えていた著者の鋭さに改めて感じ入った。

自然破壊は、外にある生物などを含む自然を壊すということだけでなく内なる自然の破壊でもあるのだ。外の自然も内の自然も破壊された状態では、これまであたりまえのこととされてきた、生《いの》命《ち》を大切にするという行動があたりまえでなくなってしまう。ホームレスの男性を溺れさせて〝人間の屑だから〟とうそぶく若者、行きずりの男性をホテルで殺し、〝人を殺してみたかった〟という女性。人間という存在そのものの価値や生きることの意味はどうなってしまったのだろうと背筋が寒くなるが、その原因は、自然の破壊にあるのではないだろうか。これを社会の問題として捉え、自然の回復に努めなければならないわけだが、その始まりは、人間そのもの、生きることそのことをみつめることだろう。

『生きがいについて』『人間をみつめて』『こころの旅』。背表紙にこう書かれた三冊が並んでいる本棚を見て、誰もが考えなければならず、とくに今必要とされるテーマに、真正面から取り組まれた先人がいて下さったことをありがたく思う。そして、その内容は決して難解でも、説教じみたものでもなく、日常の中で一緒に考えましょうというお誘いなのだから、ますますありがたい。

このような本は書けそうで書けないものである。客観的・分析的な面と著者の人間性が滲み出る部分とがみごとに調和して、読むというより考えを弾き出してもらっている気持ちになれるのである。なぜだろう。そう思っていたのだが、今回初めて『日記』を読んでその理由がわかった。「よく生きよう」。誰もが願うことでありながら、それを思い続けることはとても難しいこのことを、常に心に持っていらしたのだ。しかも〝よく〟という言葉の意味をごまかすことなくそのままに受け止めて、高い目標をもち、その実現のために、深く考え、きっぱりと行動に移していらしたのだ。

恵まれた、とくに知的な意味で恵まれた環境で育った有能な女性——ただ時代は、その有能さを家庭で生かすか、もし職業をもつなら一人で生きるかという選択を求める雰囲気にあっただろうに、職業と家庭を共に、望み通りの形で手になさった。しかもそれだけでなく、あたかも自然の流れであるかのように。二六歳になってから医学の勉強をはじめたのである。育児をしながら長島愛生園へ通い続けた日常の苦労は大変なものだったろう。日記からはそれが、もちろんその背景にはハンセン病患者のために働きたいという強い願いがあったにしても、よくわかる。しかし、ここで、家庭と仕事の両立というような言葉は使えない。すべてが神谷美恵子というひとであるからだ。二四時間、時には一日をそれ以上に使う生活はすべて一貫している。ここで、図々しいと思われることを承知で言うなら、私自身このような気持で暮らしてきた。もちろん、人生に対する真摯さも能力も比べようもないのだが、これまでに何度も聞かされた仕事と家庭の両立というフレーズにはいつも違和感を抱いてきた。全部で私なのだと思ってきたのである。スケールはまったく違うけれど、神谷さんの日記を拝読し、こういう生き方でいいのだと思えたのが嬉しかった。これは、女性に限ったことではない。男性も含めて仕事も日常生活もすべて一人の人間を通すという生き方が普通になった時、「生きることを大切にする社会」が生れると思うのである。

二十一世紀は、「生命」を基本にする社会になるだろうと思う。というより、そうしなければ、地球上で人類が生き続けることは難しいだろう。そこでは、社会制度や産業が、自然を生かし、生命を大切にするものへ移行していくことが求められるが、何よりも、そこに暮らす人々の意識と日常生活のありようとが「生命」に向いていなければならない。そう思って、現実の社会のありようを見た時、その方向へ行けるだろうかと気になる。経済力と軍事力で大国になることを求め、人々をそのための競争にかりたてる社会が相変わらず続いているからだ。

そこで、今新しく、神谷美恵子さんの著作が意味を持つのだが、どんなに考えて生きた人でも、やはり時代の中で生きることになるということも学んだ。神谷さんが若い頃に叔父に連れられて訪れ、そこで働くことを意図して医学を学んだハンセン病は、感染性が弱いことがわかり、治療法を確立していく中で、隔離という、ある時期には最良と考えられていた方法が、患者の人権という面からも問題視されることになる。もちろん、愛生園での人々は皆、患者のために尽くし、その時できる限りのことをしたわけで、ここで何かを非難することは妥当ではないが、時代の中に生きるしかないという制約はいつもあると実感した。これは今という時代を生きている自分自身の問題でもある。

そしてもう一つ。神谷さんの文章には、しばしば神が登場する。ご経歴からそれはキリスト教の神であると受け止め、それが心の支えになっているためにこれだけきっぱりした生き方がおできになったのだと羨ましく思っていた。確かにそうだと思うのだが、晩年病気になられた時の日記に、若くして自ら死におもむいたキリストより、人生の栄華も空しさも経験し老境に至って考えたブッダに惹かれるとある。終始精神的なものを大切になさっている点では共通していながら年齢と共に神から仏へと関心が移り変ったのが興味深い。年齢もまた誰にも訪れるものである。時代と年齢。生きるということを真正面から考える時に、意識して、または無意識のうちに関わりあってくるものとして気にしておきたい二つである。

（なかむら・けいこ　生命誌・JT生命誌研究館館長）

神谷美恵子管見

鶴見俊輔

神谷美恵子は、聖者である。

このことを感じたのは、一九三八年夏、私がアメリカに行って、半日、彼女の家に招かれたときのこと。夕食までに時間があるので、外を散歩するのにさそわれた。

私は、日本で小学校をふくめて、三つの学校から放校され、中学二年終了で、学校から離れた。もし、今日招かれているこの家の当主、前田多門だったら、かつて父の同窓生だったよしみで、

「お父さんに迷惑をかけちゃ駄目だよ」

と教訓を与えるだろう。美恵子は、前田多門の長女で、私より七歳年長だったが、教訓めいたことを言わない。私と、おなじ目の高さで、話をした。

どんな人とも、おなじ目の高さでつきあう、これが聖者の風格と感じられた。やがて彼女がハンセン病患者とつきあうときにも、フランスから来た同性愛の哲学者フーコーを案内して日本を旅行するときにも、彼女は自分の態度をくずさなかっただろう。

そのとき、十五歳の不良少年とのあいだに、何の話題があったか。今おぼえているのは、ヨハンナ・スピリが話題になったことだ。「ハイディ」をはじめとして、他の作品にも彼女は通じており、

スピリが作家としての広さをもっていることなど。もうひとつの話題は、少し前になくなった『紫苑の園』の作者松田瓊子《けいこ》のことだった。

何十年もたって、そのころ彼女がかよっていたクエーカーの学校に出した二つの英文の論文を読むことができた。彼女はすでに、日本のキリスト教の狭さにふれている。日本人のキリスト教信者は、日本に来たアメリカ人宣教師の狭さを受けついでおり、そのために起こったこととして説明している。神の恩寵はキリスト教信者よりも広く、キリスト教を信じない者にも与えられるというのがそのころから彼女の信仰だった。この論文をすでに書いていたこの人に私は出会ったのだった。

この考え方は、晩年まで、つづく。キリスト教会から破門されて、レバノンからニューヨークに移ったハリール・ジブラーンの詩を、彼女は好んで訳した。

これらすべてに接したのは、彼女がなくなってから、神谷美恵子著作集と補巻が出てからのことだ。さらに、こんなことがあった。

戦争が終わってから、私は、結核の療養のため、ひとりで軽井沢に暮らしていた。そこに神谷美恵子の母親(前田多門夫人)から電話がかかって、自分もひとりでいるから、晩御飯を食べに来なさいということだった。沓掛に近い、その家に行って、夕食をいただいた。

そのとき、彼女は、娘のころ、群馬県から出てきて、わたしの母に助けられた話をした。それを話すことが、この招待の目的だった。

話は娘のことに及び、ここは美恵子がひとりで戦前、結核の療養をしていたところで、その病気は、隣の野村胡堂家の長男の日記を、彼の没後に借りてきて読んだからだという。これは医学的にはありにくい。しかし、前田夫人は、そう信じていた。

これからは、私の推測。前にふれた松田瓊子は、野村胡堂の長女で、兄である長男一彦につづいて結核でなくなった。野村家と隣あわせで、子供同士親しく行き来していた前田家の長女美恵子は、そこから結核になったので、一彦の没後発病したとしても、一彦の日記を読んだからではないだろう。

しかし、一彦に傾倒していた美恵子は、一彦の死が、人生の希望を変えた。自分の生涯をハンセン病の人びとに捧げようという希望は、ここから育ったものではないか。

この希望は、父前田多門の反対ですぐには実現しなかった。彼女は父についてアメリカに行き、おそらくそこで修得したラテン語によって、結婚後にストア派哲学者マルクス・アウレリウスの『自省録』を訳した。彼女は戦中、女子医専に入って自分の所信を実現する基礎をつくる。

やがて、粘菌の研究者神谷宣郎と結婚。神戸女学院でフランス語を教えた。女子医専卒業後、東大の内村祐之研究室で、精神科の診療に参加したこともあって、そのときの知識と見聞はヴァジニア・ウルフの評伝を書くときに役立ったと思われるが、彼女自身が、おなじような病的症状を内部にもっていたのかもしれない。

やがて、彼女は初期の子宮癌を経験し、このとき、夫の宣郎に、かねてからの希望だったハンセン病患者への奉仕に踏みきっていいかと許しを求め、長島愛生園に精神科医としてつとめた。父の多門はかつて娘の初志をとどめたことについて、悔恨をもって、娘に同行して愛生園で講演をした。

一九六〇年、米国大統領アイゼンハウアーが日本を訪問して、日本の首相岸信介から日米安保新条約成立のしらせを受けるという計画があった。これに対して、もと米国留学生十二名の連署で、この訪日は適切ではないという声明を出した。これはアメリカ大使館前で警察官にくばった。このとき私は、大阪の神谷美恵子に電話をして、署名に加わってもらえないかと頼んだ。

彼女はすぐに承知し、「宣郎さんはどうですか?」と私がたずねると、「宣郎は臆病ですから」と答えた。

記憶が不確かなので、そのときのビラをファイルから出して見ると、神谷宣郎の名前は入っている。美恵子が説得したのか?

後記　参考。太田雄三『喪失からの出発　神谷美恵子のこと』(岩波書店、二〇〇一年)。この本の原稿は、英文ではじめ書かれた。やがて英文で発表されることを期待している。日本の哲学史が神谷美恵子の項目を欠くことに、私は、哲学観の片寄りを感じる。

(つるみ・しゅんすけ　哲学)

詩

前田美恵子

癩者に

一九四三・夏

光うしないたる眼《まなこ》うつろに
肢《あし》うしないたる体担《にな》われて
診察台《だい》にどさりと載せられたる癩者よ、
私はあなたの前に首《こうべ》を垂れる。

あなたは黙っている。
かすかに微笑んでさえいる。
ああしかし、その沈黙は、微笑みは
長い戦の後にかち得られたるものだ。

運命とすれすれに生きているあなたよ、
のがれようとて放さぬその鉄の手に
朝も昼も夜もつかまえられて、
十年、二十年と生きて来たあなたよ。

何故私たちでなくてあなたが？
あなたは代って下さったのだ、
代って人としてあらゆるものを奪われ、
地獄の責苦を悩みぬいて下さったのだ。

許して下さい、癩者よ。
浅く、かろく、生の海の面《おも》に浮かび漂うて、
そこはかとなく神だの霊魂だのと
きこえよき言葉あやつる私たちを。
かく心に叫びて首《こうべ》たるれば、
あなたはただ黙っている。
そして傷《いた》ましくも歪められたる顔に、
かすかなる微笑みさえ浮かべている。

神谷美恵子先生との邂逅

高橋幸彦

大学の精神医学教室の機関誌に寄せられた先生のお便りが機縁となって、ハンセン病療養所長島愛生園と邑久光明園に勤務することになり、先生と交互に島に通うことになった。

不幸にしてこの病に冒された人達に対して、いつも先生は、自分に代わって犠牲になってくださったのだという敬虔な思いで診療に従事されていた。だから、患者さんの一言半句をも全身で受けとめて、その出会いに、自分の全てを投入されていた。先生のこころには、この広大な宇宙のなかで、たまたま巡りあった、ほんの束の間のこの出会いを大事にしなければならないという思いが強かったに違いない。

世間の方々は、先生を学者あるいは書斎の人と受けとめているかも知れない。しかし療養所での先生の外来診療は、昼過ぎから夜の八時頃まで続き、十時頃に食事をされることもしばしばであった。さらに、常勤医師の激務が少しでも軽減されたらと自ら宿直を引き受け、ハンセン病特有の激痛に呻吟する人があれば、厳寒の夜、海を渡る凍てつく強風の中を、歩いて遠くまで往診に行かれ、男性でも過酷な臨床活動を続けられた。

往診から戻られても、相談ごとや悩みを抱えた職員が、先生を放さない。患者さんでも職員でも、ご自身を相手と同じ境地において、その人の胸奥まで共感を抱かれ、考え悩み模索しながら、共に歩まれる。問題や悩みを抱えている人達にとって、先生は、温かい血が流れ、いついかなる時でも、絶対に逃げないしっかり握れる杖でもあった。

これはなにも療養所内に限らないことで、先生の著作を読まれた方々の手紙や電話に対するご返事にも、温かい共感性がこめられていて、先生の書かれた手紙をこころの拠りどころとして、大切にしまっている方もいる。なかには、先生のご自宅を訪ねて、何時間も席を離れない人もいた。

先生の前から離れ難い気持は真に同感できる。先生のご自宅を訪ねて話しこんでいると、表情豊かに話される言葉、その言葉が消えていくのが惜しまれて、このひと時がいつまでも続くことを願わずにはおれない。

先生は、もろもろの精神療法の理論を超越した計り知れない叡知に満ちていた。逝去された後、ご主人のご厚志で、蔵書をご寄贈いただいたが、そのなかに精神分析関係の洋書も含まれて、あちらこちらにアンダーラインの筆跡を見ることが出来る。しかし生前、先生の口から精神分析用語を耳にしたことは一度もない。

人は言うかもしれない。先生は、学者だ、教育者だ、魂のカウンセラーだと、しかしそれでもなお、先生の全体像をつかんでいるとは言えない。先生は驚くべき叡知と、先生にのみ賦与された童心が一体となった稀有の人であった。

ハンセン病療養所で先生と共に勤務した年月は、私にとって、何ものにも代えがたく、先生と患者さん達から、精神科医として、多くのことを学ばせていただいた。

先生の遺影と向きあうたびに、先生との邂逅に深く感謝して、健康の許すかぎり島に通いたいと思っている。

（たかはし・ゆきひこ　精神医学・茨木病院院長）

神谷美恵子と看護の心

川島みどり

女性の能力開花を受け入れる意識も条件も全くなかった時代に、仕事と家庭を両立させながら、密度濃い生を充実して生きた神谷美恵子。「思想とは自分が生きていることそのことから必然的に流れ出る血液」というように、どの著作にも生きる力のもととなる哲学にうらうちされた言葉が脈々と流れている。現在の私のおかれている状況と重ね合わせながら共感ひとしおであった。

なかでも、ハンセン病者の苦悩と、その治療・世話をする人々らの喜びや悩みの日常を細やかに描きながら、その背後にあるさまざまな要素を分析する。そこには、今日の看護師が日々体験している諸事象や感情に共通なものが多くある。そこで、看護学を探究する者として、また、若い看護学徒に看護学を教える立場から、美恵子の生き方と思想を看護の心に重ねて読んでみようと思った次第である。

自然の風景と心のたたずまい

数多くの著作のなかでもっとも印象深いのが、随所にある風景描写であった。目に映る自然をこんなに生き生きと、光も水音も空気のゆらぎまで含めて体感できるような観察の目と表現力。しかも、その場そのときの美恵子自身の心象風景が重なって。

「今、障子の外では海が湖水のようになめらかに憩い、月が薄い雲越しにいぶし銀のような光を投げている。時々、水鳥が「ゴイ」と音をさせ、さざなみがひそかに岸辺の石を撫でて行く。向う岸の灯は大てい消えた。病棟の灯二つ三つ。丘の上に一つ。あとはみな月の光の下で眠っている。眠れ癩者よ、眠れ、せめて眠りのうちに苦悩を忘れよ」(『遍歴』)。

産業の発展により生活リズムが乱れ、健康者の間でさえ、不眠や睡眠不足が日常化している。病院では、在院日数の短縮によって病棟の急性期化が進行し、昼夜の別ない目まぐるしさが入院患者の身にも及んでいる。〝せめて眠りによってハンセン病の苦悩を忘れよ〟とのメッセージは、根本的な治療とはなり得ずとも現実の苦悩を一時的にでも癒して欲しいとの切実な祈りが込められている。現代にあっては、病気の回復や治癒にとって必須の眠りの質を保持することの大切さを喚起するものといえよう。

私にとってのこの言葉は、二〇数年前の記憶に通じる。不慮の事故で突然この世を去った二〇歳の息子の死に直面したときの、身のよじれるほどの悲痛な思いと悔しさを、ひとときでも忘れることのできたのは、眠りによってのみであったことを。

美恵子はまた、ひとりで官舎への帰途、ハンセン病と向き合う日々刻々の多忙な、しかし充実した一日の終わりの感慨を次のように述べている。「……淡く暮れ残る空との対照が、美と静寂で匂うばかり。じっと草むらに立って見入っていると、天と地と水の中に溶け込んでしまうような感じで、心はあのなめらかな水のように、静けさとうるおいにみちみちた。……だれに見てもらうためでもなく、ただそのことのよろこびの故に、こうして、ここにやってきて、こうして生かされていることのありがたさ。……こうしたありかたが許されることのふしぎさ……」。（『人間をみつめて』）

暮れ残る空と水に映る影を対照させながら、自ら課した使命を果たしつつ生きることへの至福の思い、周囲への感謝の心が、風景とないまぜになってひたひたと伝わってくる。何という心のたたずまい、感性のみずみずしさ。

尊敬よりも親しみを強くおぼえるのは何故だろう。それは、晩年の美恵子の年代とごく近くにいる故かも知れない。だがそれ以上に、偉大な仕事を成し遂げ、社会から一定の評価を受けた人にありがちな尊大さが皆無の、「妻としてのつとめ、母としてのつとめ、主婦としてのつとめ、そしてお前自身へのつとめ、そのいずれもないがしろにしてはならぬ」との、自らの心の声を聞く美恵子に、ふつうの人間として一人の女性としての深い共感を覚えるからであろう。

人間として人の役に立つこと

人類が二足歩行を獲得して以来、労働を通じて人々の役に立つことによって、本当の意味での人間らしさを得たともいえる。看護本来の姿は、たとえ、現代医学では治癒困難な場合でも、また障害の程度や高齢の如何にかかわらず、対象となる人々がより人間らしく、その人らしく生きていくことが可能になるように支援することである。

そこで、病いや障害や高齢のために、他人の世話に身を委ねなければならない人々が人間らしく生きるためには、看護師としてどのような援助をすべきだろうかと考え続け、〝その人が生きてそこにいること、すなわち存在自体が誰かの何かの役に立つ〟ようなケアを目ざすことであると結論してきたのだったが。

著作（『人間をみつめて』）に登場する、愛称「連ちゃん」のエピソードは、まさにそのことの意味を強めると思われた。連ちゃんは、ハンセン病と結核と精神薄弱と聾という四重苦を持つ年齢不詳の男性である。少年時代に園につれてこられ、心ある人々の愛情に満ちた環境におかれた連ちゃんの人格成長の過程でのさまざまなエピソードの中の、彼らしい「役に立ち方」がそれである。

入院中の老人の頻繁な「溲瓶を持って来てくれ！」の声に自発的に反応して、その欲求をみたす誇らしげな連ちゃんの様子がリアルに述べられている。しかも連ちゃんは、この老人の役に立っているだけではない。「このような親愛と善意にみちた、素朴な存在が、どれほどらい園の中の精神病棟全体を明るくしていることか、どれほど医師や看護師をよろこばせ、励ましているか……。彼の存在そのものがみんなの心に大きな寄与をしているのである」と美恵子はいう。そして、「何よりもその存在のしかた、その中でもとくに情緒面のありかたが、人格の存在意義を決定するたいせつな要素の一つ」であると述べている。

連ちゃんの場合には、具体的な行為そのものが確かに老人の頻繁な尿意の訴え解消に役立っている。しかし老人は、連ちゃんの行為を一方的に受け取っているだけではない。その善意に満ちた行為に対する謝意を表している。その喜びの表情と、連ちゃんの行為を賞賛するスタッフのまなざしや言葉を通じて、「他人の役に立つ喜び」を体感している連ちゃんがいる。こうして、社会的存在である人間どうしの交わりが相互に生かされ、それぞれ役に立つ存在として人間らしく生きていくことになっているのではないだろうか。

高齢や重い障害を持って療養している人々が、生きてそこにいるだけで、誰かの何かの役に立つ存在になるような状況をめざせたなら、介護される高齢者自身のみならず、介護する人々も温かい前向きな気持ちで介護できるのではないだろうか。そう考えると、超高齢社会での、人と人との交流を尊重する意味がいっそう豊かになると思う。

召命ということ

フローレンス・ナイチンゲールやジャンヌ・ダルクが聞いた神の声を美恵子も聞いたのだろうか。二五歳の時「病人が呼んでいる！」と友人に語ったというが、使命感について、「そうせずにはいられないからやるという必然性」ととらえ、「何かよび声が聞こえた時に、それに直ぐ応じることができるように耳を澄ませながら自分を用意していくこと……」という美恵子が聞いたのは、神の声ではなく美恵子自身の声であったのではないだろうか。

出勤途上の明けゆく朝の山道での「さいごまであなたに忠実であらせて下さい。み旨のままに。というつもの祈りが自然に口にのぼる。あなたとはだれだろう。私のうちなる神であり、私を超えたものである」（『人間をみつめて』）との言葉がそれを示しているといえよう。

看護と美恵子

心を病む人への医学の道を志しつつも、やはり美恵子の思いはハンセン病にあった。その最初の出会いともいえる多磨全生園での看護婦三上千代の世話の様子を見て、「看護婦か医者になれたら、そしてらいのために働けたら」という初心を語っている。

中井久夫氏が「神谷さんの医師になる動機はむしろ看護に近いと思う。この方の存在が広く人の心を打つ鍵の一つはそこにあると思う。医学は特殊技能であるが、看護、看病、は人間の普遍的体験に属する。一般に弱い者、悩める者を介護し相談し支持する体験は人間の非常に深いところに根ざしている」と、一般の医師とは異なる面を例証されているのは興味深い。

昨今の看護師の日常は、一人の人間の能力を超えた過密さの連続であるといってもよい。そうしたストレスフルな環境のなかで、退職者も後を絶たないが、燃え尽き寸前の使命感を支えに働く看護師らが圧倒的に多いことも事実である。それだけに、美恵子が病を得て患者となり、入院体験を通しての「看護婦という存在の意味」への問いは、自ら医師として働いた日々の思いと重なっているだけに多くの示唆を含む。入院中「私の心の眼は毎日あらゆるものに対して深甚の興味をもって注がれていた」というが、その眼に映った看護婦像や看護観は貴重である。

小走りに各病室を回り、秒単位でバイタルサイン情報を集めることでさえ、「看護婦さんは患者に毎日生きているという実感を与えてくれる」という。つまり、単調な一日に時間的な刻みをつけるという意味での「生存感」を与えるというのだ。電子カルテをはじめあらゆる種類のＩＴ化の進行で、顔と顔をつきあわせ言葉を交わすことの大切さを忘れかけている現場への警鐘であると同時に、ほんの瞬時でもベッドサイドに行くことの意味を教えている。

また、「新しい設備や装置や器械によって省けるエネルギーは、あくまで看護婦さんの「人間らしさ」を保つために用いて欲しい。看護婦さんこそ医療における人間らしさの最後のとりでである、とさえ私は思う」（『人と仕事』）。これが述べられた時代と今とでは、その機械化の様相も規模もかなり異なっているとはいえ、看護師の存在の意味を改めて問うためにも重く受け止めたいと思う。

教室で一定の基礎技術を学んでも、臨地実習で足がすくんでしまう学生も珍しくはない。患者のそばに行って言葉を交わすことが恐怖になって涙ぐむ学生もいる。それらの学生に美恵子の心のなかのつぶやきを伝えたい。「もっと自信を持っていいのよ。あなたたちは患者のそばに存在するだけでも意味があるのだから」との。

現代女性の平均年齢より二〇歳も早く生を終えた美恵子を惜しむ気持ちは、著作を読むほどに募って来る。チャレンジングに、しかも主体的な美恵子の生き方と、その底に秘められた人間愛は、文字通り、ナイチンゲールの言う〝犠牲なき献身こそ真の奉仕〟に通じる。今を生きる者たちがそれぞれの境遇や立場を超えて学ぶことの大きさは図り知れない。

（かわしま・みどり　看護学・日本赤十字看護大学）

長島愛生園准看護学院の戴帽式（1958年９月）

思い出——学生時代の日記から

明石み代

神谷美恵子さんは、私にとって友人とは言うものの、六歳年長ではあり、人生の師のような方であった。美恵子さんとの学生時代（東京女子医学専門学校——東京女子医科大学の前身）からの、ほぼ四十年に亘る交友期間の、初めの部分に限定して考えてみる。当時、美恵子さんは二十七歳から三十歳、私は二十歳から二十四歳の期間である。現在の私、即ち六十歳（一九八〇年）の人間として書くよりは、当時の私、即ち二十歳代の人間の生《なま》の記録に語らせた方がよいのではないかと思い、当時の日記より転記する事にしました。文章も思考も幼い事を許して戴きたいと思います。尚、文中の括弧内は現在の私の説明です。

昭和一六年六月二三日

今日編入生として来た方、前田美恵子さんと紹介された。私共とは違って成人《おとな》だ。お母さんのような人だ。（私共はこの時本科一年生。年齢は数え年で二十歳前後、前田さんは数え年で二十七、八歳であったと思う。）

昭和一六年七月二五日

Sさんと共に前田さんの家へ行く。（生存者なのでSさんと記す。）初めて彼女が創作をする事を知る。又何でもよく知っていて、どんな事でも教えて下さる、先生のような、お母さんのような、お姉さんのような人。私はこの人とお友達になって嬉しい。（この時より、ほぼ四十年に亘る彼女と私の交際が始まった。）

昭和一六年一〇月四日

今日、生理学の時間に慶応の加藤元一教授が来て、神経不減衰伝導学説（Alles oder nicht Gesetz――加藤教授は世界的に有名なこの学説の創始者）の講義があった。その時教授がペラペラと英語で何かを早口で言った。私共は皆何だか分らなくてポカンとしていた。前田さんはプッと吹出した。教授はジロリと彼女を見て、又、日本語で話し始めた。講義が終ってから前田さんに何で笑ったか聞いた。加藤教授が、外国の著名な教授に会った時の話で、その教授は、私はマダム〇〇の夫として世に知られていますと言った。それを彼女一人が解ったと言う事だった。（私共一同は、初めて彼女の語学力を知った次第。）

昭和一七年一月二六日

体操の時間に縄飛中の前田さんがアキレス腱を切った。（下腿の跟骨《かかと》の上についている一番太い腱で、これが切れると歩けなくなる。）急にしゃがみ込んで動けなくなった前田さんを級友が背負って、体操の先生が付添って附属病院へ行った。そのまま入院、アキレス腱が切れているので、明日手術の予定と。（彼女の入院中、毎日の講義のノートを放課後届けた。又、丁度その頃、解剖学の実習中であった。手術後、お許しが出てからは、ギブスと松葉杖で、彼女は病院から実習に解剖室に通った。）

昭和一七年九月一日

本郷へ書籍を買いに行った。目的とする青山外科学はなかった。然し茂木外科学を買う。この方が将来のために役に立つそうだ。その他、目にすれば欲しくなるもの許り、三人共（前田さん、Sさん、私）それぞれに一山《ひとやま》ほど買込む。さて代金をはらって本郷三丁目まで来た。いつもなら明治製菓へ入ってアイスクリームをのむのだが、今日は三人共、本代を払った残りではどうも駄目らしい。仕方がないあきらめようと言って、三丁目の角《かど》で別れようとした。けれど荷物は重いし、炎天下歩きつかれているので、何所かで休まない事にはとても堪えられない。ねえアイスクリーム一ぱい位なら何とかならないかしら。うん、どうにか間に合いそうね。そこで三人の御財布の中を調べると、どうにかなりそうだ。私は帰りは市電（当時は東京市電と言って、七銭で乗換切符を何枚でも切ってくれて、上手に乗れば市中は可成り遠くまで行けた。郊外には行けないが。）だけで帰れるから。私は定期のある所までの電車代はこれだけ必要なの。と胸算用よろしく、そして明治製菓へ入った。アイスクリームは残念ながらなかった。（配給の材料なので、限られた箇数を売り切った所で、本日品切れとなる。）それで冷たい紅茶（砂糖なし、これも当時は配給なので朝のうちは砂糖入り、午後になれば砂糖なしとなる。）に喉をうるおし、給仕に、もう本日はおしまいですと言われるまでおしゃべりをした。さて外へ出て別れて帰った。私は市電の七銭だけで、後は歩いて帰った。家へ帰った時は財布は空《から》っぽであった。翌日聞くと、前田さんは帰宅した時、一銭だけ残ったそうだ。こんな経験もまた、学生時代の思い出の一つになるであろう、財布の隅まで探して紅茶をのんだ話として。

昭和一七年九月一二日

自殺について前田さんと議論した。それを犯した者に許しがあるであろうか。仏教の教えは余りにも傷《そこな》われた心の持主には過酷である。キリスト教の神はそれを許すと前田さんは言う。（級友に自殺した者あり。それについて話すうちに彼女の結論はこうなった。自殺の肯定は彼女は後々まで変らなかった。）

昭和一八年一月三日

別々の人間に住むべき筈だった二つの脳が一人の人間に住んでしまった悲劇を前田さんはしみじみ語った。医学と文学とを両立させる苦しみを語った。卒業したら——卒業までもう後一年半しかない——昼は研究、夜は創作、そう出来たら実にいいんだけれど、でも覚えた医術を全然使わないのも惜しいし、臨床をやったら、書くひまが全然なくなる。書く事が出来なかったら窒息してしまう。お医者さんで書く人は多いけれど、本当の文学を書く人は少い。小泉八雲が、書こうとする人に三つの質問を出しているの。そしてそれに全部ウンと答える事の出来る人だけが文学の道へ進む事が出来るのですって。第一に、あなたは全然他人の真似をしないで、新しいものを自分の中から創造出来ますか？　それだけの空想力をもっていますか？　次に、書くために、そして考えるために、充分な時間がありますか？　次に、生活のために書かないと約束出来ますか？　どう、これを考えると一人の人間の中に医学と文学が共存するのは実に大変だと思う。どう解決したらいいかしらね。（これは終生、彼女の中で戦いつづけた二つの心であった。当時、私も創作をしていたので、彼女と、この問題についてはは真剣に話し合ったものだ。）

昭和一八年六月二七日

『全生涯を通じて彼を導いた灼熱的な希望、死への希望こそ、すべてのものが完全にされるところへ行こうと言う彼の渇望を……彼は心の奥深く十字架にかけられた基督の像を懐き、そしてその最も気高い音楽は復活せる救世主の眼前へ遁れ行く死を渇望する叫びでした。彼は死を決して驚かなかったのみか、却って彼には絶えず眺めていた希望が一生を通じてありました。――死は全生活の真の完成であると彼は思っていました。』セバスチャンバッハ回想記より。（この文章は前田さんが、回想記に赤い傍線をわざわざつけて、私に読ませたのです。）

（昭和一八年八月四日より八月一七日までの間、彼女は愛生園へ初めて見学に行った。これが彼女と愛生園との医学徒としての最初の出会いであり、後年の愛生園との縁《えにし》の始まりであった。）

（昭和一八年一二月一一日より、東大精神科、松沢病院、その二つを交互に、女子医専の講義をエスケープして見学に行くようになる。それは昭和一九年三月末までつづいた。そして、精神科とレプラの間で、彼女が後年までつづく関係の原点となった。）

昭和一九年九月一七日（卒業の直前）

前田さんと共にSさんのお父様のお悔やみに行った。帰途、林の中を歩きながら、ふと話は心理学の方へ行ってしまった。その時、私は女の一生、即ち幼児時代からおばあさんになるまでの心理を書いたものはない、これを誰か書く人はいないかしらと言ったら、前田さんは、自分が書く心算だと言う。いままでに女の心理学を書いた人はいない、女の心理は矢張り女が書かなければならない。然し余り女らしい女だったら、客観的に見られないから矢張り書けないと思う。それで自分の様な女が書くのが適当だと思うと言う。成程、それはいい。前田さんが書いてくれるのならそれはいい。然し、正直な所、私は驚いた。何故って余りにも私の考えているのと同じような事を言うのだもの。然し前田さんが書いてくれるのなら嬉しい。(この目的のためにボーヴォワールに近づき、後年、次第にのめり込んで行くように彼女はなった。)

昭和一九年一一月一一日(これは卒業後になるが)

今日より毎土曜毎に前田さんの所で、彼女が講師になって、独語と英語のレッスンが始まる。テキストはゲーテのマイン・レーベン・ウント・デンケン。生徒は同級生(女子医専の)六人と下級生三人、それと前田さんのお友達の浦口さんと仰言る方。(然しこの集まりも一一月二〇日より定期便となった空襲のために一二月一五日が最後になった。この時も燈火管制の下で始まり、空襲警報の下で終っている。)

(この間に、私共は、昭和一九年九月三〇日に——半年繰上げで——東京女子医学専門学校を卒業した。その九月三〇日の卒業式で、前田さんは卒業生総代として答辞を読み、そして東大精神科医局へ入局した。)

(昭和二〇年五月二五日に彼女は戦災で、東中野の家を焼かれ、その後六月から七月にかけて、約二ヵ月間、私の家に同居して、そこから東大精神科へ通っていた。)

他の時代の事は、それぞれの方々が書かれている事と思う。私には東京女子医専時代の事をとの御指示なので、学生時代の日記より、当時の言葉で再現しました。(一九八〇年記す。)

追記

美恵子さんが彼岸の住人になって二十五年経った。天才は夭折すると云うが(六十五歳は夭折とは云えぬが)、六十五歳の死は早過ぎた。せめて、あと五年生存されたなら、ヴァージニア・ウルフの病跡誌を完成出来たと思うと、誠に痛恨の極みを覚えます。デーモンに殺された美恵子さんは、永遠に人々の心の中に生きて居ると思います。（二〇〇四年記す。）

（あかし・みよ　臨床医学・明石医院）

詩

前田美恵子

尼院を出でて

かた、とかんぬきは落ちぬ。
尼院の裏戸の小さき隙間より
さつとさし込む細き光の流れ
そをあびつゝなゝめに体くぐらせて
外の世界へとすべりいでぬ。

まばゆくもあるかな陽の輝き
きらびなるかな花のいろどり
灰色の日陰に生ひにし身の
くらくらと眼くらみて

しばし柱にすがりすくみぬ

かへりみばなつかしきかな
かのひんやりしめりたる尼院の大奥
ひねもす聖燈ゆらぐ御堂の沈黙
ぬばたまの黒き夜にひざまづきて
白き額に十字結ぶ尼僧の群

なべて世に望み失ひし心の
裡へ裡へとひたすらひそみ行きて
いや深きけがれの姿におのゝき
はては上へ上へと慕ひ行きて
尊き幻に心をどらせし日々よ。

ゆめ忘れじな　かの静寂と悲哀
ゆめ蔑すまじ　かの苦行と祈念。
かしこにてうけたる永遠の世界の
神秘なる消息といぶきとを

しかと胸に抱きて行かまし。

きけ、今ぞ鶯は枝に歌い
身ぬちにはあたゝかき生命の
せきを破りて迸りいづるおぼゆ
長き冬の日は終りをつげ
わが初春こゝにあけそめぬ。

あゝ、今ぞ出でて行かまし、
生命と光と、色と匂ひと、
さまざまの響きみつる世界に。
人々のよろこびの声我を招き
人々のなやみの叫び我を呼ばふ。

昭和十八年三月十二日着想
昭和十九年七月廿七日完了

津田塾大学にて（1963年 5 月）

先生を偲んで

江尻美穂子

人生において心から敬愛できる師にめぐりあえ、しかもその師が何かと自分のために心くばりをして下さっていると感じることができるならば、その人は何ものにもかえがたい幸せを与えられているのではないだろうか。その師の指導により、自分の研究分野や進むべき道についてさまざまな示唆を与えられる上に、師の人間性にふれ、素直な心で師の言葉を受け入れることによって、心がやわらぎ、謙虚な思いに満たされる。また、苦しみや悲しみにおそわれた時も、師が自分の考えや気持を理解して下さっていて、その上で慰めや励まし、さらには忠告すらも与えて下さっているとわかれば、逆境に負けることなく、自分もまた与えられた人生を一所懸命生き抜こうという力が湧いてくるのである。神谷美恵子先生は、私にとってまさにそうした師であられた。先生に出会えたことは、大きな恵みであり、感謝のほかない。

この度、先生を偲ぶ文書を綴るにあたって、私は先生が学生達にどのように接していらっしゃったかということを中心に、先生から学ばせていただいたことの一端を記させていただきたいと思う。

先生は津田塾大学で一般教育科目の精神医学を教えられたが、関西にお住まいだったために、土曜日とか夏季や冬季の休暇の開始直後の何日かを使って集中講義をなさっていた。津田塾では創立以来週五日制で土曜日には授業が組まれていないので、精神医学は全学生が受講可能な時間に開講されていたことになり、多くの学生が受講を希望した。入学式等を行う大学最大の教室を用い、広いステージに移動黒板をおきマイクを使っての授業は、普通教室での授業にくらべて何倍もの労力を要するものであったが、先生は朝の八時五十分の授業におくれることなく講義を開始され、午後三時すぎまでみっちり授業をなさった。「集中講義ということでだらけた気持ちを持ってほしくないので、朝はきちんと始めたいの」とおっしゃったのを聞いたことがあるが、普通の時間割にくみこまれている場合、祝日とか大学の行事と重なったり、また教師の都合による休講で、何時間か授業が抜けることがあるわけだが、この集中講義に関してはそういうことは一切なく、まことに密度の高い授業がなされていたわけである。しかし、先生は私あてのお便りの中で「試験採点のとき数えてみたら八〇一名の人が受験しているのにおどろき、こんなマスプロはつづけられないとつくづく思いました」と書いておられる。また、著書『精神医学と人間』(ルガール社一九七八年発行)のまえがきの中に、「母校である津田塾大学で精神医学の講義を数年させられたが、これはあくまでも一般教養の集中マスプロ講義だったので何百人もの学生に申し訳なく、私もあまりはり合いが感じられなかった。毎日六時間の講義のあと少し個別的カウンセリングをやったが、後者が私には刺戟となった」とあることからも、先生には大変なご無理をお願いしていたのに、それに気づくことのおそかった自分の迂闊さを悔やんでいる。しかし、先にも述べたとおり、すばらしい講義であったため、学生も熱心に受講し、受講者達は、先生の講義を直接うかがうことにより多くのものを与えられたと、異口同音に感謝の言葉を述べているのである。

授業後のカウンセリングは、先生の全くの好意によるものであったが、時間の許すかぎり、面接を希望する学生に会って下さっていた。講義よりもむしろ意義を感じると何度かお聞きしたカウンセリングの時間であったが、健康を害されて出講をやむなく中止される直前のお便りの中ですら、授業後の面接を一時間だけ確保するから会うべき学生を選んでほしい、と書いておられる。どれほど多くの学生が(時には私をも含めて教職員も)、先生に個人的にお会いしたがっていたかは、誰の目にも明らかなことであった。

お元気な頃は、順番に希望者に面接しておられたが、先生からうかがったところによると、大きくわけて四種類の学生が面接に来ていたようである。まず第一の型の学生は、先生のすばらしさにひかれ、そうした先生と直接に言葉をかわしたいという人達。第二は、医学部を志望したにもかかわらず入試に失敗し、心ならずも津田に入学したがどうしても校風になじめず、卒業後医学に進まれた大先輩の先生の講義をきいて、医学への志が再度大きく燃え上がり進路について相談に来る人達。このグループには、卒業後精神医学ソーシャルワーカーやカウンセラーになりたいという人達も含まれる。第三のグループの人達は、家族とか知りあいに精神医学的な問題を持つ人がいて、そのことで助言を求めに来る人達。そして最後に、自分自身の精神的な問題のためにカウンセリングを受けたいという人達がある。この中には、こちらから呼び出して会っていただいた人達も含まれる。このいずれに対しても、先生は熱心に誠意と愛情をもって応じておられた。的はずれな質問に対しても、相手のいいたいことを忍耐強く最後まで聞いて下さり、どの人も先生にお会いして満足して帰って行くようであった。必要に応じて、さまざまな紹介の労もとって下さっていた。

先生の津田でのお仕事は、関西のご自宅に戻られてからも延々とつづく。当時津田では精神科の嘱託医がなかったこともあって、学生の中で病的な状態に陥った人がある時には、お電話で相談にのっていただいた。その学生が関西地方出身の学生の場合には、両親と共に先生のお宅にお邪魔して、カウンセリングを受けるということもしばしばあった。また適当な医療機関への紹介をして下さるばかりでなく、その医療機関の医師ともたびたび連絡をとって下さり、大学にも手紙や電話で連絡して下さった。こうした先生のご親切は全く好意によるものであって、おかけ下さった電話料金だけでも相当な額になっていたことと、時間のみならず金銭的にもご迷惑をおかけしたままになってしまったことを、本当に申しわけなく思っている。

先生のところには、この他直接手紙や電話で相談する学生があとをたたなかった。中には訪問する人もあった。さらに、学生のみならず卒業生や、またご著書や新聞等に書かれた記事を読んだ人達からの相談が持ちこまれる。先生が折りにふれておっしゃったことから判断して、それがいかに多いものであったかは想像にかたくない。その一人一人に先生はできる限り最善のことをしてあげていらっしゃった。先生がいろいろな人にあてて書かれたお手紙を全部集めたら、どれほどの量になることかと思う。先生は自ら「電話医」だとおっしゃっていたが、開業医と同数くらいの患者さんや、その家族の方に接していらっしゃったのではないだろうか。しかもそれをおいといにならず、せめてこれくらいはしなければねとおっしゃり、学生にも希望者には電話番号や住所を教えてあげてほしいとお便りを下さっていた。これだけの個人的相談に応じておられながらなおかつ、専門の研究と執筆、長島でのお仕事、大学での講義や外部での講演等々、その上家事も十分になさり、趣味の音楽もたのしまれるということは、先生のたぐいまれな才能を考えてもなお驚くほかない気がする。

こうした先生の日常からお忙しいにちがいないとわかっていながら、忙しさを相手に感じさせない先生の豊かさに甘えて、私自身がずい分ご指導をいただいたのであった。ある時は、スーパーバイザーとして、ある時はカウンセラーとして、またある時には同窓の先輩として、大学でカウンセラーとしての仕事をするには、まだまだ未熟で勉強も経験もたりない私のために時間をさいて下さった。お宅にうかがうことも許して下さったし、上京中の宿舎で夜いろいろお話し下さったこともある。時には、津田での授業、面接という長い一日を終えて、夕方の新幹線で関西に帰られるのに、大学から東京駅までご一緒してお話ししたこともある。特に、当時、学内の諸事情から大変苦しい立場に立ち、悩んでいたが、その時先生のお励ましと、私のカウンセラーとしてのあり方についての力強い支持がなかったならば、今日の私はなかったと思っている。

先生にふれた人で先生のことを悪くいう人に出会ったことがない。これは、先生の心の奥深いところにあった限りない他者への愛がおのずからにじみ出ていたからではないだろうか。先生ももちろん時間の余裕がない時や、お身体の具合が悪い時には、面談をおことわりになっている。しかし、誰も先生から拒否されたとは思っていないようである。これは先生が次のように私に書いて下さったことで示されるように、先生のその人に対する祈りの気持が伝わるからではないだろうか。「カウンセラーにもそれぞれ人なりの限度（限界）があるのですから、忍びないと思っても相手の数を制限するなり、時間を制限するなりクールなあたまを一面持って、ご工夫下さいませ。「これしか私にはできません」と言って（無言でもちろん！）ひきさがる面があってよい筈だと思います。（中略）でも何もしなくてだまっていても、祈りの心でほほえみかけるだけでも立ち直って行く人がありますね」（一九七七年六月に浜松から下さったおはがき）。もう何年も前に、『朝日ジャーナル』で毎号一人ずつ特徴ある仕事をしている人をとりあげ、グラビアで紹介していたことがあると記憶しているが、その最初の頃に長島愛生園で病室を巡回し患者さんと会っていらっしゃる先生が紹介され、慈母観音という言葉があったように思う。先生にふれた人は、先生から伝わってくるこの限りないやさしさを感じて、こころに病気を持つ人も身体を病む人も大きな慰めを得たのではないだろうか。

先生は自己を顕示したり、傲慢な態度をおきらいになった。専門的業績が高く、鋭い洞察力を持った人でも、接する相手に冷たさを感じさせ、恐怖感を抱かせるような人であるならば、一歩距離をおいた方がよいと教えて下さった。先生は本当に謙虚な方で、全然こわさを感じさせず、その暖かさの中につつみこまれて何でもお話しできる方だった。またご自分も気さくにいろいろなことをお話し下さった。そのように距離をおかずに接することのできた先生が、もうこの世にいらっしゃらないことに限りない淋しさをおぼえる。専門的な論文や翻訳書も含めて、先生の書かれたものが理解しやすい言葉で書かれているのも、先生の文才に加えて、こうした先生の態度につながるものがあるように思う。

先生が、本当に人間一人一人を大切にされ、どの人にもかけがえのない価値を見出しておられたことは、先生のご著書にふれた者がひとしく感じることであろう。先生は人間を越えた存在に自己をゆだね、自分がその存在によって生かされているというお考えのもとに、他の人もまた同じくその存在に生かされ愛されているものとしてお接しになったと思う。学生時代に結核を病まれ、その後も悪くすれば致命的というような病気を体験され、また若くしてらいの患者さん達に出会われたことなどが、先生のこうした思想に大きな影響をおよぼしているようにお見受けした。

　多くの人に惜しまれて、先生はこの世を去られた。「先生は特別に私のためにいろいろはからって下さった」という想いを多くの人の胸に残して逝かれた。先生の示して下さる配慮に、皆素直に感謝し励まされたことと思う。そのかげで、先生はもちろんのこと、ご主人やお子様方にまで大きな迷惑をおかけしていたのではないだろうか。先生が数々のすばらしいお仕事をなさり、充実した人生を歩まれたことは間違いないが、お世話をかけっぱなしで、何一つ報いることができなかった私は、先生の命をお縮めするようなことをしたのではないかと、先生にもご家族にもお詫び申し上げなければならないような気がする。

　自らの生きる姿を模範として示すことができるのが最高の教師であると聞いたことがあるが、先生はまさにそういう方であった。熱狂的な信奉者を従えた教祖的な感じのする指導者とは全く異なった人間味豊かな先生であったが故に、より多くの人が敬慕せずにはいられず、先生に従って行きたいと願ったのである。人生に対する先生の真摯な態度を初めとして、先生から教わったことを大切にして、これからの自分の歩みをせい一ぱいつづけて、先生のご恩に万分の一でも報いられれば幸せと思う。

（えじり・みほこ　精神健康論）

思い出

近藤いね子

私が神谷さんにはじめてお会いしたのは、御結婚なさりたての頃ではなかったかと思う。私達は同じ津田英学塾の出身であったが、三年の開きがあったために、在学中は知り合うことがなかった。しかし、戦後まもなく、神谷さんは私と同じように津田塾の英語英文学の講師となられたので、週一度津田でお見かけするようになったのである。そして当時の塾長星野あい先生から、英語やフランス語にずば抜けて堪能な方としてよく神谷さんのお話を伺うようになった。

しかしお親しくなったのは、津田が新制大学になって十年以上もたってからである。神谷さんは学位を得られて神戸女学院大学の教授となり、津田にも昭和三十八年から恩師に懇請されて、とびとびに専任教授として、集中講義をしに芦屋から出向いて下さった。「とびとびに」とは、長島愛生園精神科医長に就任されていた昭和四十年から四十二年一杯は、津田の専任をやめておられたからである。

良心的で責任感の強い神谷さんは、表向きは専任であるのに遠方に住み、時たま来て教えるという状況を心苦しく思っておられたが、学生達にとっては、たまにしかお講義を受けられないからこそ一層新鮮で魅力的であったとも言えよう。集中講義は多くの場合、朝八時五十分から始まって、お昼休みをはさんで午後三時頃まで続いたが、講義がすむと、カウンセリングを希望する学生達が神谷先生のお部屋の前で順番を待つのだった。彼等は先生が芦屋に帰られても手紙で追いかけ、心身の健康に関することはもちろんのこと、その他にも悩みごとを持ち込んでいたようである。神谷さんがすぐれた学者でありながら、よき妻、そして慈愛深い母として家庭を大事にされ、加えて『極限のひと』のために情熱を燃やしていらっしゃる、そのお姿に接することが、若い人達にとってどれ程はげみとなったかわからない。

よく市ヶ谷の私学会館に泊って津田まで通われたが、通勤に一時間以上かかるのに、いつも始業時の一時間も前に学校に来ておられたという。神谷さんの名声と学生数の増大とが受講者数をますます殖やす結果になり、実質的に津田での最後のお講義となった昭和四十八年度には九百人にもなった。大教室での講義そのものはもとより、答案しらべも容易なことではなかったにちがいない。その前年の三月、第一回目の狭心症の発作に会われた神谷さんに、何という重労働を強いてしまったことだろう。

恐らく、受講者九百人の時には不可能となったであろうが、神谷さんは教室で必ず出席簿をお読みになったそうである。そのようにして学生ひとりひとりとかかわり合いを持とうと努められたのである。或るノイローゼの学生は、神谷先生が教室で自分の名を呼んで下さるたびに自分のアイデンティティを認めていただいたと感じ、勇気を得、立ち直っていったという話である。講義毎に万難を排して学生全部の名を呼ぶ——こうした姿勢はあらゆる場合に神谷さんの対人関係の根底にあった。相手を個人として認識し、相手の中に自分を投入する、それが神谷さんの生活の根本ではなかったかと思う。

神谷さんは学生達の敬愛のまとでいらしたばかりでなく、私共教師達の精神的支えであり、大きなホープでもあった。洩れ聞いたことだが、神谷さんがまだ三十八歳という若さであった昭和二十七年、大学理事会で将来の学長候補として神谷さんの名が出たという。その後、津田は当時の小じんまりした塾的存在から学生総数二千人もの大きな学校となった。昭和四十八年に新しいシステムによる学長選考が始まったときにも、卒業生の頭に先ず浮んだのは神谷さんであった。神谷さんなら、すべての教授陣の支持が得られると誰しもが信じたのであった。

神谷さんの御性格と指向、そして何よりも先ず健康が学長就任を許さないことは、その頃までには私にはよくわかっていたが、大多数の同窓生はこれを知らなかった。しかも、あきらめた筈の私自身が、現実的には不可能と知りながらも、相変わらず神谷さんに夢を託していたようである。そして神谷さんへの全くの個人的な手紙の中で、学校のことで何かと相談にのっていただいていた。

神谷さんと私のおつきあいが、いつ、どのようにして深まってきたのか、はっきりわからないが、以前からお互いに幾つかの共通の関心事があった。そのひとつがヴァージニア・ウルフである。衆知のごとく、神谷さんは二十年以上も、心の病を持つこの天才作家の病跡を追及しておられた。昭和四十年、スイスの学会誌にウルフの全作品をふまえた論文を発表して国際的にも注目されたが、これを一冊の本にまとめるために、手に入る限りの資料を集めて勉強しておられた。原稿も殆ど出来上がっていたのだと思う。ところがこの数年の間に、今まで未公開であった厖大な量のウルフの手紙、原日記が編まれるようになり、そのうち最も重要な原日記は出版がいつ完結するともわからない状態にあったので、神谷さんは御自分の原稿の出版を見合わせておられた。この辺の事情は『みすず』一九七八年九月号「V・ウルフ病跡おぼえがき」(1)にくわしく書かれている。神谷さんはそのときまでに公開されている限りの新資料を勘案した見解のあらましを一応まとめておこうと、七回にわたって『みすず』に執筆され、それが昨年五月号で一応完結したことはせめてもの幸せであった。

ウルフを主に文学的見地からとらえようとしている者にとって特に興味深く思われたのは、神谷さんの研究の根本態度であった。神谷さんは「病跡の出発点は作品である。少なくとも作品をまず読んで病跡にとりかかるのが正しい道すじであろう」と書かれ、医学的研究の基礎となる文学的研究を重要視されているのである。日記が純粋に医学的な資料としてもきわめて重要であるのは当り前のことだが、神谷さんはウルフの甥クェンティン・ベルが「世界の偉大な日記文学と肩を並べる傑作」としているほどの「作品」であるからこそ、原日記を大事にされたのである。このように神谷さんの研究は、御自身でも言われるように、作品を最大の手掛かりに「人格、病気、創造のからみ工合に光をあてる視点」に立つものであるから、それが神谷さんの科学者的資質と並んで、或いはそれ以上に、文学者的資質を存分に動員するものであることは明白である。事実、上記英文の論文には鋭く繊細な文学的感受性が匂っている。惜しいことにこの論文は広く一般の英文学者に知られていない恨みがあるが、一度読む機会を得た者達がそれぞれの立場でウルフの文学的論考を試みるとき、必ず意識させられると言っても過言ではないだろう。例えば『オベロン』(定評ある英文学研究誌) 第十五巻第二号掲載の「V・ウルフ小論」をあげることが出来る。

神谷さんの未完となってしまった『V・ウルフの病跡研究』のことはベルの『V・ウルフ伝』にも言及され、海外でもその出版を待たれていたのである。この研究に関連して神谷さんは昭和四十一年ウルフの夫レナドに会いにゆかれ、以来、神谷さんとレナド、更にベルとの間に親交が続いた。『みすず』の論考に引用されたレナドとベルの手紙は、このふたりが如何に神谷さんを敬愛していたかを窺わせてくれる。

レナド訪問を神谷さんにすすめたのは私であった。控え目な神谷さんおひとりだったら、あれだけ早くは実行されなかったかもしれないと私は鼻が高いのである。

私達はよくウルフについて情報を交換し合った。出版されたばかりの原日記第一巻を英国で偶然手に入れて来て、神谷さんに差し上げることが出来たのはうれしい思い出のひとつだが、偏った新刊の批評書を差し上げてしまった悔いもある。神谷さんからもウルフの書簡集第三巻など、丸善に注文なさったものとベル自身から送って来たものが重なったからと、惜し気もなくいただいた。

神谷さんとのもうひとつの共通関心事は土居光知先生であった。土居先生と神谷さんは何回か同じ日に講義に来られて、学長秘書が特におふたりのために用意する昼食を共にされ、知り合われた。人間の心、その文学と文化に対して広く深い造詣を持たれるこのおふたりが共感されたのは当然である。或る日、土居先生が「神谷さんってすばらしい人ですね」と声を弾ませておっしゃったのが、今も耳もとに響くようである。神谷さんも土居先生を深く尊敬され、津田で先生とお話しなさるのを楽しんでおられた。先生の奥様が脳軟化症に肺炎を併発して亡くなられたあと、先生は病誌を書いて神谷さんに送られた。そのとき神谷さんは九枚もの返事を書かれたという。

土居先生ばかりではない。神谷さんはお近付きになった人々をすべて神谷さんのファンにしてしまうかたであった。ひとりの人間によくもこれだけの資質が集中したかと驚嘆する程最高の知性と情操、芸術的天分に恵まれておられた。ピアノに堪能で殊にバッハを愛されたが、画もたしなまれ、玄人はだしであったようである。縫物、編物もお上手だったようだ。昭和二十四年頃、たびたび目白のお宅に伺っていた津田の卒業生の話に、神谷さんは幼い坊ちゃん達のためによくセーターを編んでいらしたが、坊ちゃんが模様編みを好まれるということでそれは複雑な模様入りのものだったという。

この目白時代の神谷さんは東大精神科教室で研修されつつ、母校の女子医専でラテン語、アテネ・フランセでフランス語、津田で英語を教えていらした上、御主人に仕え、お子様達を育て、セーターまで編んでいらしたのである。マルクス・アウレリウスの『自省録』を訳されたのもこの頃である。まさに一人数役であった。このような御生活は、さまざまな形で神谷さんが健康を害されるまで続いたのである。

難しい模様編みを平気で手懸けられた神谷さんは、他のことでも同じであった。私は芦屋や宝塚のお宅に伺って、神谷さんの手厚いおもてなしに驚嘆した。僅か一、二時間にお茶を三種も出され、そのたびにお茶器が変るのである。夕食時に家族の使うお皿の数を制限する主婦の劣等生である私とは大変なちがいであった。最後にお会いした時だったか、親しい方の小さいお嬢さんを預かっておられたときの話をされたが、神谷さんはそのとき、可愛らしい縮緬の切れでわざわざおふとんを作って迎えられたという。そのおふとんはこの病身のお嬢さんによって忽ち汚されてしまったとか。

健康を害されてからの神谷さんは、御家族の皆様に大事にされ、かしずかれ、「まるで女王様のよう」と書いていらした。肉体的な元気を失われても、読むこと書くことの能力は依然として旺盛であった。最後の年は葉書が多くなったが、いつも打てば響くようにお返事を下さるかたで、その健筆さに、私はつい神谷さんを健康人と見做して、「京都を通るから京都までいらしていただけないかしら」などと言ったりした。昭和五十二年秋のことで、神谷さんはそれが不可能なことをこまごまと書いて下さり、私は深く恐縮した。それ以降、私はお会いしたいと申し上げるのをやめてしまった。おしゃべりをしてお疲らせする代わりに、一日でも長生きをしていただきたかったからである。

神谷さんは「島に行っている時が一番うれしい」といつも言っておられたが、『極限のひと』への神谷さんの愛と献身はそのまま他の普通の人間にも向けられていたことを私は身を以て経験している。神谷さんは私にとって何でも打ち明けられるかたであった。人には遠慮されることも、言っても仕方がないこともすべて神谷さんにだけは言えて、いろいろ聞いていただいてしまった。神谷さんは私の言うことすべてを、それらが御自分にとっても最大関心事であるかのように受けとめて下さった。恐らくこれは私に限らず神谷さんを知る者すべてが経験したことだと思うが、完全な感情移入の出来るめずらしいかたであった。

そういう友を失うことが人の心と生活に如何に大きな空洞を作るかは言うまでもないことである。神谷さんに再びお会いして今までのようにお親しくさせていただくことが出来るものなら、私は何度でも生れ変りたいと思う。しかし、たとえ人間にとって生れ変ることが可能であったとしても、神谷さんのようなかたに再びめぐり会えるとは到底思われない。

（こんどう・いねこ　英文学）

コラム2　**ヴァジニア・ウルフの病跡**

ウルフのポートレイト
（…）今、その作家の精神医学的研究を書いています。人ひとり理解する、ということは何とむつかしいことでしょう、と感じながら書いています。
（田中孝子宛の手紙）

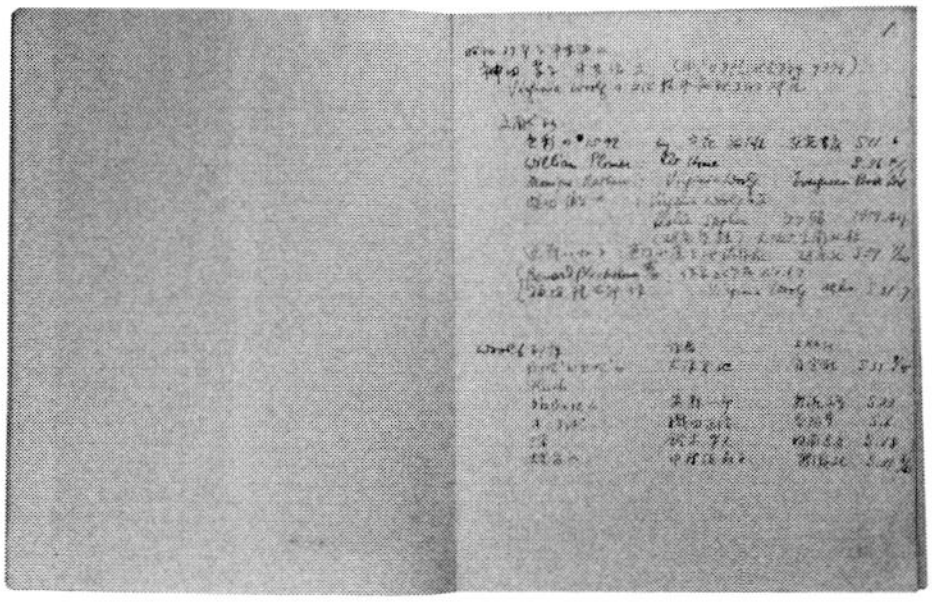

「ヴァジニア・ウルフ病跡」のためのノート

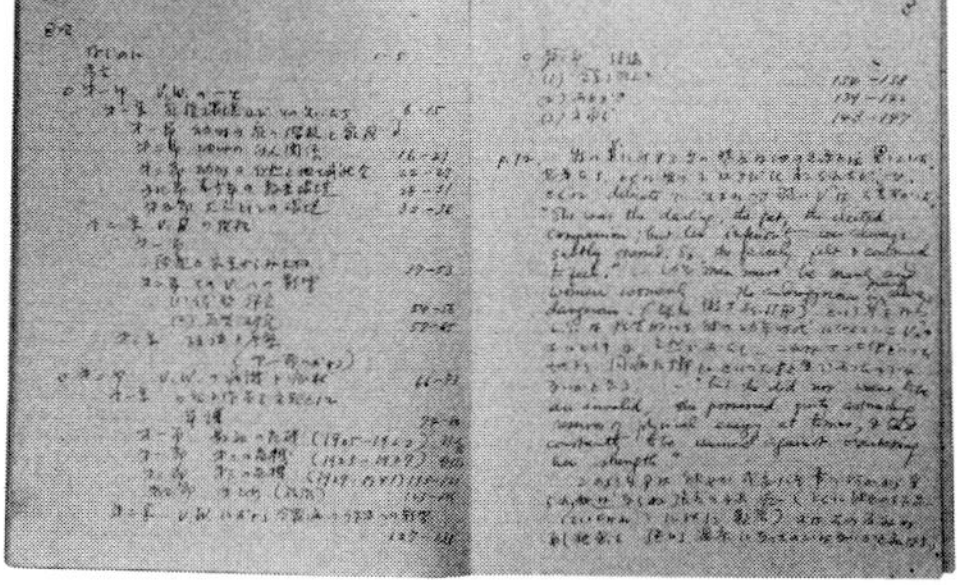

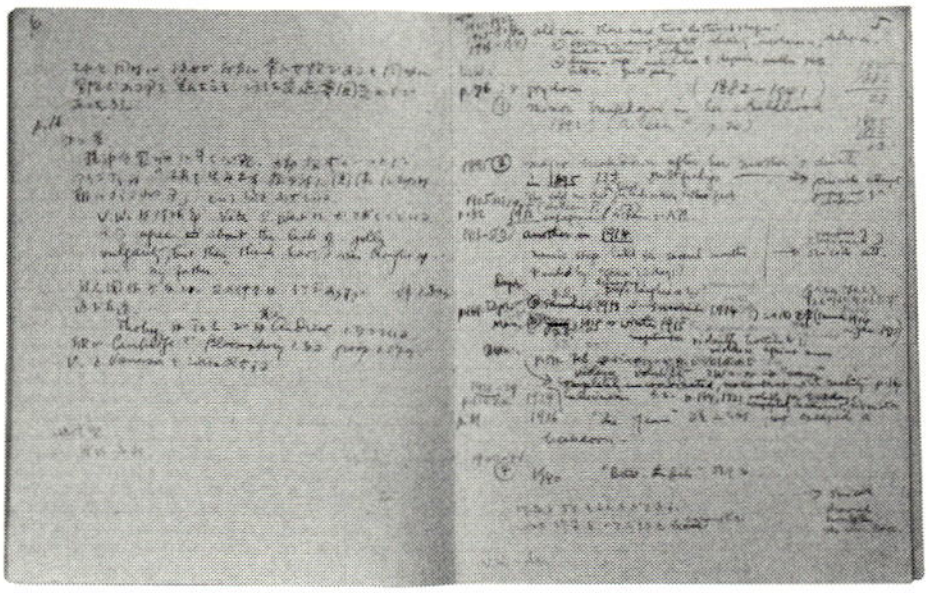

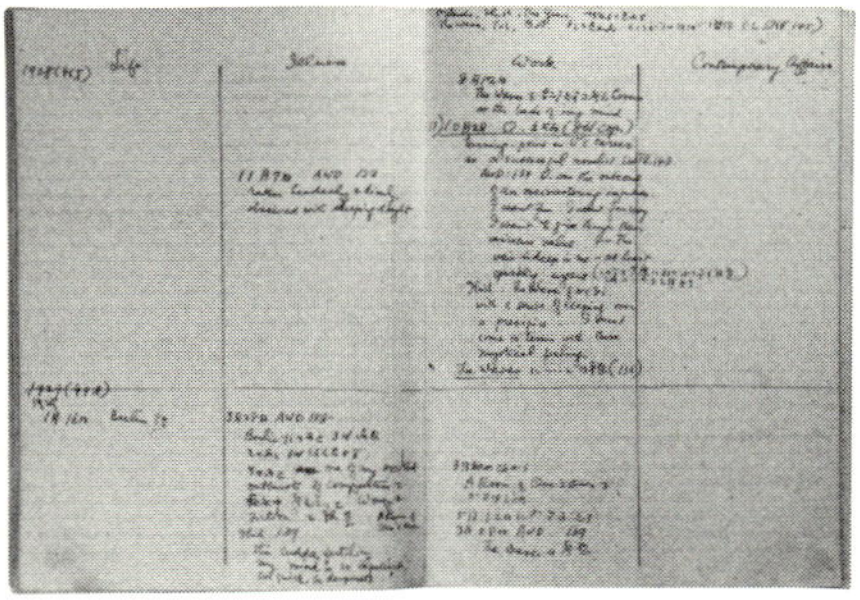

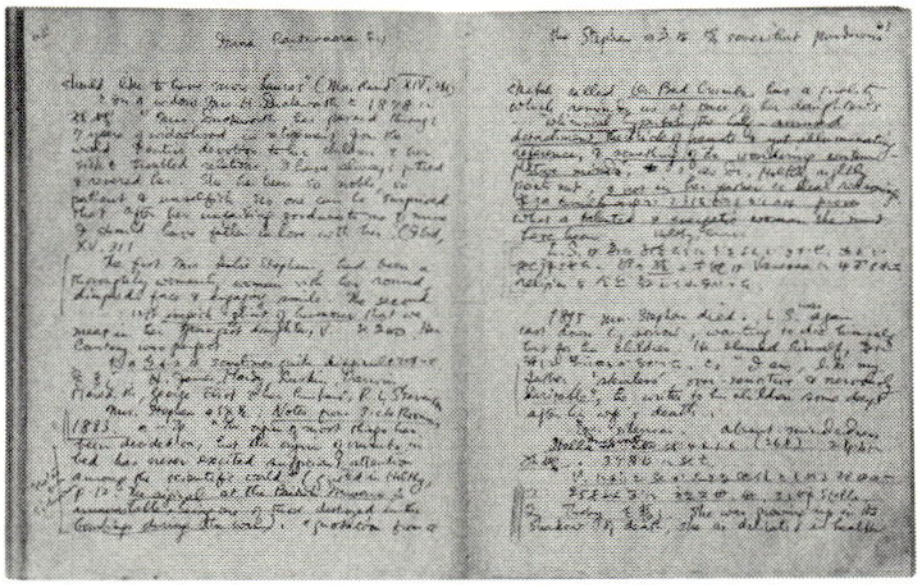

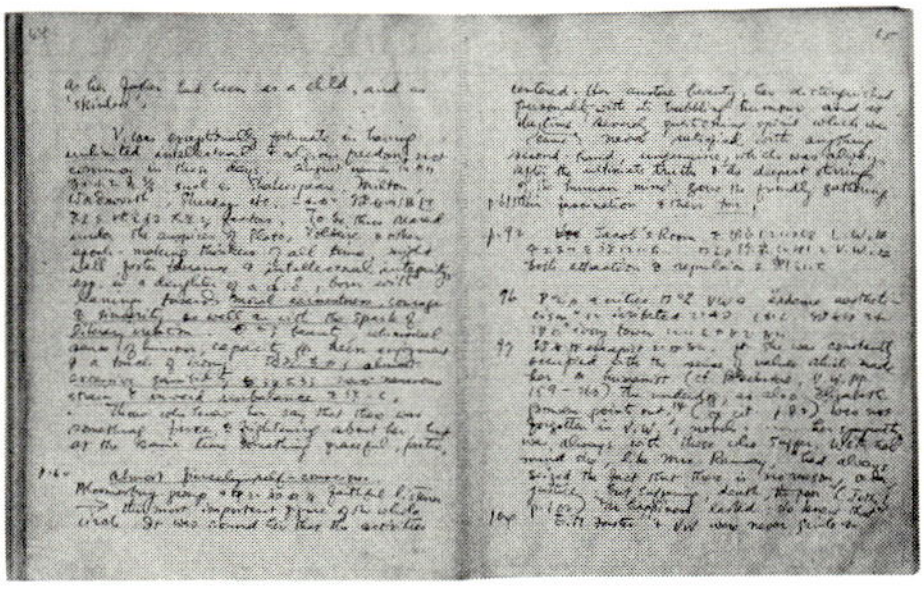

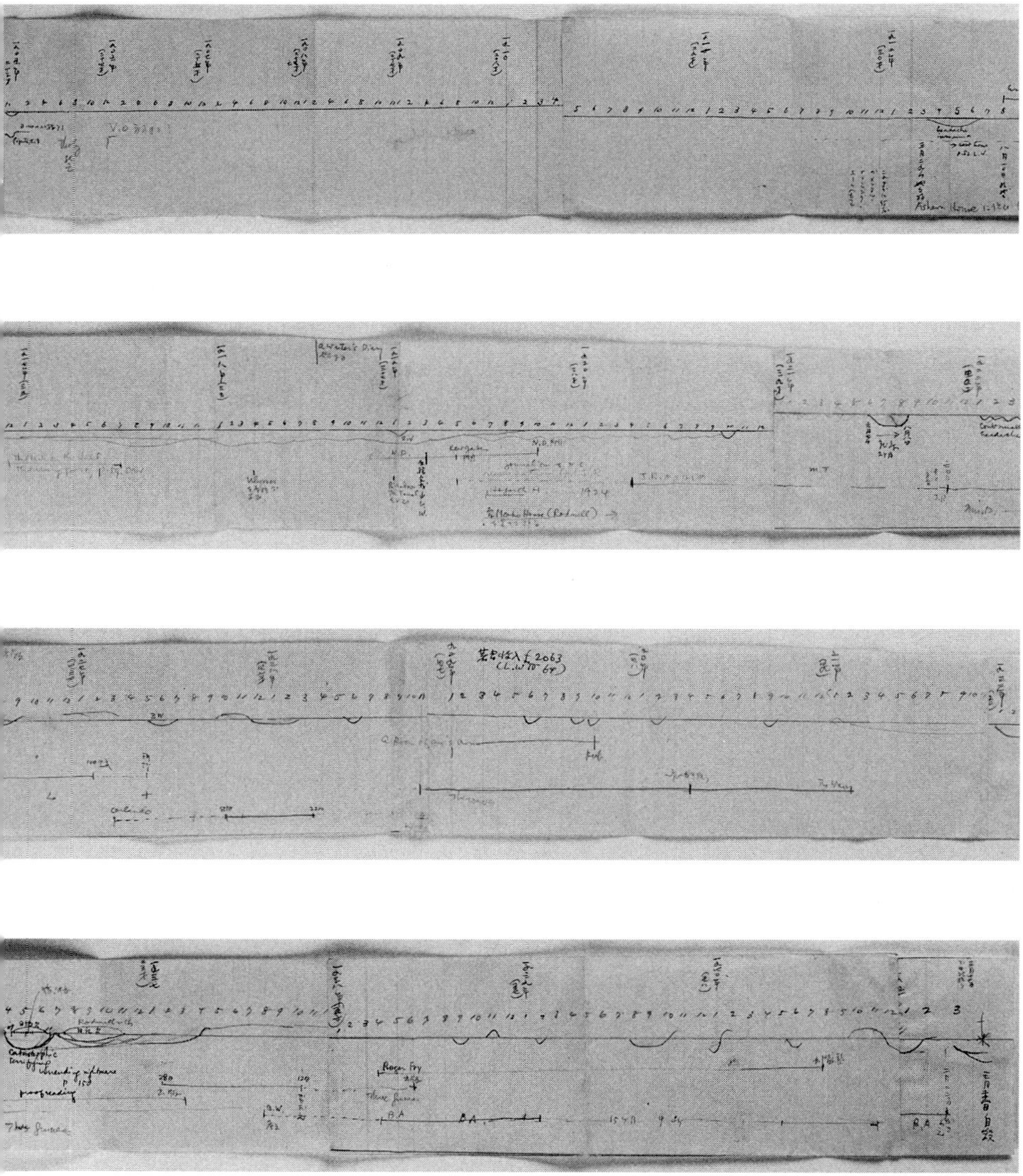

ウルフの生年から没年までを月・年を追って記した年表
折りたたんだものを展開するとこのように一覧できる。

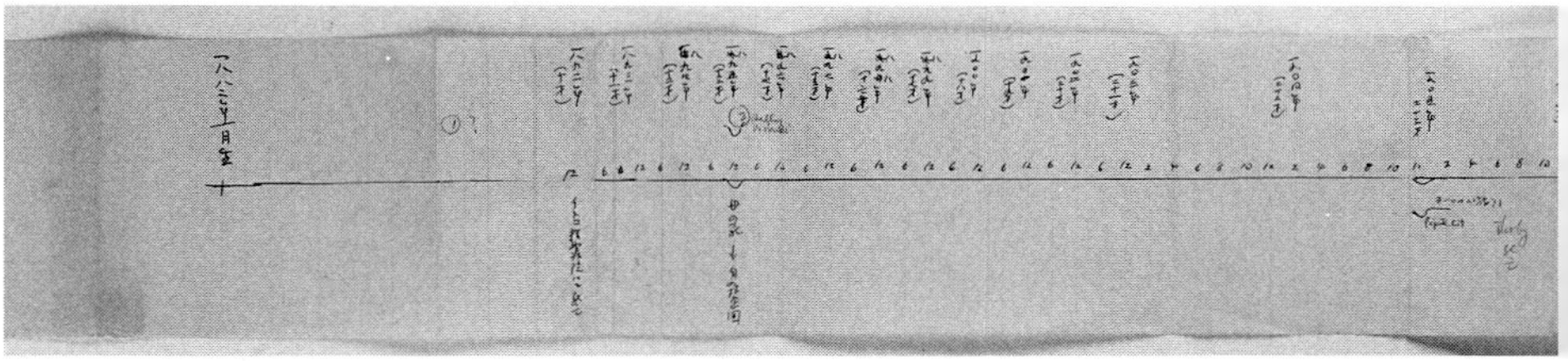

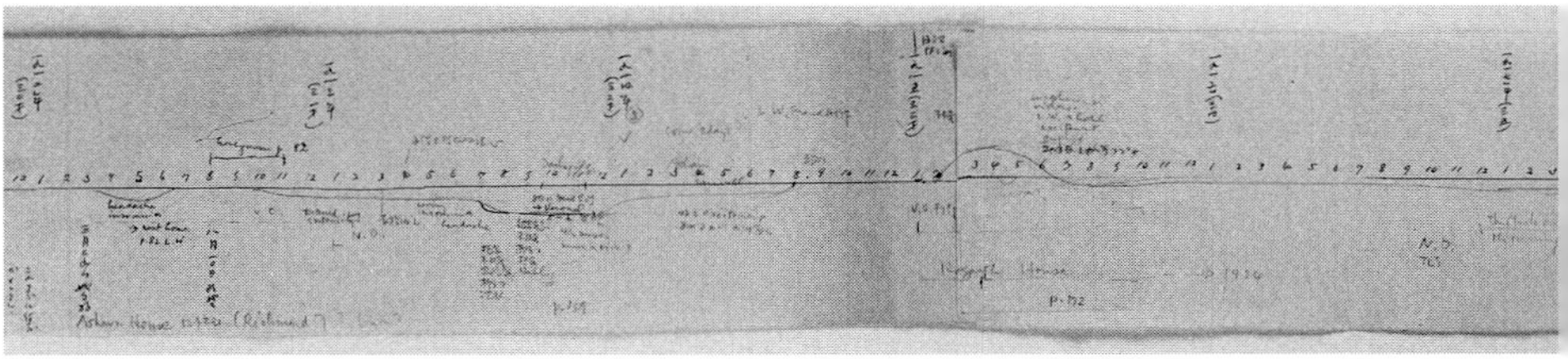

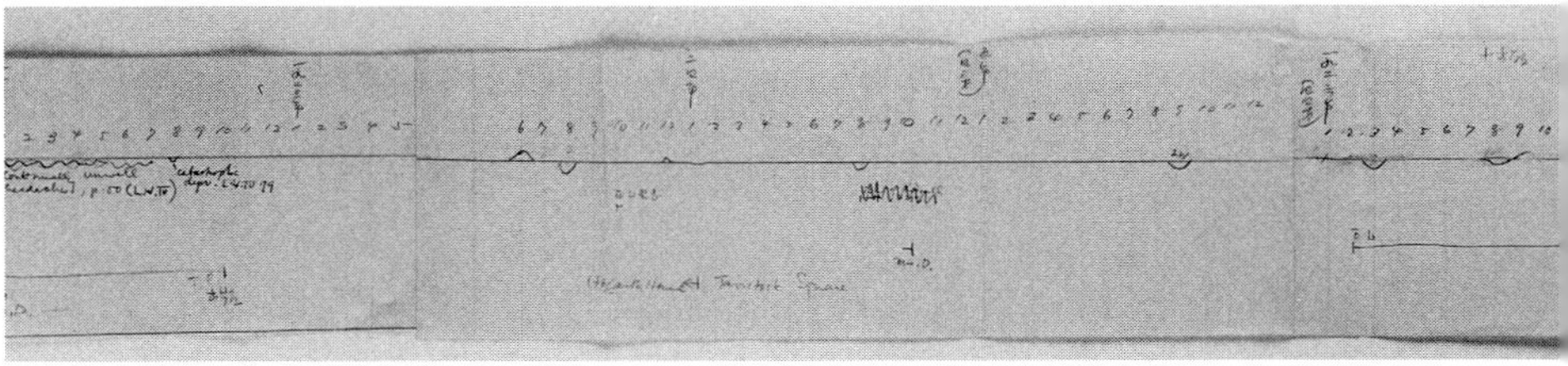

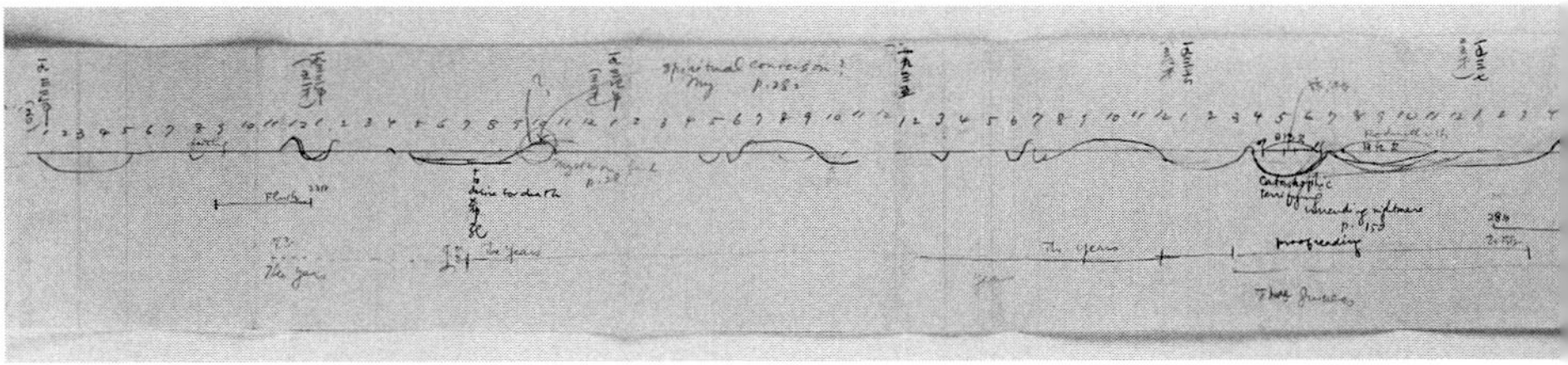

渡欧記
日記帳。「1966年11月」と記されている。ヴァジニア・ウルフの病跡調査のため、イギリスにレナド・ウルフを訪ねた時のもの。

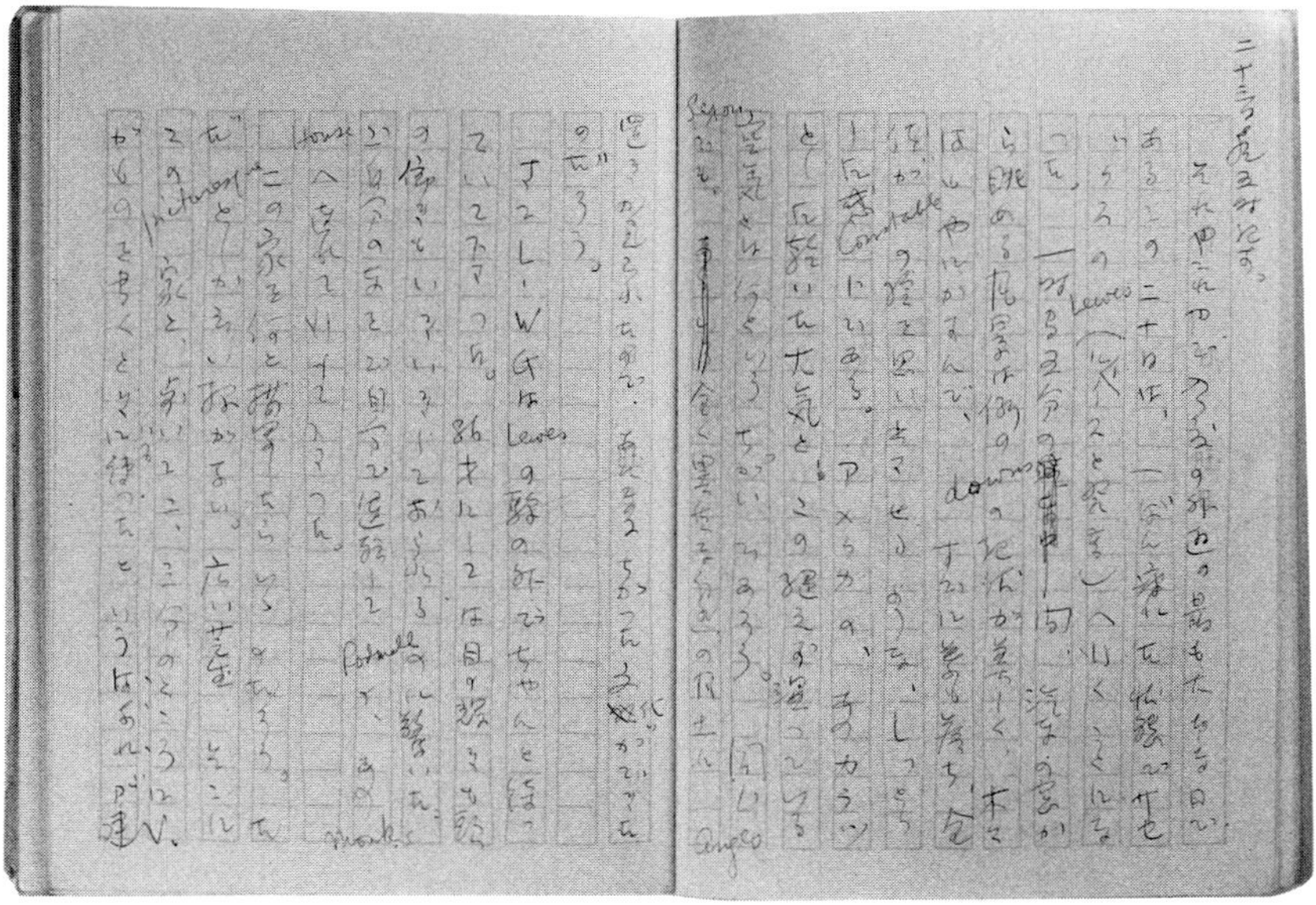

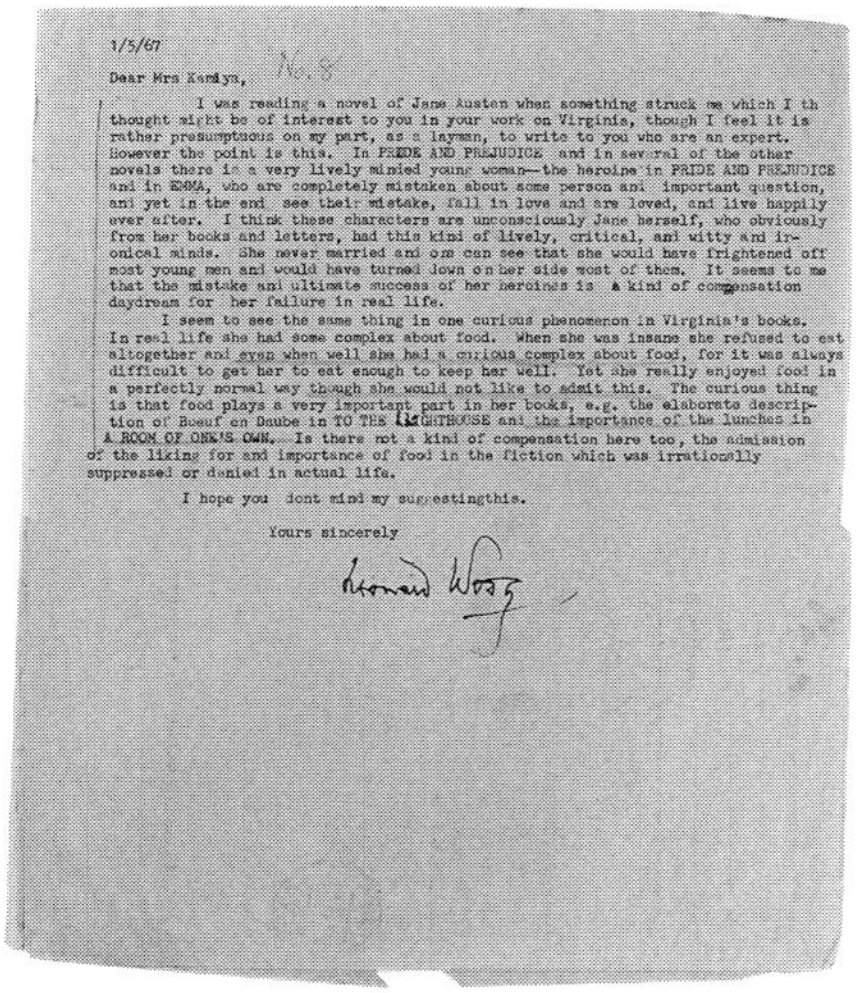
1/5/67

Dear Mrs Kamiya, No. 8

I was reading a novel of Jane Austen when something struck me which I th thought might be of interest to you in your work on Virginia, though I feel it is rather presumptuous on my part, as a layman, to write to you who are an expert. However the point is this. In PRIDE AND PREJUDICE and in several of the other novels there is a very lively minded young woman—the heroine in PRIDE AND PREJUDICE and in EMMA, who are completely mistaken about some person and important question, and yet in the end see their mistake, fall in love and are loved, and live happily ever after. I think these characters are unconsciously Jane herself, who obviously from her books and letters, had this kind of lively, critical, and witty and ironical minds. She never married and one can see that she would have frightened off most young men and would have turned down on her side most of them. It seems to me that the mistake and ultimate success of her heroines is a kind of compensation daydream for her failure in real life.

I seem to see the same thing in one curious phenomenon in Virginia's books. In real life she had some complex about food. When she was insane she refused to eat altogether and even when well she had a curious complex about food, for it was always difficult to get her to eat enough to keep her well. Yet she really enjoyed food in a perfectly normal way though she would not like to admit this. The curious thing is that food plays a very important part in her books, e.g. the elaborate description of Boeuf en Daube in TO THE LIGHTHOUSE and the importance of the lunches in A ROOM OF ONE'S OWN. Is there not a kind of compensation here too, the admission of the liking for and importance of food in the fiction which was irrationally suppressed or denied in actual life.

I hope you dont mind my suggestingthis.

Yours sincerely

Leonard Woolf

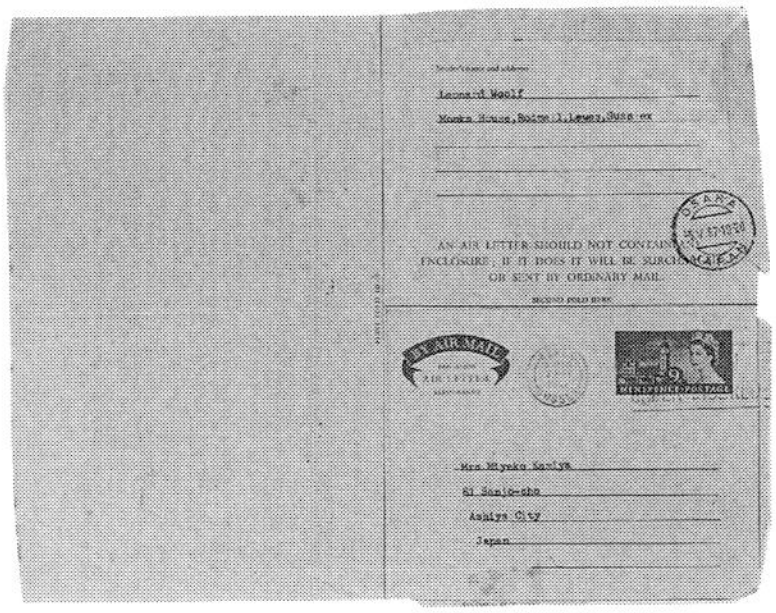

レナド・ウルフからの書簡（1967年5月1日付）
訪問の翌年の書簡。レナド・ウルフが1969年になくなるまで、ふたりの間には約20通にのぼる手紙が交わされた。なくなる少し前の手紙で、レナドは「ヴァジニアの甥のクウェンティン・ベルに妻の伝記を書いてもらっているから、これからは彼とも文通せよ」と美恵子に書き送った。

クウェンティン・ベルからの書簡（1973年7月23日付）
ベルがその著書『ウルフ伝』第２巻の脚注に、「日本の精神科医、神谷美恵子がウルフの病跡を準備している」と記した直後の書簡。

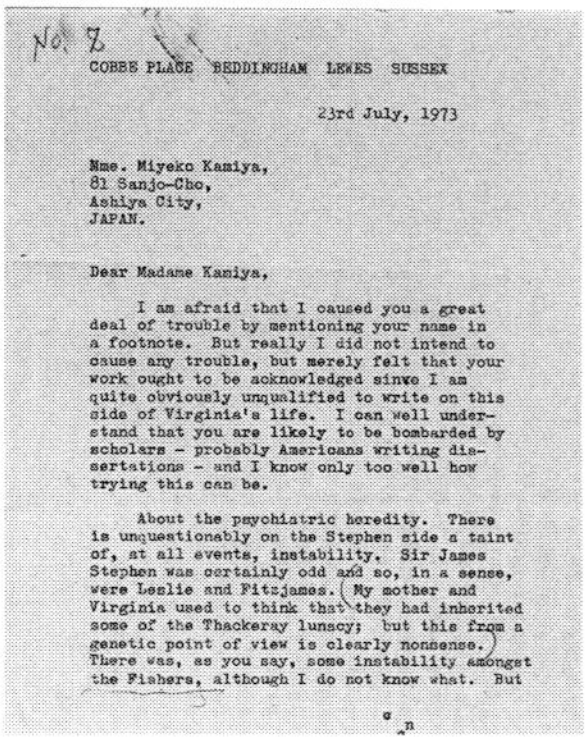
No. 7

COBBE PLACE BEDDINGHAM LEWES SUSSEX

23rd July, 1973

Mme. Miyeko Kamiya,
81 Sanjo-Cho,
Ashiya City,
JAPAN.

Dear Madame Kamiya,

I am afraid that I caused you a great deal of trouble by mentioning your name in a footnote. But really I did not intend to cause any trouble, but merely felt that your work ought to be acknowledged sinve I am quite obviously unqualified to write on this side of Virginia's life. I can well understand that you are likely to be bombarded by scholars - probably Americans writing dissertations - and I know only too well how trying this can be.

About the psychiatric heredity. There is unquestionably on the Stephen side a taint of, at all events, instability. Sir James Stephen was certainly odd and so, in a sense, were Leslie and Fitzjames. My mother and Virginia used to think that they had inherited some of the Thackeray lunacy; but this from a genetic point of view is clearly nonsense. There was, as you say, some instability amongst the Fishers, although I do not know what. But

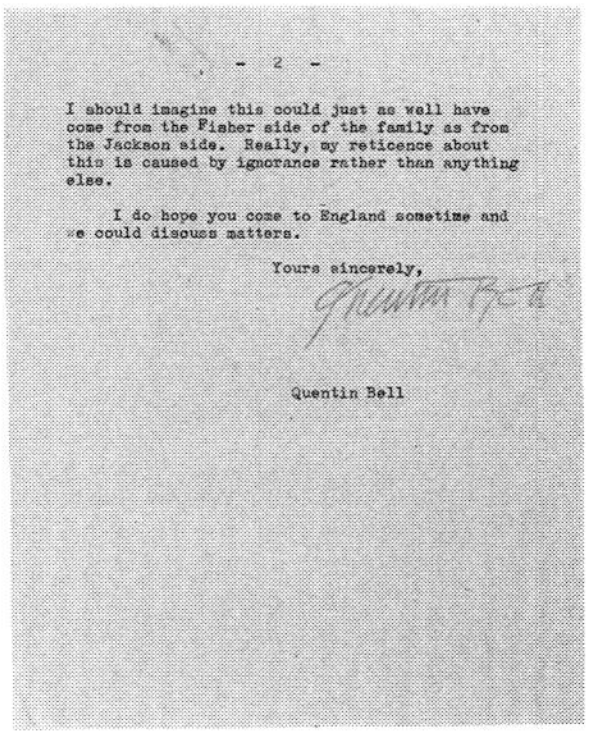
- 2 -

I should imagine this could just as well have come from the Fisher side of the family as from the Jackson side. Really, my reticence about this is caused by ignorance rather than anything else.

I do hope you come to England sometime and we could discuss matters.

Yours sincerely,

Quentin Bell

Virginia Woolf（1882–1941）

A Writer's Diary
晩年、入退院を繰り返した美恵子だが、入院中も快復期には「リハビリになるから」と、積極的に翻訳の仕事に向かった。訳書『ある作家の日記』は、「ヴァジニア・ウルフ著作集」の１冊として、1976年にみすず書房より刊行。

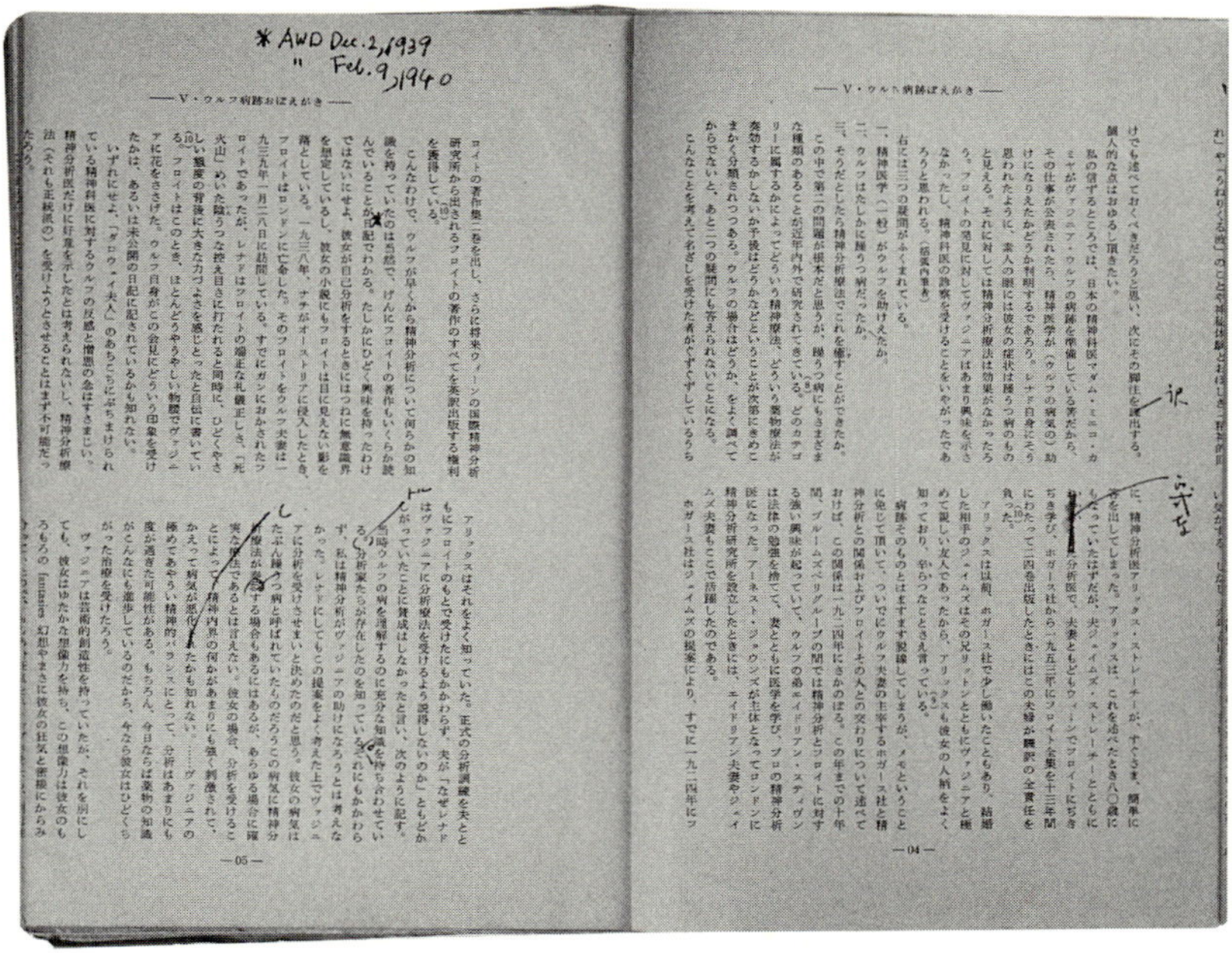

「ヴァジニア・ウルフ病跡おぼえがき」掲載紙への朱入れ

クウェンティン・ベル夫人の手によって編纂中であったウルフの原日記の公刊を待ちあぐねながら、新資料に接するごとに覚えた考えや発見を記した覚書。雑誌『みすず』に一九七八年九月から七九年五月まで連載された。掲載された雑誌のページに、美恵子は早々に何箇所も修正をいれている。

日記を全部読んでからでないと病跡は書けない、というとらわれからなかなか抜け出せない筆者は英国人の根気づよさ、気の長さに圧倒される。（…）長生き競争に自信のない筆者はともかくも今までわかったことだけをもとにして本を書きあげ、もし幸いにして日記完結の日にめぐり会えたら、その時はその時で、本の修正、補筆をすればよい、という心境におちついた。

（「V・ウルフ病跡おぼえがき」）

ベル夫人の編纂するウルフの原日記の刊行は遅れた。自身の健康状態が猶予をゆるさないものであると感じていた美恵子は、一九七八年秋、全五巻の日記の第三巻の刊行が当初の予定より一年も後になるという連絡をうけ、「間に合わない！」と絶望の声をあげたという。

「存在」を追って――神谷美恵子とヴァージニア・ウルフ

早川敦子

神谷美恵子が精神科医の視点から取り組んだ論考、ヴァージニア・ウルフ（一八八二～一九四一）の病跡研究である“Virginia Woolf—An Outline of a Study of Her Personality, Illness and Work”がスイスの精神医学誌 *Confinia Psychiatrica* に掲載されたのは、一九六五年のことであった。それをきっかけに、ウルフの夫レナードや伝記を執筆中であった甥のクウェンティン・ベルとの交流を経て、ウルフが遺した膨大な日記の全巻が出版されるのを待ちながら、彼女の精神病と創作との関係を解き明かす「ウルフの病跡」をまとめたいと意欲を燃やしたのである。そして自らの闘病の合間をぬって、すでに公開されていたウルフの日記を翻訳、『ある作家の日記』として一九七六年にみすず書房の『ヴァージニア・ウルフ著作集』に収められた。ウルフとの関わり、とくに長年の準備と研究をもとにした病跡研究は、美恵子にとっては最晩年の仕事の一つであった。

残念ながら、美恵子の健康は充分な時間の猶予を許さず、幾度も断念してはまた取り組むという経緯をたどりながら、ついに宿願であった病跡研究の完成は叶わなかった。みすず書房の『神谷美恵子著作集 4』に収められた『ヴァジニア・ウルフ研究』（一九八一）はその一端を担うものであり、彼女が長年あたためていた構想の骨子とともに、「あとがき」で神谷永子が研究の展開を詳細に記しているように、人間の精神と「表現」、ひいては「存在」をめぐる探究を通しての「ウルフに対する見方、考え方をうかがい知る」貴重な資料である。全六章にわたる内容は、1「ヴァジニア・ウルフの病誌素描」(*Confinia Psychiatrica* に掲載された論文の日本語訳に加筆した論考、以下「素描」)にはじまり、2「V・ウルフの自叙伝試作」、3「『ある作家の日記』解説」、4「V・ウルフの病跡」(構想中の病跡研究の一部、一九七六年に着手、一時中断ののち一九七八年に再開するが未完に終わる。以下「病跡」)、5「V・ウルフ病跡おぼえがき」(以下「おぼえがき」)、そして6「V・ウルフの夫君を訪ねて」(一九六六年秋に資料収集のため渡英、夫のレナード・ウルフを訪問したときの手記で、その後レナードが逝去する一九六九年まで文通が続いた)であり、とくに「V・ウルフの病跡」については、当初美恵子が海外での出版を考えていたことが分かる。その並々ならぬ熱意は、彼女が遺した膨大な資料が物語っている。

I　邂逅――ウルフと美恵子を繋ぐ「存在」の糸

いわゆる「意識の流れ」と呼ばれる手法で二〇世紀英文学に新たな領域を開拓したヴァージニア・ウルフは、一九四一年に五九歳で自死するまでに実験的な長編・短編小説だけでなく、評論、書評、そして夥しい書簡と日記を残した。多岐にわたる表現は、それぞれ補完性や関連をもって、人生そのときどきの「必然」から生み出された。その「必然」には、彼女自身が生涯を通して再発を恐れ続け、状態が良くなるときわめて冷静に見つめようとした精神の病が大きな要素として含まれる。美恵子は、日記や手紙などの資料、レナードへの質問をもとに、ウルフの人生で起きた出来事、家族関係の変化、社会を取り巻く状況、その時期の執筆(評論・小説に分類)、そして精神の状態を波状に書き込んだ年表を作成、病気がウルフの意識と執筆に及ぼした相関関係を探ろうとした(この年表は、美恵子の母校である津田塾大学で使われている英作文用紙の罫線を利用した、きわめてユニークなものである)。‘desire for death’(自殺願望)、‘spiritual conversion’(精神的転向)、‘catastrophic, terrifying nightmare’(壊滅的、震撼とさせる悪夢)など、日記に散見するウルフの言葉と、精神状態の危険な兆候を下降線で示す波線をたどりながら、精神科医としての美恵子は詳細で緻密な判断を下そうとしたに違いない。美恵子自身が

「ジレンマ」と記しているように、「病の経過とその一般的構造はまちがいなくこれが躁うつ病であることを示す」一方で、「ウルフの人格と病の中に精神分裂病質的及び精神分裂病的な要素があるのを見逃すことはできない」と指摘した上で「非定型性精神病」(「素描」)と考え、最終的には、「躁うつ病が大体の輪郭であり、意識の解体の度が深まると分裂病的ないしは夢幻的状態、さらには錯乱状態になった」(「おぼえがき」)という見解を示している。そして、ウルフの循環的要素は執筆活動のプラス・マイナス両面に影響を与え、「一方、精神分裂病的要素は質的に特殊な精神的経験を与え、これが他人とは全く異なった内的世界を構築し、彼女の作品をつくりあげる要素を提供したのだと思われる」(「素描」)という洞察を遺した。

ここで重要なのは、彼女の精神科医としての識見だけではない。むしろ、その根底にある彼女のまなざしではなかろうか。つまり、「精神の病は人間の中の異物ではなく、むしろそれを持つ人の人格の基盤をなす重要な要素である」と明言する美恵子は、ウルフの精神が「勇気ある精神であった」と記している。「なぜなら彼女は自らをあざむくことなく、孤独と苦しみの中で、自己の内的世界のもろもろのふしぎな事実を驚きの眼で直視し、できるかぎりこれらの事実を理解しようとつとめ、これらの素材に芸術作品としての表現を与えようとしたからである。彼女の心理学的構造、病気、及び生活状況を考えてみると、これだけが彼女のとりうる積極的行為であったことがわかる。また自己と自己の世界の崩壊を避けようとするならば、これのみが唯一の選択可能な道であったこともわかってくる。書きものの中で絶えず自己固有の世界を統合し、創造すること――これがひとりの人格として存在するために可能な唯一の生きかたであり、同時にこれが彼女の悲劇でもあったわけである。」「素描」の最後をこうしめくくっている美恵子が、ウルフにどれほど深い理解と共感をもっていたか、それを説明するのに多くの言葉は要らない。

じっさい、ウルフは「書くこと」がすなわち「生きること」であるとくりかえし日記の中で記している。しかし、「自分の狂気がふるえるほど恐ろしい」（エセル・スミスへの手紙）と、発病への根深い不安を抱える彼女にとって、それは必ずしも喜びにみちたものではなかった。むしろ美恵子が「両刃の剣」であったと指摘するように、「最大の慰めであり、苦悩」であったことで、「しばしば一つの作品の終りに精神的な崩壊をもたらした」（「素描」）のも事実である。それを充分に理解した上で、美恵子はこうも記している。「こうした病という代価を払って産まれたのがウルフの作品の神秘的な美であった。広い意味で人間学的にウルフの世界を掘り下げてみたい思いに駆られるが、それはこれからの宿題である」（「おぼえがき」）。

ここで強調しておきたいことが二つある。一つは、このようなウルフへの透徹した洞察は、美恵子が精神科医であり、なおかつ文学の資質に恵まれた、その両方の天賦の才能を与えられていたがゆえにもたらされたということである。ウルフの日記に登場する「〈或る魚の〉ヒレが遠くを通っているのがみえる」（一九二六年九月三〇日）という一節に続けて、彼女は「私の言おうとするところをどんな心像で伝えることができるだろうか」と記しているのだが、美恵子はそれを精神疾患をもつ人間がデプレッションの最中に見る幻想という表層的な解釈ではなく、「神秘的な美」とともにウルフ文学に多出する心像（イメージ）を、表現と「詩的言語」という観点から、さらに深い人間の精神の発露として捉えている。「想像力について」（『存在の重み』所収）というエッセイの中で、美恵子は発語の遅かったウルフやフローベールを例に挙げながら、感受性の鋭敏さが「話し出す前に外界から並外れてゆたかなイメージをつくり出していた」として、「内的言語」の表象としてのイメージが、文学的想像力を飛翔させていることをも示唆しているのである。

ウルフ文学の特質でもある多彩なイメージは、しばしば沈黙の言語として、可視的な世界の深層或いは背後にある「リアリティ」のメタファーとなっているのであるが、その創造的象徴性を、美恵子の文学的感性は見逃さなかったのだ。若き日の日記に「私独特のものは、やはり文章を通して、恐らく文学を通して現わすべきものなのではないか」（一九四四年四月二九日）と記した美恵子の感性は、まさに「病跡」で取り上げられたウルフの小説の理解に見事に結晶している。

この文学的素養に加えて、もう一つ美恵子のウルフ論が光をあてたこと、それは魂の共鳴とでもいうのであろうか、美恵子にはウルフに惹かれてやまぬものがあったということである。この稀有な二人の女性に驚くほど共通する内的存在のありようが、牽引力となったのではなかろうか。何よりも、美恵子自身が「オニ」(demon)と呼ぶ「書くこと」への内的欲求。これは、「女であって同時に『怪物』に生まれついた」自分、そして内面に「[自分を]構成するいろいろな面」を自覚する美恵子が、「自分の中に、自分のものを生み出したい衝動がうちにみなぎる」(日記一九四四年三月二日)と記す強い欲求であった。「たえず新たなものにぶつかっては驚き、感じ、考え、成長していこう」という意志をもつ彼女は、「書くこと」はその「自己の成長の上に必要な過程」(同九月二四日)だと認識する。「書くためにすべてを経験しているのではないか、というような感じさえ起って苦しめられるにしても、書くことが生まれながらの Trieb(本能)なら、それが自分の生きて行く形式の一つなら、正々堂々と書こうではないか。……本気に、自分に対して責任を以て生きようとするにはどうしても書かぬ訳に行かないのだ」(同)。このように記す日記そのものも、彼女にとっては「書くこと」の表現の一つであったことを思うと、まさしく「書く」ことで自らのセルフ・イメージ(自己像)を構築していったウルフの欲求と重なってくる。ウルフのすぐれた伝記を著しているL・ゴードンが指摘しているように、彼女は六〇歳になったら自分の一生を書きたいと願い、「形のない人生という素材から何が生まれるのか、それを突きとめたい」と希求する明確な意識を通して、日記は「その大作を書くための資料」であり、小説という芸術に変容される「思い出」、さらに「やがて時がくれば過去の時代の精神をよみがえらせる記録」となった(L.Gordon, *Virginia Woolf: A Writer's Life*, 1984)。

その日記の中でギリシャ古典をひもとき、「至上の喜び」を語るウルフは、ときに一八歳、一八九五年の母の死の衝撃から最初の精神病の大きな兆候をきたし、それをようやく乗り越えた頃のことである。『アンティゴネ』、プラトン、そしてソフォクレスを次々と読破した彼女の中に胚胎された文学観、人間観は、いにしえのギリシャ人の姿に「人生の深奥の苦悩に立ち向かう精神」と、「堅固で、普遍的で、そして原点の人間そのものを見出すことができる」と評する論考（"On Not Knowing Greek," *Collected Essays vol. 1*, 1925）に結晶する。一方、結核療養中に美恵子は独学でギリシャ語を学び、思想形成の上でも大きな影響を受けたであろうマルクス・アウレリウスの『自省録』に親しむ。そして同じ一九三六年、彼女は「感想　ギリシャ悲劇を読みて」の中で、偶然にもウルフと共通する感想を記している。「ギリシャ悲劇における人間……彼等は問題を避けようともしなければ、これを浅く解決しようともしない。生命を賭して正面からこれにぶつかる。そのいたましくも崇高なる姿の前に私は頭をたれる。」晩年、ウルフの日記を翻訳する過程で、はからずもこの英国の女性作家が示したギリシャ語への愛着と古典への深い洞察にふれて、美恵子は何を思ったであろうか。

さらに、「極度の感受性が極度の根気づよさに結びついている」（一九二五年四月八日）とウルフが日記に記したプルーストを、美恵子は「記憶をこれほど精緻に扱ったものを今までよんだ事はない」（日記一九六一年六月二四日）と評する。「孤独について語り合った」キャサリン・マンスフィールドに対して、ウルフは文学に関してだけではなく、霊的に同質のものを感じていたようであるが、美恵子は、「マンスフィールドの日記を読んでいると、書くものの苦悩と至福が胸に迫る。同時に自分の裡なる『書く人間』の強い強い牽引力を感じて苦しくなる。……何という気のあった人であろう」（一九四四年八月八日・九日）と記す。クリスティーナ・ロセッティに焦点を当ててエッセーを書いたウルフ、彼女の詩を「鳥羽光子」の名で訳した美恵子。「詩」の凝縮された表現を散文に掬い取ろうとしたウルフ、「思索のためには哲学、感性のためには詩」（一九四三年八月二一日）と記した美恵子。「ラテン・ギリシャ・フランス・イギリス・ドイツの文学の本」に浸り切り、「これらの文学の世界にさまよう事によって自分の異教徒的な原始的な魂のはけ口を見出していた」（一九四四年九月二四日）過去の自分を振り返りながら、美恵子の魂は深いところでウルフのそれと共鳴しあっていたにちがいない。かつて結核の療養中、「死」への近接感が美恵子を独り書物の世界に自己沈潜させたのだとしたら、彼女の魂は、たえず「死」を身近に感じ続けたウルフの自己世界の奥深くを流れる水脈に触れたのかもしれない。

　このような二人を繋ぐ糸は、「存在」ということばに集約されるだろう。ウルフは「存在の瞬間」（*Moments of Being*）という自伝的エッセーを遺し、一方美恵子は『存在の重み』で「わが思索　わが風土」を語った。かの有名な「現代小説論」（"Modern Fiction," 1919）で「無数の印象が降り注ぐ」現実の「瞬間」を伝えるのが小説家のつとめであるとマニフェストを表明したウルフにとって、この非連続性を繋ぐところに立ち現れるのが「存在」であったと思われる。

　一方、美恵子は、「人間であるとはどういうことか。人間が見ている世界が世界の全部だろうか。人間は今のようにしかありえないのか」という問いが「少女時代からふわふわと頭をとりまいて離れなかった」と記す（「人間であること」、『存在の重み』所収）。「『私には思想がない』という自覚が苦痛を伴ってつきまとう時代がやってきた」（「『存在』の重み」、『存在の重み』所収）と感じた美恵子が「思索」の人としての歩みを始めたとき、それは終生終わることのない「存在」への希求となったのではなかろうか。その道程は、「人間の存在意義は、その利用価値や有用性によるものではない。野に咲く花のように、ただ『無償に』存在しているひとも、大きな立場からみたら存在理由があるにちがいない」と語る『生きがいについて』の熟成された思想に到達した。

　「存在」を追ったウルフと美恵子。美恵子のウルフ研究は、そこからウルフに光が当たるだけでなく、ウルフを通して美恵子にも光を当てる仕事として、興味深い著作となった。

Ⅱ　作品に描かれたウルフの「存在」

『ヴァジニア・ウルフ研究』の中核をなす病跡研究が美恵子の意識に胚胎されたのは、大変興味深いことに、一九五九年から書き進められていた『生きがいについて』（一九六六）執筆の時期に重なる。神谷永子の「あとがき」によると、一九六四年には、精神医学者であったオイゲーン・カーン博士に「ウルフの病跡」についての抱負を語り、*Confinia* に論文が掲載されたのは『生きがいについて』を脱稿した一九六五年のことであった。ただしこの時点ですでに刊行されていたウルフの日記は、夫レナードの慎重な配慮もあって、日記全体の二〇分の一にしかみたないものであった。その後一九六九年に彼が逝去、遺言によってニューヨークのバーグ・コレクションに贈られた未完日記をもとに、甥のQ・ベル夫人、A・O・ベルの編集によって全五巻にわたる膨大な日記として刊行予定であった。日記がすべて公開されてから研究をまとめることを薦めたQ・ベルの助言もあり、もとより資料の公開からウルフの全貌を明らかにしたいと願っていた美恵子は、一日千秋の思いで待ちつづけたようである。その間、何度も練り直した「病跡」の構成は、『船出』にはじまる九冊の「作品の謎」をめぐる論考、生涯、「内なる心の旅」（神秘的傾向についてではないかと推測される）、「創造と病のからみあい」、そして「精神医学的考察」の五章にわたるものであった。

その「序」に、美恵子は三つの作品を挙げ、「たしかに『ダロウェイ夫人』や『波』や『燈台へ』などを読めば、表現の抒情的な美と同時に、何かふつうでないもの、現実ばなれしたもの、謎めいたものに強く印象づけられる」と述べている。この三作品に言及しているのは大変興味深い。ウルフの創作過程を追うとき、ロンドンの一日をクラリッサ・ダロウェイの「意識の流れ」を通して追う『ダロウェイ夫人』（*Mrs. Dolloway*, 1925）は「瞬間」をモチーフとした初期の小説の代表作であり、ウルフが、自分の意識に亡霊のようにとり憑いていた母の呪縛からようやく解き放たれたのは、自伝的な要素をちりばめた『燈台へ』（*To the Lighthouse*, 1927）の完成によってであった。この大作は、「瞬間」から「存在」へと向かう分岐点となっている。そして六人の登場人物の独白と、太陽の運行を海の描写に重ね合わせるインタルードを織り交ぜながら展開される『波』（*The Waves*, 1931）は、まさに後期の実験作の集大成でもある。このように、文学的な変遷において要となる作品は、それぞれの執筆のあとにウルフが精神病の兆候をきたしたという点からも、そしてまた各々の作品の中に美恵子が「ウルフの病気を理解する助けになる」様々のヒントを読み解いている点からも、ひじょうに興味深い。

『ダロウェイ夫人』——内的経験としての「狂気」

主人公クラリッサ・ダロウェイは、最初は自殺する構想であったが、執筆の途上で、戦争の従軍経験がトラウマとなって精神を病む青年セプティマスが窓から身を投げて自殺した知らせをクラリッサが聞くという結末に変わっている。美恵子は、クラリッサの分身として読み解けるこの人物に「多くの精神分裂病的症状」を見出し、それが「あまりにも生まなましく描かれているので、これはウルフ自身の経験をそのまま書きうつしたものとしか信じられない」(「素描」)と述べている。実際、ウルフの日記から「私は生と死、正常と狂気とを書きたい」(一九二三年六月一九日)と記している個所を引用し、交互に「対位法的」に描かれる二人の中心人物の意識から、セプティマスの意識世界を抽出してそこに「狂人の人生観」を読み解いている(「病跡」)。世界大戦に従軍したセプティマスにとって、上官エヴァンスの眼前での戦死がトラウマとなり、幻覚や妄想が彼の内的世界を覆っている。内と外の断絶はしばしば作品のモチーフとなって登場するが、ここでは内面世界の孤独の凄絶さはセプティマスの狂気としてだけでなく、ときに「クラリッサ」として表記されるダロウェイ夫人の個我意識にも共通するものとして描かれる。だからこそ、一度も会ったことがないセプティマスの自殺を、パーティーの席上で客の一人である精神科医から聞かされた時に、彼女は不思議な「一体感」を共有するのである。大切なことは、ウルフも、そして美恵子も、このセプティマスの内面世界を肯定的に捉えているということである。彼は木々の揺らす葉と自分の存在が繫がっているのを感じることで自然との一体感を有し、死者であるエヴァンスの存在を身近に感じることで、生と死の世界は融合して彼の中で内在化している。その内面世界を守るために彼は窓から身を投じたのだと感じるクラリッサは、その「社会への挑戦」、「勇気」に尊敬すら感じる。美恵子も、「この狂人の見る世界が詩的な美しさをもって描かれていること、彼の反社会的な心情も形而上的な崇高さを帯びた世界観、宇宙観、使命感として記述されていること」(「病跡」)を指摘する。正常の世界を中心とするのではなく、病による認識を基軸にした内的世界の独自性を認めているのだ。一九二六年のエッセイ「病にあること」("On Being Ill")の中で、ウルフは「病の中では、ことばが神秘的な質をもつ」こと、「誰も踏み込むことができない［内面の］場所、小鳥さえも足跡を残さぬ新雪のような」魂の領域に、病気の時には「平生の他人との偽りのコミュニケーション」から脱して沈潜していくことを示唆している。「病を語る言葉をもたなかった」文学の領域に、明らかに『ダロウェイ夫人』は新たな経験の領域を拓いたといえよう。そして、この内的経験としての「狂気」のなかに深い精神的真理を見出している美恵子の洞察に、読者である私たちは感銘を受ける。

『燈台へ』——「喪失」を通しての「存在」

『燈台へ』では、生と死、過去と現在、ことばと実体などという認識論的テーマを通して「存在」の多面性とでもいうべきありようが、三部からなる重層構造で展開されていく。さらに女性画家リリー・ブリスコーを登場させることで、ウルフは人生の不可知性とそれを捉えようとする芸術とのあいだの葛藤を描いた。『ダロウェイ夫人』の瞬間性に対応して、長編の複眼的構造が「存在」の多層性と重なり、あいまい性や拡散という概念と結びついてくる。彼女自身の少女時代と重なりあうラムジー一家という一つの家族が、「燈台へ行く」という冒頭のアイディアを一〇年後に実現するまでの時間層のなかで、ウルフはヴィクトリア朝的或いは家父長的な人生のありようが時代と共に変化していく過程を描き出した。その過程は同時に、第二部のインターバル「時は過ぎゆく」をはさんで絵を完成させるリリーの芸術の創造と重ねあわされている。ラムジー一家と共に海辺で夏を過ごす彼女がキャンバスに描こうとしたもの、それは家族の求心力でもあったラムジー夫人——彼女がウルフの母ジュリアの表象であることは明確である――という「リアリティ」であった。夫人への感情を対象化できないリリーは何度も挫折を繰り返し、夫人の死後やっと、夫人とその幼い息子ジェイムズの姿を抽象的な「紫の三角形の影」に変換する。岸辺に立って遥か遠く燈台を臨むリリーが、亡き妻を悼むラムジー氏と子供時代を通過した息子ジェイムズがついに燈台に到達したのを見届けた、まさにその瞬間に。第一部で呈示された家族のドラマが、第二部の時の「空間」――ここで戦争が起き、ラムジー夫人も世を去り、すべてが無化されるような空白の家が描かれる――を経て、第三部で芸術として再創造されると解釈できる。

ウルフはこのきわめて自伝的な作品を「エレジー」と呼んでいるが、「それが書き上げられたとき、母にとり憑かれることがやんだのだ。もはや母の声は聞こえず、母に会うこともなくなった」(「過去のスケッチ」、『存在の瞬間』所収)と記している。彼女は続けてこう説明する。「精神分析医が患者のためにすることを、私は自分のためにしたのだろうと思う。私は非常に長い間、しかも心の奥深くで感じてきた感情を表現した。そしてそれを表現することによって、その感情を説明し、それから葬ったのだ」。一五歳の時に突然ウルフを襲った母の死は、強烈な記憶として内面に留まり、その一方で人間の「存在」とは何かという問題を未解決のまま遺したのだ。ウルフは自身の芸術によって解決を試み、そこで同時に母の死を受容し、さらにヴィクトリア朝的価値観が支配する不条理から新しい時代へと移行する「過去」を対象化した。日記の中で「[全てが物語られたとき]時間というものは完全に消滅し、未来は何とか過去から花ひらいてくるだろう」(一九二六年一一月二三日)と予言しているように、まさに書くことによって新たな位相が拓かれたのだ。

ウルフが作品によって対象化する必然があった、その内面の背景を美恵子が説き起こしたのが、「病跡」および「おぼえがき」だといえる。なぜウルフは母の死にそこまで深い影響を受けたのか、『燈台へ』の舞台となったセント・アイヴスでのこども時代の「記憶」は何をウルフの内面に刻印したのか、そしてラムジー夫妻に投影されるウルフの両親、レズリー・スティーヴンとジュリアの相容れない世界はいかなるものであったのか、新旧の価値観がせめぎあう狭間から、スティーヴン家の子供たちはどのように自分の人生を切り拓いていったのか、複雑な家族構成から精神病の遺伝的素因を含め、美恵子の探究はウルフの生涯を内と外の両面から関連づけてゆく。一人のきわめて感受性の鋭い少女の内的経験がいかに後の人生を形成していったのか、そして自らの病と闘いつづける苦悩が「書く」ことを通してどのように受容され、作品化されていったかを詳らかにしたのである。

残念ながら、「V・ウルフの病跡」の第一章に収まる予定だった「時間と空間――『燈台へ』」と題する美恵子の論考は幻に終わったが、強烈な「喪失」体験の記憶を通して「存在」を追究せざるを得なかったウルフの痛々しいまでの内的必然は、美恵子の示唆に富む視座を通して明確に伝わってくる。

『波』――沈黙への序章

美恵子は本来なら「人格の多面性」というタイトルで『波』を取り上げる予定であったようだ。登場人物六人の子供時代の記憶にはじまり、それぞれの人生が老境にさしかかるまでを九つのエピソードで描く展開は、まさに「人格」という存在のありようを探るウルフの意識を投影している。六人の独白の合間に、一日の太陽の運行と海の干満を描くインタルードが導入されることで、人間の視点とそれを超越した視点の二つの視点が作品世界を構築する。この複層的な構造を通して、人間の存在を一人一人固有の人格をもつ「個」にいったん分化させるところから始めて、最後には誰もが「死」に向かうという経験を共有する存在として、人間の「個」を超越した次元、自然の摂理という普遍性へと還元させていくのである。

美恵子は、この作品に登場する六人の中に、ウルフの分身を見る。「幾度となく無の中に落ち込んでいく」苦しさを内面に抱えこみ、自分には「顔がない」と感じるローダである。「ローダほどウルフの隠された、傷つきやすい一面をあらわした人物はいない」と美恵子が指摘する通り、水溜りをとびこえることができないローダのエピソードは、現実のウルフの幼少期の記憶と重なっている。「小道にあった水たまりを前にした瞬間、なぜかあらゆるものが突然実体を失ったと感じた。私は動けなくなった。水たまりをわたることができなかったのだ」(「過去のスケッチ」)と回想記に記された記憶は、日記の中でも、突然「現実の本質」が立ち現れる瞬間として言及されている(一九二六年九月三〇日)。啓示的瞬間が一種非現実的な感覚の中で示されるのは、『ダロウェイ夫人』のセプティマスの狂気に示唆される内的体験、さらには神秘体験にも通じるものであろう。セプティマスと同様、ローダも自閉的世界から逃れられず、自ら生を絶つに到る。

そしてもう一人、人生の瞬間を「句《フレーズ》」にして手帳に書き留め、「突然産まれた句で［あらゆるものを］捉え、言葉で、形のない状態からそれを取り戻した」と信じるバーナードもまた、ある意味で表現者ウルフの分身として「人格の多面性」のひとつを担っている。彼は、人生の真実を表す言葉を探し求める過程で、ウルフが日記に記している「魚のヒレ」のビジョンを見る(この「魚のヒレ」については美恵子も非常に関心をもっていた)のであるが、「何千という物語を作り上げてきた」にもかかわらず、「そのどれもが真実のものではない」という挫折感に到る。さらに「人生は不完全な未完の句だった」と、人生を言葉で説明することの限界を告白する。そして、人生を振り返ろうとして、「私は一人の人間ではない。多くの人間なのだ。私には、自分が誰なのか分からなくなった」と意識した時、彼は茫漠として眼前に広がる海を前に、個を越えた存在に全てが収束していくことを悟る。「これこそ永遠の再生、絶え間ない生と死、かつ死と生だ」と語るバーナードの独白は「おお死よ!」で終わる。この言葉を書き終えたウルフは、日記に「あの水の中に現れた魚をやっと網で捕らえた」(一九三一年二月七日)と記す。「真実の一瞬は過ぎていった。こうして、それは象徴的なものとなった」というバーナードの言葉に示唆されるように、ウルフはここで人生を言葉で説明づけようとするのではなく、象徴的なものの統合体として認識しようとしている。『波』の二つの次元を海のイメージという沈黙の世界に回帰させることで、「存在」

を象徴的に捉えたのである。「存在」を追い続けたウルフは、それを超越的な宇宙の次元に還元させる認識に到ったのだ。それは、言葉から「沈黙」への移行でもあった。

日記を詳細に追ってゆくと、読んでいて苦しくなるほどの紆余曲折を経てウルフの創作が続けられたことが分かる。「人生とはひじょうに堅固なものなのだろうか、それとも移ろいやすいものなのか。この二つの矛盾がつきまとう」（一九二九年一月四日）という意識は、『波』の六人のそれぞれの人生を追う視点に投影され、その背後にはたえず「死」が「存在」の相関物として意識されているのがわかる。美恵子が自身の病気の合間にウルフの日記の翻訳を続けていたことを思うと、その過程で彼女は何を感じたのだろうかという思いにとらわれる。すでに一九六一年に、まだ四七歳の美恵子はこう記しているのだ。「自然はしずかなたたずまいで今年も私たちを抱いている。『死』と『虚無』をのぞきながら、私の心の深いところでしずかに、着々と、課せられたものを果して、いつでも死へ戻れる用意をしたい」（一月三日）。自然を前に「戻る」という表現をした美恵子。『波』の永遠性への回帰を思わせる一文に、はっとさせられる。

Ⅲ　旅の終焉

「病気はウルフに多くの苦痛を与え、作品はおろか日記さえ記せない状態におとしいれた。それは日記や手紙を集めた本のあちこちに大きな空白があるのを見てもわかる。しかし恢復するたびに、精神は以前よりもさらにゆたかになって行ったようにさえ見える。ウルフの場合、躁うつ病と分裂性のものがうまく組み合わさっているため、その作品に深味ができたといえるのではなかろうか。彼女の離人体験は幼時からあり、つねにリアリティとは何か、生とは、死とは、というような形而上学的問題を問いつづけてきた基盤ともなったが、そこに病気による幻覚や妄想の体験、さらには夢幻体験が加わり、こうした問いを内容ゆたかなものにしたと思われる。」ウルフの「人と病と作品」に焦点を当てた美恵子は、彼女の文学は「三つが密接に結びついて」、さらに「病という代価を払って」生まれたものであると考えた。

老境にさしかかるにつれ、この関係はさらに緊密になっていったのか、或いは迫りくる戦火の影響を受けて微妙な軋みを生じたのかも知れない。一九四一年に、ウルフは「きっとまた狂気が襲ってくるような気がします。あの恐ろしい経験に、こんどはもう耐えることはできないと思います。こんどは治らないでしょう。さまざまの声が聞こえ、精神を集中することができません。……」(レナード宛の手紙、一九四一年三月二八日)と率直な不安と同時に感謝のことばを夫に残し、ウース川に身を投げて創作活動にも終止符を打ったのだった。

『波』のあとにも狂気の波が彼女を襲ったようであるが、人生の終盤を意識し始めた彼女の創作は、「存在」をさらに「歴史」に繋げ、同時に「個」から「集団」へ、そして無名性へと向かっていった。美恵子も関心を示した『歳月』(*The Years*, 1937)のように、ある家族の「年代記」は時間の断絶よりも連続性を意識的に追い、白鳥の歌となった『幕間』(*Between the Acts*, 1941)は、イギリスの歴史を村人たちがペジェントで演じる姿を描きながら、すべての始まりであった太古の闇に結末を融合させ、そこに人類の「共同意識」が見てとれる。そして、最後の実に美しい短編「シンボル」"The Symbol," (1941)で、なにかの「象徴なのだ」と感じる雪山を窓辺に眺めながら、それが「いったい何の象徴なのだろう?」という内面の問いに答えを探すかのように、今までの人生を振り返って姉に手紙を書いているのは、ウルフその人の姿を彷彿とさせる「無名」の女性である。過去を振り返る意識、そして自分の存在を無名のものに帰し、さらに大きな「歴史」の中に還元しようと志向するのは、美恵子が『生きがいについて』でも記している「縦の連帯意識」による「意味感」を、無意識のうちにウルフが求めていたということではないだろうか。美恵子はこう説明している。「ひとびとの住む世界からはじき出され、ひとり宙を漂うひとにとって、歴史の発見はたしかに或る救いを意味する。自分もまた人類のひとりとして、人類の歴史の流れのなかに立っているのだ、と知ることはひとつの足場の発見であり、回復なのである」(「新しい生きがいの発見」、『生きがいについて』所収)。狂気という絶対的な孤独がウルフを「宙に漂う」存在にしていたことを思うと、書くことを通してなんとか世界と繫がっていようとした彼女の意識が、その創作の過程で「歴史」に向かっていったとしてもけっして不思議ではない。美恵子自身が、結核療養中の「真空状態」を脱して現実に戻ろうとするとき、「初めて歴史というものの意味に思いあたり、しばらくはギボンのローマ史などで心が占領された」（「『存在』の重み」）と述懐していることにもつながってくる。

さて、このような変化をたどっていくウルフの晩年の仕事として、美恵子との関わりにおいて特筆すべきは彼女の「自伝及び自伝的文章をまとめた」本、『存在の瞬間』（*Moments of Being*, 1985）であろう。「おぼえがき」の中で特に美恵子は第二部にあたる「過去のスケッチ」に注目し、それが書かれたのが一九三九年から四〇年にかけてであること、「最後の執筆の日付は一一月一七日、［ウルフの］死の約四ヶ月前であること」を指摘している。ウルフに様々な意味で密接に関わった姉のヴァネッサの過去を語るというかたちをとったこの「自伝」を、美恵子は病跡的見地からひじょうに貴重な資料として捉えている。その上で、『燈台へ』のカタルシスを経た晩年のウルフが、「過去の自分と現在の自分とは互いに影響し合っているものだという考えから……、戦時下のマンクス・ハウスにおける自分と過去の自分との間を行きつ戻りつして」描いていると指摘する。作品が「歴史化」に向かう一方で、ウルフは「瞬間」に囚われた現在を脱皮して、自分の「歴史」、過去との関係性から自己の「存在」を再創造していると考えられるのではないだろうか。

その過程でウルフが執拗に言語化しようとしているのが「非存在」の中から突如として現れる「存在」のありよう、啓示的瞬間である。この「自分でもわからない激しいショック」の記憶の一つは、兄との喧嘩で「彼に手を振り上げた刹那、私は突然、なぜ人を傷つけるのかと感じた。……それは絶望的な悲しみの感情だった」というものであった。またある時には、花を見つめていると、「突然、花そのものが大地の一部だと感じられ」、ウルフは「あれが統一なのだ」と悟る「秩序の啓示」に打たれる。それは、「綿」のような非存在の中から突然「存在」

が現れる瞬間であり、「綿の背後に隠されているパターン」の発見、「現象の背後にある何か真実なものの徴」の発見である。ウルフは、「それを言葉で表すことで、現実にしていく」のだという。「それを統一体にできるのは、唯一言葉でそれを表現することによってのみなのだ」と明言する彼女にとって、「書くこと」の意義がどれほど彼女の存在そのものの必然であったかがわかる。『燈台へ』で、一〇年の「時」を経てようやくリリーが絵を完成してビジョンを捉えたと感じるように、ウルフにとっても、この「過去のスケッチ」は、彼女自身の「人生の時間」の経過を経て、「非存在」から「存在」を抽出するひじょうに重要な行為であったにちがいない。『生きがいについて』の中で、美恵子は「過去のいろいろな出来事のなかでも特に意味ある瞬間が暗い忘却の淵から星のように光って浮かびあがって見える。その時、ひとは自分の過去の歴史に対して一つの選択を行なっているのである」と述べている（「生きがいを感じる心」）。ウルフもまた、「存在の瞬間」を、過去の自分としてでなく、現在の自分として「選択」し、そこに意味を与えたのであろう。

美恵子はまた、書くことは、生のもたらす衝撃、すなわち「非存在に埋もれた日常生活の中に、ときどき烈しいショックを与える事柄が起こる」瞬間——「一生忘れられないような『存在の瞬間』」——がもたらす衝撃に対する「自己防衛ないし自己治療」であると指摘する。「おぼえがき」は本稿のIの部分でも述べたように、さらにウルフの幼児期から思春期に到る人生の様々な局面や家庭環境をたどり、「存在の瞬間」の背景を探りながら、ウルフの全体像に迫る論考となる。

そしてウルフがたどった道程をもういちど確かめようとするかのように、美恵子も「V・ウルフの自伝的試作」に取り組む。美恵子が六〇歳の頃、多角的な視点からウルフの「病跡」を表したいとの発想によるものであったようだが、これはウルフが二二歳のところで中断されている。五九歳で自伝に取組んだウルフの『存在の瞬間』が出版されたのは一九七六年、美恵子による試作はそれに先立つ一九七三年から七四年にかけての仕事だった（「『自叙伝』について」、『ヴァジニア・ウルフ研究』所収）。

そして美恵子自身の「存在の瞬間」とでもいうべき『遍歴』は、まさに彼女が世に別れを告げる直前に脱稿した「自伝」だった。不思議な縁の糸ではなかろうか、奇しくもその最後のところで彼女が遺した感慨は、「それにしても生きるとは何と重いことであろう」という言葉であった。

癩の人たちとの関わりを「よろこび」と記し、「彼らの心の友とさせて頂いたことが光栄である」という美恵子の思いは、ウルフに対するまなざしにも重なる。それは、精神科医の観察者としての視点ではなく、女性としての、そして自己と表現の狭間で苦悩した一人の表現者へのあたたかなまなざしである。このあたたかさに触れたときに、読者である私たちは心動かされずにはいられない。「人間をその内側から理解すること。これが精神医学の理想であり、これこそこの学問が教えてくれたことだ」(「『存在』の重み」)と記す美恵子という稀有な読者を得たことは、ウルフにとってどれほど大きな幸いであったことだろう。美恵子のウルフ研究は、ウルフ文学の本質にある「存在」への希求を掬い上げることを通して、美恵子自身の深い「人間観」を照射したのだった。

本稿の執筆にあたり、二〇〇三年一一月に津田塾大学で開催した「神谷美恵子展」のために惜しみなく資料を提供してくださった神谷先生のご遺族のご協力にあらためて感謝したい。また、すばらしい記念講演をしてくださった柳田邦男先生および加賀乙彦先生(同一一月一二日・一四日)から、たくさんの示唆を頂いたことも付記しておく。

尚、Virginia Woolf の日本語表記については、本文中では「ヴァージニア・ウルフ」とするが、神谷美恵子の著作に関しては美恵子の表記に従い、「ヴァジニア」とした。

(はやかわ・あつこ　英文学・津田塾大学)

詩

神谷美恵子

病床の詩

順めぐり

かつて　くすし　たりしものが
今にして　病める者となる
かつて　病める心を　みとりし者が
今にして　心を病みて
くすし　みとる者　身内から
いたわられ　ときにはあわれまれ
笑われる者となる
すべては　順めぐり

すべては　順めぐり

ひとの心がわかるとき

かんごふや　おそうじの　おばさんに
説教や　きついことばを　言われたとき
その日は一日　暗くなる
でも　一日たつと　そのかんごふや　おばさんの
ことばのよってきたるところがわかる
その　生活と心境がわかる
私もかつて　くすし　として
きっと　そんなことばを　患者さんに
心なくも　あびせたのに　ちがいないことも。

ごきげんうかがい

血管のごきげんのいい日と
血管のごきげんななめの日とがある

どうしてそうなのか
きっとお天気のようなものだろう
ごきげんの悪いときは
じっと穴熊のように　寝床にひっこんでいよう
ごきげんのいい日には
窓から日に日に伸びるみどりを
ながめて　おどろきよろこび
ＦＭのバッハをきいて
心の中で歌おう
この世に生かされている
よろこびを、ありがたさを。

同志

こころとからだを病んで
やっとあなたたちの列に加わった気がする
島の人たちよ　精神病の人たちよ
どうぞ　同志として　うけ入れて下さい

あなたと私のあいだに
もう壁はないものとして

（一九七五・四・二五夜半）

晩年の日々

神谷永子

私が結婚したのは一九七三年春。義母神谷美恵子は病気のため、前年に愛生園を辞し、療養の傍ら、執筆活動に専念するようになっていました。

義母はいつもたくさんの話をしてくれました。

義母の不調は循環系のもので、心臓発作と一過性脳虚血発作のために入退院を繰り返しましたが、幸い大きな後遺症はありませんでした。何度も繰り返していましたので、軽い一過性脳虚血発作は自宅で点滴治療を受けてしのぐこともありました。そんな時も、正常に口が利けるようになると「(点滴中の)ウロキナーゼは血栓を溶かすんだけど、尿の成分なの。若い男性の尿を集めて造るっていうけど、どうやって集めるんだろう」というようなことから話がはじまります。自分の体験したことや身近な出来事を語るときも、ただ湧いてくる言葉を淀みなく流しているだけのようなのに、起承転結のある物語を聞いているようでした。

私は定期的に手伝いに通っておりましたが、その折にも、掃除はもういいからお茶にしましょうと話がはじまります。義母はヴァジニア・ウルフ研究に没頭していて、新しい思いつきや発見、エピソードなどを話してくれました。話はウルフ関係だけではありませんでしたが、話していると楽しくて、いつまでもこの時間が続いて欲しいと思ってしまいます。そんな時、つい時間がオーバーして、私は夜の仕事（学習塾）に遅れそうになり、走りに走ったものです。

この話し上手は前田家の特徴なのかもしれません。義母が「私は知に偏り、勢喜子（次妹）は情が勝ち、とし子（末妹）が一番バランスがとれている」と評していましたように、話の内容はすこしずつ違っていましたが、三人の声や話し方はそっくりでした。

義母が読むのは原語の学術書が多かったのですが、なかには日本の小説もあって、私にも回してくれました。印象に残っているのは『背教者ユリアヌス』『春の戴冠』（辻邦生）、『宣告』（加賀乙彦）、『超越者と風土』（鈴木秀夫）などです。義母の興味をひいたのは、背教者ユリアヌスであり、『春の戴冠』の宗教改革者サヴォナローラでした。神の在り方、あるいは神を考え出す人間の心（脳）について関心を持ち続けていたからでしょう。特定の宗教にこだわらず、仏教関係の本もたくさん読んでいましたし、聖書はすべて頭の中にありました。

『宣告』には精神科医でないと書けないところが多くあると言い、興味深く読んでいました。自分にも前から書きたかった小説がある、それは頭の中にすべて揃っていて、あとは文字に書くだけでいいのだが、モデルが現存の施設と人物であるため障りがあるのだと言っていました。

義母が読んだ本には傍線や書き込みがたくさんありました。細かく切った紙がいっぱい挟んであったり、とんでもないところに買物や料理のメモが書き付けてあったりもします。傍線や書き込みの量で義母の関心を推し量ってしまうのですが、本人は読んでしまった本には無頓着でした。「これは卒業しよう」とか「もう憶えたから」と言って、こういう本でもさっさと整理してしまうのです。物には執着しない性質の表れかもしれませんが、古新聞といっしょに積んである本を捨てかねることもありました。

いつだったか、たまたまギリシャ悲劇の話になったことがあります。その時、義母がギリシャ悲劇を老後の楽しみにとってあるのだと言いました。

私は学生時代にギリシャ悲劇に入れ込み、ラテン語訛りのギリシャ語をあやつる老婦人になりたいと夢想したことがあります。その夢を体現する人がこんなに身近にいようとは思いもかけませんでした。

義母はただ読んで楽しむのではなく、『アンティゴネ』の翻訳を続けるつもりでした。『自省録』を翻訳出版したあと、呉茂一先生の勧めで『アンティゴネ』の翻訳を進めていましたが、中断したままになっていたのです。「岩波でもお待ちしております」と促す先生に、「……アンティゴネをしようと思って机に向かいましても、いつのまにか医学書の方を読んでいるという有様でどうも身が入りません。……つまらぬ仕事欲など乗り越えて老境に達した頃、また静かに古典の世界に浸る境地にかえれるかと郷愁に似た心で考えております」と断り状を出した（一九五四年五月）といいます。

義母は『生きがいについて』を刊行した後、V・ウルフ病跡の研究を熱心に続けていました。著作も進めていましたが、新しい資料が公開され始め、何度も書き直すことになりました。それに義母が最大の資料として重視したウルフの日記全五巻の刊行は遅れがちでした。

この資料待ちの間に、平行して取り組んだのがハリール・ジブラーンです。多くの作品を読み、訳詩を楽しそうに進めていました。一九七五年に「ハリール・ジブラーンの詩」と題して雑誌に連載しますと、それを見た別の出版社からジブラーンの訳詩集を出版する企画が持ち込まれ、義母はとても嬉しそうでした。ところが版権の問題でこの企画は前進せず、私たちまでがっかりしました。

そしてV・ウルフ研究も完成できませんでした。

ベル（ウルフの甥）夫人の編集作業が手間取り日記の刊行が一年くらい遅れるという手紙が届いたのは、一九七八年秋、自宅で点滴中のことでした。その時、「間に合わない」と悲鳴に近い声をあげました。このショックがやわらいだ頃、『みすず』誌一九七八年九月号から翌七九年五月号に連載していた「V・ウルフ病跡おぼえがき」に「長生き競争に自信のない著者はともかくも今までわかったことだけをもとにして本を書きあげ、もし幸いにして日記完結の日にめぐり会えたら、その時はその時で、本の修正、補筆をすればよい、という心境におちついた」と述べています。

そうして書き始めた原稿が数枚も進まないうちに、義母は旅立ちました。

一九七九年、六五歳でした。こうして、晩年のライフワークともいうべき「V・ウルフ病跡」は、二〇年におよぶ準備と研究を経ながら、完成しなかったのです。

義母はウルフや精神医学関係の資料を読んでいて、「あーおもしろい」、「ふしぎだなあ」と嘆声を漏らすことがありました。その声はミミと呼ばれていたという少女時代を想像させるほど若々しく、生き生きしていました。

こういうこともあってか、私には義母の思い出として、とてもかわいい人という印象が第一に強く残っています。

義母の読書は驚くほど速かったのですが、読書や執筆だけでなく家事もすばやくこなしました。私の夫が覚えているおふくろの味は、ひき肉がたっぷり入ったコロッケとオーヴンで仕上げたスパゲッティです。忙しい身ですから、よほど手早くしないとこういう料理は作れません。義母は実に手早かったのです。また、作業を大胆に省略してすばやく済ませるということもありました。その大胆さに驚かされましたが、本質さえ押えてあれば用をなすのだと納得もしました。今、私はそれを「神谷方式」と名づけて、娘に伝授しているところです。

（かみや・ながこ　次男徹氏夫人）

自宅にて手料理でもてなす（1959年）

精神科医としての神谷美恵子さんについて

——「病人の呼び声」から「一人称病跡学」まで

中井久夫

一

精神医学界の習慣からすれば「神谷美恵子先生」と書くべきである。しかし違和感がそれを妨げる。おそらくその感覚の強度だけこの方はふつうの精神科医でないのだろう。さりとて「小林秀雄」「加藤周一」というようには——これは「呼び捨て」ではなく「言い切り」という形の敬称であるが——「神谷美恵子」でもない。私の中では「神谷（美恵子）さん」がもっともおさまりがよい。

ついに未見の方であり、数えれば二十年近い先輩である方をこう呼ぶのははなはだ礼を失しているだろう。

しかし、言い切りにできないのは、未見の方でありながら、どこかに近しさの感覚を起させるものがあるからだと思う。「先生」という言い方をわざとらしくよそよそしく思わせるのも、このぬくもりのようなもののためだろう。そして、精神医学界の先輩という目でみられないのも、結局、その教養と見識によって広い意味での同時代人と感じさせるものがあるからだろう。それらはふつうの精神科医のものではない。

二

しかし、神谷さんを一般の精神科医と区別するものは単にものものしさがないとか教養と見識の卓越とかだけではない。二十五歳の日に「病人が呼んでいる！」と友人に語って医学校に入る決心をされたと記されている。

このただごとでない召命感というべきものをバネとして医者になった人は、他にいるとしても例外中の例外である。

わが国だけではない。ジーゲリストの『偉大な医師たち』(Große Ärzte) をみても、クルト・コレの『大神経医伝』(Große Nervenärzte) 三巻をみても、そこに出てくる多数の医師たちにこのような召命感はない。

いかに献身的な医師も、どこかに「いつわりのへりくだり」がある。ある高みから患者のところまでおりて行ってやっているという感覚である。シュヴァイツァーさえもおそらくそれをまぬかれていない。むしろ、神谷さんに近いのはらい者をみとろうとした人々、すなわち西欧の中世において看護というものを創始した女性たちである。その中には端的に「病人が呼んでいる」声を聞いた人がいるかも知れない。神谷さんもハンセン病を選んだ。神谷さんの医師になる動機はむしろ看護に近いと思う。この方の存在が広く人の心を打つ鍵の一つはそこにあると思う。医学は特殊技能であるが、看護、看病、は人間の普遍的体験に属する。一般に弱い者、悩める者を介護し相談し支持する体験は人間の非常に深いところに根ざしている。誤って井戸に落ちる小児をみればわれわれの心の中に咄嗟に動くものがある。孟子がこれを惻隠の情と呼んで非常に根源的なものとしているが、「病者の呼び声」とは、おそらくこれにつながるものだ。しかし多くの者にあっては、この咄嗟に動くものは、一瞬のひるみの下に萎える。明確に持続的にこれを聞くものは例外者である。医者がそうであっていけない理由はないが、しかし多くの医者はそうではない。

三

もっとも医者にあっても、医学を選ばせ、ある科を選ばせ、ある病いを専攻させるものは理知と計算と偶然のほかに暗い親和力もあるらしい。「医者はふしぎに自分が専攻している病気にかかるものだ」という「ジンクス」がある。これは統計の明るい光の下で雲散霧消するものだろうが、しかし医者の中に病いへの偏愛と畏怖が潜んでいることを示唆するだろう。時に人が医者というものの中にトーマス・マンのいう意味での「いかがわしさ」

すなわち問題《プロブレマーティシュ》的なものをかぎつけるとしたら、この病いへの偏愛に近いもののためかも知れない。医師という人類最古の職業の一つにはまだ測深錘の届かない深井戸のようなところがある。

むろんそれは明確な意識化を拒まれている。一般に科学者あるいは専門《プロフェッション》職としての自己規定と医師団への帰属によって医師はそのような意識化から堅く守られている。そうでなければ多くの医師は医師であることに耐えないだろう。帰属意識は人間の中なる自然が目を背けさせるものに直面するためにも必要であるだろう。兵士が訓練と集団によってはじめて兵士たりうるように。帰属感と専門家意識なしに医師であることはむつかしい。しかし、この鎧の中に病人ではなく病いへの偏愛がひそかにまぎれ込んでいる可能性はある。

病いに呼びかけられ、病いを恐れ、憎みつつ、偏愛し、憧憬し、病いに問いかけるという両義性が時に名医と呼ばれる人の中に発見されるように私は思う。たとえば脳外科の開拓者クッシングあるいは特にダンディに(ベイリーは違うだろう)。このような両義的な対象愛は職人に近縁であり、職人と同じく有能であることによってははじめて免責されるものである。

四

神谷さんはおそらくこの道を行く能力にめぐまれていただろう。しかし、彼女は「病いに呼ばれた」のでなく「病人に呼ばれた」のである。この違いはその後の彼女の生涯にその跡を残しつづけている。比較的晩年に書かれたヴァージニア・ウルフについての論文をみてもそこには病いを敏感にかぎつける、禿鷹のようなネクロフィリアの匂いが全くない。

その極まるところは最晩年の驚くべき試みとなる。それは「一人称の病跡学」であって、ヴァージニア・ウルフを「私」として、ウルフの病跡を描こうとしたものである。それがすぐれたものでありうるには病者ウルフに対して、了解という生やさしいものではむろんなく、単なる同一視でも足りず、対象に膚接するどころか、その皮膚の中まで入り込まなければならない。対象が生ま身の患者であるならばできないことであり、試みてならないことである。未見の作家に対する分析ならばゆるされるが、しかし、かりに誰かが一人称の病跡学の論文を書こうとして私に相談されたならば、私は思い止まるように忠告しただろう。相談するということ自体が心底に逡巡が残る証左だからでもあるが（神谷さんは誰にも「相談」などしなかっただろう）、また、大胆にすぎて「天使も踏むを怖るところ」に触れはしないかという、ほとんど畏怖のような感情を私は持つであろう。これが精神医学の論文としては絶筆に近いものとなったのは偶然かも知れないが、みずからの生命をちぢめるにひとしい放れ業ではなかろうか。それに踏み切る底には、あるもどかしさ、じれったさがあったように私には思われる。それが三人称で書くふつうの論文形式へのもどかしさなのか、みずからの病いのために病人の呼び声に十分こたえられなくなったじれったさかは分らないけれども、私は神谷美恵子さんの中に、病人に呼ばれて医学の道に入り、最後に作家とはいえ病める人の声を代りに語ろうとあえてした特異な精神科医の姿をみてしまう。これがダイモーン的でなくて何であろうか。

五

圧倒的大多数の医師にとって医師であることは一つの社会的役割である。しかし、病人に呼ばれて医師となった人にはそれでことが済むはずがない。医師であることはそれをこえて、いわゆる存在同一性（Seinsidentität）と化しているにちがいない。それに比べれば、――彼女の医学論文の科学性を云々するものではないが――彼女にとって科学者という自己規定は、医師になった以上着なければならない白衣のようなものではなかったか。

六

医師であることは文字通り天職、〔神に〕呼ばれること（Beruf, calling）だったであろう。それは彼女を支え、内なるデーモンたちを乗りこなしやすくしたことは確かであろう。しかし、大多数が役割同一性による専門職《プロフェッション》の世界の中で彼女は一人の客人《まろうど》であったのではなかろうかという気がする。

むろん精神医学界は彼女をあたたかく迎えたであろう。

「フランス語で考えたものを英語で表現する」という才女を、とくに戦後日も浅い精神医学界が歓迎しないはずがない。公刊されているものの他に、いかに多くの文献の和訳を、研究会での紹介を、依頼されたことであろう。あるいは論文の英仏文への翻訳を、外国への手紙の代筆を、どれだけ依頼されたことであろう。このような目に見えない献身は予想外に多量であったのではないかと推量される。彼女は快く引き受けたであろう。そのことは疑いない。彼女とて自分の語学力が当時の日本で稀有であることを身を以て知っていたはずである。（日本の文部省は二代の文相にわたって占領軍首脳との交渉を彼女の通訳に依存していた。）それを誇るには彼女はあまりに聡明であったけれども（語学力というがそれは理解力のことである）「あなたしか日本ではできない」と言われた時、彼女は拒めなかったに違いない。彼女にしかできないことが多すぎたのは一つの不幸であった。

七

ある精神科医は彼女をまばゆい人であるという。彼女の品性と才能をみればたしかにそうであろう。別の精神科医によればたまらなくさびしそうに見えた人だというが、これもほんとうであろう。精神医学者、精神科医の中では心ゆくまで討論できる友が果してあっただろうか。（彼女にもっとも近い精神科医は誰だろうと考えてみると、アメリカのクララ・トムソン女史が私の念頭に浮ぶけれども、彼女にはハリー・スタック・サリヴァンをはじめ、少人数ながら強固な精神科医の友人グループがあった。彼らもおそらく病気に呼ばれてでなく病人に呼ばれて精神科医となった人たちであった。）それは精神医学界の指導者たちが彼女の才能を愛でたのとは別の話である。あえていうなら彼女には精神医学の世界に関する限り、出会ってよいものに出会っていないという意味で不遇の影がないでもないと私は感じる。生ま身の交際でなくとも、たとえば刊行されている翻訳はいずれも彼女が著者にかなりのめり込んでいて、決して才能まかせのものではないと私は思うけれども、最後まで彼女が失望しなかった対象はマルクス・アウレリウスとジルボーグではなかったかと臆測する。フーコーあるいは構造主義への傾斜は私からみれば自己否定の方向のものであって、しかもフーコーは、神谷さんがあれだけ真剣にとりくむほどの相手でなかったように思えて惜しい。フーコーが神谷さんの訳された著作についての彼女の問いに「若気のいたり」と軽く受け流したことは、いつも真剣で全力投球をする彼女にとっては意外中の意外だったのではあるまいか。ウルフについても私には神谷さんに近い人のように実は思えない。軽々には言えないけれども、かなり強く、そう感じる。

むろん精神科医の本領は著作論文にあるのではない。そういう意味で結局、精神科医としての彼女をもっとも深く知る人は彼女とかかわった患者あるいはその縁者たちであると思う。しかし病いが軽快し癒えるとともに、精神科医は忘れられるのが至当な存在である。患者が自力で立ち直ったと思う時にはじめて精神科医の仕事が完了する。その意味でも精神科医であることは彼女の願ったとおりの仕事であり、彼女の願ったとおりに、地上でのもっとも大きな仕事はついに誰の目にもみえないままで留まるであろう。著作集は彼女がこの世に残した爪跡のうち目に見える僅かな部分である。

頼まれれば人に尽さずにおれない人であったと聞く。そのような献身がなければ彼女の著作集は数倍になったであろうが、彼女はそうすることを選ばなかった。Sacrificium intellectūs——知性を犠牲として神にささげること——は神のもっとも嘉したまうところと聞いたことがある。彼女がそれを神にささげたか否かは別として、なされたものはまじり気のない Sacrificium intellectūs に近いと私は思う。そして、二十歳あまりの少女がマルクス・アウレリウスに出あうのはまことに稀有なことであって彼女の中には早くからストア的な諦念があったと思う。

神谷さんの訃を知って私には二つの感情が起った。一つは「時間よ、止まれ。お前は美しい」と言いうる生涯だったということであるが、もう一つは、ふつうの意味では決してそう言える年齢ではないのに「夭折した人を惜しむ気持」にきわめて近いものであった。この矛盾した感情は、神谷さんを知る人にはあるいは理解していただけるのではあるまいか。

八

彼女が精神科医としての足跡の多くを残した阪神間の話である。年輩のある精神科医は「阪急電車に坐ってうとうとしていると、亡き神谷さんが前に立っているような気がしてはっと顔をあげることがある」と語られた。おそらく、かつて芦屋川から三宮まで阪急神戸線に乗って長島愛生園へ行かれる早朝か戻られる深夜にそういう事実があったのだろう。うとうとしている相手を起さずに、洋書などに目を通しながら気づくのを待って微笑みかけられたのだろう。

関西での神谷さんはいまだになつかしい存在として疲れた精神科医を時に支えているかのようである。そのあらゆる才能とは別にそのような存在の重み、のしかかる重みでなくむしろ軽やかな、やさしいが動かし難い存在としての現存《プレゼンス》は、おそらく生前の知己が感じられたのと同じく、縹渺としてであるが今もありつづけている。

精神科医として困難にぶつかった時にふしぎに想起される人とそうでない人とがあると思う。それは精神科医としての優劣とは別の次元であって、神谷美恵子さんが私にとってもこの前者の中にはいる人であることはまちがいない。

（なかい・ひさお　精神医学）

1966年９月

コラム3 **美恵子と音楽**

バッハのポートレイト

勉強に夢中になって帰ったらY子さんとM夫人からのおたより、悩む人、悲しむ人の世界に引き戻され思わず涙ぐむ。私が純粋に知的な対象として「悩み」を扱っている最中にも、これらの人々は身を以てそれを荷っていてくれるのだ。バッハを弾いて心を鎮めた。神様、どうか最後まで、悩む人々の友たらしめて下さい。明日からバッハの肖像を医局の自分の机の上に飾って右を忘れぬようにすることにした。

1944年10月10日の日記より（東大精神科医局に入局の翌日）

・一九四三年八月十二日（木）の日記より
（長島愛生園へ見学実習中）

六時頃ひきあげる。だれもいない食堂でまた蚊と戦いつつピアノを弾く。バッハをレコードできいたり、ピアノで弾いたりすることさえ許されれば、この島の生活に、たとえどんな淋しい面、荒涼たる面があろうとも耐えられそうに思う。

・一九四五年五月二七日（日）の日記より
（東京大空襲で焼けおちたわが家を訪ねて）

焼跡へ行き、無残にも焼けた二台のピアノの弦を眺め、長い間（十八年！）心の友となってくれたピアノのあの音とキイの触感を思い出して涙する。心に音楽を持てと言うお示しね、きっと、などととし子と言い合って見ても悲しいのはどうにもならない。このプレイエルには私の心が、涙が、悲しみや苦しみや喜びの時の無言の独語が、夢やあこがれとともに染み込んでいるのだ。私の生活からバッハを弾くという事が失せるなんてどうしても考えられない、耐えられそうにもない。

・一九五四年八月三十一日の日記より

もっともっと自由に音楽がきけたら！ そしたら私はもう少しよい人間、愛すべき人間になれるような気がする。ピアノと蓄音機をいつの日か恵んで頂けぬものか。

東京女子医専時代、ピアノ連弾（1941年6月）

・一九五五年五月一日の日記より

N〔宣郎〕と二人で新緑の町を古道具や歩き。神戸、大阪ととりとめもなく往く。最後に松阪やで電蓄を買う。安物ではあるけれど私共としては大英断。これで私の音楽への飢えも癒されるかと思うとひとりでニコニコしてしまう。

スイスで過ごした少女時代に、若い女の先生についてはじめてピアノの手ほどきを受けた美恵子。その時に弾いたのは、バッハやクープラン、ラヴェルなどの曲を易しく編曲したもので、帰国し成人したのちまで、こうした曲への好みは変わることがなかった。女学校から医学生時代、医局へ勤務するようになっても、もっとも精力をかたむけた勉強と詩の創作の間には、しょっちゅうピアノに向かい、妹や友との連弾をも楽しんだ。

バッハの楽譜
「フランス組曲」ほか、バッハのピアノ曲の楽譜にはそれぞれ、表紙を開いたところに購入の日付、サインが入っている。
いちばん古いものには、日付はなく、M. Mayedaのサイン。他の楽譜は結婚後に購入したもので、1963年の日付、M. Kamiyaのサインがみられる。

戦災でピアノを失った美恵子だが、結婚して何年かたつうちに、まず電蓄、そしてピアノ……と、だんだんとその生活は音楽で満たされるようになっていった。一九五七年九月、ピアノがないことを妹に慨嘆するのを聞いていた父が、ピアノを購入するようにと二十万円を用立てた。しかし、この年は研究費などで大きな出費があったためにすぐにピアノを買うということはせず、ヤマハがはじめた月賦を利用して購入を決めたという。そして、十一月に、待望のピアノが神谷家にやってきたのだ。

美恵子がよく弾いていたのは、なによりもまず、バッハ。「平均律クラヴィーア曲集」や「フランス組曲」、さらに、シューマンの「森の情景」も好んで弾いていた。少しずつ買い集めていったレコードも、LPの一枚目はやはりバッハの「ブランデンブルク協奏曲」（カール・ミュンヒンガー指揮シュトゥットガルト室内管弦楽団）。エドウィン・フィッシャーの「平均律クラヴィーア曲集」のレコードを愛聴し、後年、成人した息子たちから教えられたグレン・グールドも、たちまち美恵子のお気に入りとなった。

音楽とピアノとバッハを愛した美恵子は自らの葬儀にバッハの「主よ人の望みの喜びよ」を流すことを生前希望し、願いどおりこの曲に送られて逝った。

LP レコードとスコア
始めて買ったＬＰ、カール・ミュンヒンガー指揮シュトゥットガルト室内管弦楽団の「ブランデンブルク協奏曲」とそのスコア、グレン・グールドとの出会いとなった「ゴールドベルク変奏曲」（日本盤）など、美恵子の愛聴したバッハのレコードたち。

先生に捧ぐ

島田ひとし

そこに一人の医師がいた
五十年の入院生活をつづけている私たちにとって
記憶に余るほどの医師にめぐまれてきたわけではないが
めぐみは数ではない

そこには一人の医師がいた
「なぜ私たちでなくて、あなたが？」とあなたはいう
「私の〝初めの愛〟」ともあなたはいう

代ることのできない私たちとのへだたりを
あなたはいつもみずからの負い目とされた

そこにはたしかに一人の医師がいた

私たちは、いまとなっては真実にめぐり会うために病み
病むことによってあなたにめぐりあい
あなたのはげましを生きることで
こうして
あなたとお別れする日をむかえねばならない

さようなら
神谷美恵子
さようなら

（しまだ・ひとし　故人・長島愛生園）

詩

ハリール・ジブラーン
神谷美恵子 訳

おお地球よ

なんと美しく尊いものであることか、地球よ。
光に全き忠誠をささげ、
けだかくも太陽に服従しつくすあなたよ。
なんと愛らしきものであることか、地球よ。
もやのヴェールをまとう姿も、
闇につつまれたかんばせも。

曙《あけぼの》の歌のなんというやさしさ、
夕《ゆうべ》の讃歌《さんか》のなんという烈《はげ》しさ。
地球よ、十全にして堂々たるものよ。

私は野と山と谷と洞窟《どうくつ》を歩いて見出《みいだ》した、
野にはあなたの夢、山には誇りを、
谷にはあなたの静謐《せいひつ》、岩には決断を、
洞窟にはあなたの秘密がひそんでいるのを。

私は海と川とせせらぎを渡って耳をすまし、
潮のさしひきに永遠のことばを聞き、
山々のはざまに世々の歌がこだまし合うのを聞き、
峠と山道には生命へのよび声を聞いた。

なんと寛容なものであることか、地球よ。
私たちはあなたから元素をひきぬき、
大砲や爆弾をつくるのに、あなたは
私たちの元素から百合やばらの花を育てる。

なんと忍耐づよく慈悲ぶかいことか、地球よ。
あなたは神が宇宙の東から西へと旅したもうたときに、

み足のもとに舞いあがった塵《ちり》の一粒《ひとつぶ》でもあろうか。
または「永遠」のかまどから放射された火花なのか。
それとも大空の野に蒔《ま》かれた種《たね》で伸びて神の樹となり、
天の上にまで届く高い枝《えだ》をのばしているのか。
あるいはまた時の神が空間の神のたなごころの上に
のせたもうた一個の宝石でもあろうか。

地球よ、あなたはだれ、そしてなに。
あなたは「私」なのだ、地球よ！

あなたは私の見るものと私の識《し》るもの。
あなたは私の知と私の夢。
あなたは私の飢えと私の渇《かわ》き。
あなたは私の悲しみと私のよろこび。
あなたは私の放心と私の覚醒《かくせい》。
あなたは私の眼《まなこ》に生きる美であり、
心にあふれるあこがれであり、
私の魂の内なる永遠の生命である。

あなたは「私」なのだ、地球よ。
私が存在しなかったならば、
あなたは存在しなかったろう。

「思索と冥想より」抜粋

神谷美恵子さんの思い出

加賀乙彦

　本日の演題は、「神谷美恵子さんの思い出」という題にしたんですけれど、私のような後輩にとっては神谷先生と呼ぶべきなのかなあとも思うし、歴史上の人物としてはもう神谷美恵子でいいんじゃないかとも思うんですけれど。そこら辺をまだ自分の中では決め切れていなくて。この後も、呼び方がいろいろ私の話のなかで変りますので、その点はご了承ください。

　私は、神谷美恵子さんにお会いしたことが何度かあります。実は、何度かある程度なんです。ほんとに親しく、ご一緒に精神医学教室で働いたりしたことはないのです。

　私は一九五四年に東京大学の精神医学教室で、内村祐之先生のところで精神医学を学びはじめました。内村先生というのは、内村鑑三の息子さんです。ですから、ちょっと内村鑑三に似た顔をしておられるし、非常に激しいところもお持ちだった。明晰なところと激しいところと、それから運動好きで、一高時代にはサウスポーの投手であって、内村選手といえば野球界では有名な人であったというような、ちょっと変った先生でした。その内村先生に神谷美恵子さんは師事をして、精神医学の勉強をはじめたわけです。ですから、私にとっては大先輩にあたります。

　そして、ちょうど私が精神医学教室に入った時には、神谷美恵子先生は神戸女学院大学の英文科の助教授をしておられたので、会う機会はほとんどありませんでした。

　内村先生は昼飯時に蕎麦を食べながら医局員と話をす

るのが好きで、先生がおとりになるのは、たいてい盛りの二枚。それをひとりで召し上がりながら、そばに来た人に話しかける。すると、いろんな人の話が出てくるわけです。

その話の中で、神谷美恵子という医局員がいて、すごく語学ができて、私（内村）が極東軍事裁判の大川周明の精神医学的な検査をした、つまり鑑定をした時に神谷美恵子さんに手伝ってもらって、それを英文で発表した。そして、大川周明という人はそのおかげで責任能力なし、という結論になって絞首刑にならなかった。

大川周明は進行麻痺、脳梅毒のもっと進んだ病気だったんですね。そのために極東軍事裁判の刑を免れて、精神病院に入り、その後、精神病院に入ってから、いろいろな仕事をした。『コーラン』の翻訳をしたりしていますので、まあ、そんなにひどく惚けていたわけではないと思いますけども。

そういう歴史的なことをやった人が先輩にいたよという話を、内村先生からお聞きしたりしていたわけです。その人が戦後の文部大臣であった前田多門さんのご長女で、戦後の文部行政のすべてのことをGHQとの間で通訳として活躍した人だとか、そんなことをみんな私は、内村先生からお聞きしたんです。

私が実際に神谷美恵子先生にお目にかかったのは、一九六三年。ずっと後のことなんですね。どこでお会いしたかというと、虎ノ門の教育会館でひらかれた日米精神医学会議の席でした。これは精神医学の領域で日本がはじめて国際会議を開いたものでした。ところが、その頃の精神科の医者はほとんどドイツ語を勉強していて、英語を勉強している人は非常に少なくて、英語を喋れる人として神谷美恵子さんが一番活躍をなさった。通訳として、それからもちろん発表者として。

ちょうどその時に、こういうことがありました。東京医科歯科大学の島崎敏樹先生。これは島崎藤村のお兄さんの子供に当たる方です。その島崎敏樹先生の講演の時、その隣に英語の通訳をしている美しい女性がいたのです。私は、あれ、誰かなと思って、その晩のパーティーの時に島崎敏樹先生に、「あの方はどなたですか」ってお尋ねしたら、「ああ、あれは私の娘です」って。そうか、娘さんなのか。でも、島崎敏樹先生のお子さんにしては、ちょっと歳をとっているなあと思いました。それに、島崎先生はたしか子供さんは息子さんがおられて、息子さんは以前から存じ上げていたのに、あんな娘さんがいたかなと不思議に思っていたら、アメリカの精神科医が来て、「あれ誰だ?」って言うから、私は胸を張って、「あれは島崎教授の娘だ」って説明しました。そして次々にアメリカ人が来て、あれ誰だ? あれ誰だ? って。そのみんなに私は同じような下手クソな英語で、"His daughter" なんて言っちゃったんです。そのうちに教室の先輩が来て、「なんてことを言っているんだ。あれは神谷美恵子先生じゃないか」と(笑)。

私はよく人に騙されるんです。私を一番よく騙したのは、遠藤周作という人で、あの人はとにかく、私を何度騙したかということを自慢にするようなところがりました。一緒に旅行をしていると、これで五度目だろうとか、六度目だろうとか。東京に帰った瞬間にもう一度騙してやるからな、てなことを言う人なんですが、島崎先生も同じ系統の人で。島崎藤村という人は決して嘘を言わないちゃんとした人なのに、その血筋の教授は嘘ばっかり言う。そこで私はよく騙されたわけなんです。

しかし、神谷美恵子先生だということを聞いてはっと思い出したのは、じつは本郷の精神医学教室でしょっちゅうというか、まあ、あの頃は神戸におられたので、時々上京してこられると必ず内村先生のところにご挨拶に来られていた方だ、と。ご挨拶にというか、話しに来られていた。それで、医局でお会いしたりしていたんです。ああ、なんだ、前にお会いしていた方だと気がつきました。それが一九六三年の思い出です。

私はその二年後に、東京医科歯科大学の犯罪心理学教室に転勤しました。この犯罪心理学教室というのは精神医学教室のすぐそばにあって、島崎先生のところにまたしょっちゅう遊びに行く間柄になったのですが、その頃、しばしば神谷先生が上京なさるたびに、今度は島崎先生のところに来られて、話しこんでおられるという状態がありました。非常に不思議なことに、その両先生の——内村先生と島崎先生の縁で、私は神谷美恵子先生にお会いしたということになります。

この島崎教授は一九六七年に、つまりまだ五十五歳の時に突然、教授を辞めてしまいました。医科歯科大学の定年は六十二歳ですから、定年前に辞めたわけです。教室でもびっくりするし、私もびっくりするしで、先生どうしたのかなと思いました。何か発病なさったのかなと思ったりしたんですが――これもまた、ご自分でおっしゃるわけです。「私、発病したからね」って――あの精神医学の権威が自分で自分を診察して、発病したって言ってるんだから本当だろう、と、また私は騙されてしまったわけなんですが。そしてその七年後に突然、先生は六十二歳で亡くなられた。

亡くなられた時に、門下生が『島崎敏樹先生追悼文集』というのを出しまして、私も一文を寄せたのですが、そのなかに神谷美恵子先生も書いておられます。それを読みますと、じつは島崎敏樹先生というのは、神谷美恵子さんを精神医学に誘った人であるということが、実によく述べられております。

戦争中のこと、神谷美恵子さんの御友人が時々、幻を見る。つまり幻覚を見るというようなことがあって、その方が、時々、何の説明もなしに数週間、数ヶ月、行方不明になるんですね。今でもそういう人多いですよね。そこで、非常に心配なさった。そしてその人が非常に音楽が好きで、バッハの曲ばかり弾く演奏会に神谷先生を連れて行った時に、そこで東大精神科の医局長だった島崎先生とはじめて会い、先生が友人の主治医であると知るんです。

その時、神谷美恵子さんは東京女子医専におられたんだけど、女子医専の制服を着たまま島崎先生のところへ行ったところ、非常に鋭い目で見られて、「あなた、そういう友人があった時にどういうふうな対応をしたらいいと思いますか」って、睨まれた。そこで、島崎先生にその友人の話を詳しくすると、クレッチマー、ブムケ、ヤスパース――というのですから全部ドイツ語ですね――そういった本をどさっと持ってきて、「これを読みなさい」と貸してくださった。

その本を見ているうちに、そしてそれを読んでるうちに、そのドイツ語の文章のなかに引き込まれていって、精神医学がひらいた世界がありありと見えてきた。ああ、自分もこんなものすごく面白い学問をしてみたいと、引き込まれたというんです。そこで、島崎先生のところへそれらの本をお返しに行った時に、「この本のおかげで友人の状態が精神病であるということがよく理解できましたし、対応の仕方もよくわかりました」というふうにおっしゃって、さらには、その島崎先生がおられる東大の医学教室に自ら志して入った、ということが書かれております。

神谷さんがその東大の精神医学教室に入った時には、すでに島崎先生は東京医科歯科大学の教授になっていて、もうそこにはおられませんでしたが、神谷さんは東大から医科歯科にしょっちゅう遊びに行って、島崎先生を本当の師だと思って慕っていたことが、この文章に書かれております。「思い出すことども」という短文です。これは『神谷美恵子著作集』の中の「存在の重み」というエッセイ集に収められています。

その後、神谷さんが大阪大学の精神医学教室に移って、つまり、関西に引っ越されて、そこで精神医学のなかで非常に困った事態、あるいはわからないことがありますと、神戸から東京の医科歯科大学の島崎教授のところに電話をして、長々と質問をする。「私は電話魔であった。さぞ、ご迷惑であったでしょう。しかし、先生、ありがとうございました」というようなことが書かれております。

島崎先生は、その後もずっと神谷美恵子さんと親しい間柄でいらして、長島愛生園で神谷さんがハンセン病の患者さんたちの診察をしている時も、島崎先生がわざわざそれを助けにいらしたということもありました。それから、ハンセン病の目の見えない方の集まるライトハウスで島崎先生が講演をしたり。そういうことが書かれております。

そんなわけで、私には、私の敬愛していた内村先生と、島崎先生と、神谷先生が、この三人がいつもなにか一緒になって思い出されてくるのであります。

もうひとつ、私自身のびっくりした出来事があります。一九六七年に私は『フランドルの冬』という小説をはじめて書きました。まだ医者として、医科歯科大学に勤めながら、細々と書いていた長編がたまたま出版されたのですが、無名の一新人の小説ですから、初版三千部で、しかもこれが全然、売れない。

しょうがないので、御茶ノ水の本屋に行って、二、三冊買ってきて——全然インチキですけどね、誰も買ってくれないから自分で買ってきて（笑）——いつもうーんと思っていました。どうしてあそこにあんなに積んであって売れないんだろうと思うくらい売れないし、それから、どこからも書評も出ないし。腐っておりましたら、「展望」という綜合雑誌に突然、神谷美恵子の『フランドルの冬』の書評が出ました。これが私の小説の最初の書評であったのです。神谷美恵子先生といえばあの先生だ。あの先生が文学にも関心があるのかなあと思いました。

書評を読みますと、私が何をしていたかちゃんと知っておられるんです。私は若い頃に東京拘置所に勤めて、死刑囚に大勢会って——数日前も、さきおとといですが、あるところで「死刑囚の生と死」という講演をしたばかりなんですが——そういう過去と、それから、私の論文は実はフランス語で書いた論文で、誰も日本人は読んでないだろうと思っていたものを、神谷美恵子先生が読んでおられて、「……著者は長年、死刑囚の研究をやってきて、その研究に打ちこんだ。死刑囚の精神状態の探求に打ちこんだ著者の筆にかかると、この『フランドルの冬』というのはまさしく死刑囚を象徴化したような作品である」というお褒めの言葉があったのにはびっくりしました。

私が長年、死刑囚の精神状態の精神医学的研究をしていたなんていうことは、誰も知らないはずなんですよ。それはフランスに留学している時に発表したものなんで、日本語では発表していませんでしたから。東大の精神医学教室にフランスから帰ってきた時も、私がどんな研究をしているか誰も知らない。みんな、ただフランスに行ってきて、帰ってきたんだろうと思っているわけですね。

その私の論文を早々とお読みになっていたのが神谷美恵子先生で、そのことから、この小説の中における精神異常と文学との関係を、自殺していく医師クルトンを中心にして、神谷さんは、いろいろと考察をしておられます。で、人物の造形が、これは自分の作品ですからおもはゆいんですが、造形が類型的ではなくて優れている、と評していただきました。

ただ、この評論で、私にとって、非常にその後の私の人生を左右するような一行がありました。それは、全体としては大変面白い小説だけれども、神父だけがよく書けていない。つまりこの人は、この作者は、神とキリストの問題についてはあまり関心がないらしい、と書いてある。これには参ったなあと思いました。

実は、それこそが、私があの小説を書いている時に一番気になっていたことでした。よくキリスト教を知らない人間が、キリスト教についてさも知ったふうなようなことを書いてしまった部分があって、それはみんな読み過ごしてくれればいいのにと思っていたら、神谷さんは一番そこに深入りをなさってくるので、ちょっとびっくりいたしました。大変な人に読まれちゃったな、といった感想をもちました。

ただ、うれしかったのは、私がフランスの精神病院で一年間医師として働き、その経験をもとに書いたあの小説には、フランスの精神医学のことがいろいろと出てきます。歴史的な物語とか、そういうものが出てきますが、そういうことについて神谷さんはじつに詳しく、それが真実であるという証言をしてくださった。まあ、結局のところ、非常に褒めてくださったわけです。

私にとっては最初の書評が、小説全体の構造をよく見渡して読み込まれていた、そういう批評であったことと、もうひとつは、その小説の欠点も長所もきちんと見ていること、そしてもっと驚いたことには、著者の閲歴まで、つまり精神科医としての閲歴までよく調べてあって、短い文章なんですけど、私にとっては大変貴重な文章となりました。いつでもこのコピーは持っているのです。そういうことがございました。

そして神谷先生との思い出っていうのは、そこでずうっと途切れてしまうのです。むしろ、神谷美恵子さんというのは、本の著者として身近にある。神谷さんの本を出したみすず書房は私の家のすぐそばにあって、そこの編集者の——編集者の名前なんて言っちゃいけないのかもしれないけれども、吉田欣子さんという女性の方なんですが——吉田さんと私は親しくしていました。『生きがいについて』という例の有名な本が一九六六年に出ますね。あれが出た時に吉田さんにすすめられて、早々と読んだのをおぼえております。

今度は「さん」をとって、一読者として歴史上の人物神谷美恵子について申しますが、神谷美恵子の思想の中心にあるのは、『生きがいについて』というあの作品にあるように思うのです。

あのなかで一番大事なことは、「生きがい」という言葉が日本にしかない——英語では、life worth living とか、つまり価値ある人生とか、フランス語では、raison d'être という言葉がありますが、これはやっぱり生きるに値する、あるいは生きる存在の理由とかそういうもんでしょう。それから、vie digne d'être vécu なんていうのは、尊厳のある生き方とか。そういう意味の言葉はあるけれども、「生きがい」という言葉は日本語しかない。その、「生きがい」という日本語にしかないこの言葉の曖昧さと、それから奥行きの深さというものが、どうであるかという考察なのです。

私は、この『生きがいについて』という本は、ちょうど「甘え」について土居健郎さんが書いた『「甘え」の構造』と同じ発想に立っていると思います。土居さんの言うには、「甘え」という言葉は外国語にはない。英語で言うと、dependent とかなんかそういう意味になりますす。それから、フランス語では gâté という言葉がありますが、みんな悪い意味に使っていますよね。特にフランス人は gâté っていうのは甘やかして悪くすること。日本人は甘やかすっていうのを、あまり悪いことに思わないんだけど、gâté っていうのは非常に悪い意味があります。gâtisme なんていうのは、どうしようもないわがままな子供のことを言いますね。

ところがそういう理解だけでは駄目で、「甘え」という言葉には積極的ないい意味があって、それは日本人特有の感性だというのが、土居さんの本の主張です。神谷さんの本は、「生きがい」というのは日本語にしかないから、という考察が主になっています。この二つの本はまったく同じ構造というか、同じ発想から書かれているような気がします。そして、ふたりとも精神科の医者で、東大の精神医学教室で、私と特に土居先生は親しくしていただいた方で、神谷美恵子さんは先輩だし——そういうふうな読み方を、私はいたしました。

で、「生きがい」とは幸福とは違って、未来をいつも目指している。だから、未来を目指す人は何かのためにやろうとする意欲を持っている人だ。たとえば、シュヴァイツァーとかミルトンとか。そして、意欲を持つと充足感がある。そこで、だんだんに文明論になっていって、自由とか精神分析の決定論に、アメリカ人がえてして日常生活では無気力であるとか。それから、死刑囚の問題も出てきて、死刑囚という閉じこめられた、未来を断切られた人たちがいかに絶望の淵に沈むか。これは私の一番初心の研究がそうだったんですが。そして、「生きがい」の喪失というものからハンセン病患者さんたちの絶望にまで話がすすんで行く。

そこで、この『生きがいについて』という作品のもとになったのは、それはやはり、神谷美恵子の人生の問題でもあったと思うわけです。

神谷美恵子は若い時にスイスのジュネーヴに行ったり、アメリカへ行ったり、非常に恵まれた幼年時代、青春時代を送ります。しかし、津田英学塾に入ってから結核になる。まだ結核に対する有効な治療法もない時代に結核になったということが、神谷美恵子の人生にとっては大変大きな意味を持っています。

二十一歳の時に、軽井沢の山荘で結核療養をする。今まで非常に恵まれた生活をしていた人が結核というい わば死病にとらわれたわけです。人生が短くして死んでしまうということと、伝染病であるために人々に嫌われるという、ちょうど今ですとエイズみたいな感じの病気の捉え方をまわりの人たちがしていた時代です。当時は結核のいい治療法もなかったので、いくたりもの人々が若くして死んでいったし、絶望の淵に沈む人も大勢いたし。そういうなかから、彼女は勉強をはじめる。

軽井沢の山荘で結核の療養中、読書とフランス語とドイツ語と英語とギリシャ語……、特にギリシャ語を一生懸命独習する。さらにはラテン語を独習し、マルクス・

アウレリウスの『自省録』を読む。これが二十二歳のときですね。この自分自身の非常な精神の危機、身体の危機というものを、それをバネにして読書と療養と勉強に過ごす。そういうことをした。

また、前後しますが、ハンセン病の患者さんとの出会いが津田英学塾の二年生の時に起るんですね。キリスト教の伝道者であった叔父さんに誘われて訪ねた、東京都の多磨全生園でオルガンを弾いた時に、はじめてハンセン病の患者さんたちに会って、大きなショックを受けたといいます。そして、将来、私は、このハンセン病の患者さんたちの治療に携わる医師になりたいという志を持つ。

これは、最初は両親、特にお父さんの反対があった。家庭あの頃の女性はだいたい十八歳くらいで結婚する。家庭に入ってよき母になるというのが理想とされていて、いつまでも勉強しているような女の子はダメだというような時代なんですよ。今の若い方には全然わからないでしょうけれど。

私も戦争中のことを小説に書きましたんでね、書いてみると、女の人は大学に入れなかったんですよ、あの頃。もちろん、東大なんかに入ることは全然できない。東大にはひとりも女子学生というのはいない。女子大学というのはあります。女子医専というのもあります。しかし、全体として女性に対する差別、特に学問をする人に対する差別は非常に大きかった。

そのなかで、というふうな見方をしないと、神谷美恵子の一生を考える時に、いかに彼女がその時代のそういう環境と闘ったかということがわからないと思います。やっぱり、あの当時の女性としては異色の存在であって、人のできないことをやった。

それから、もうひとつついでに申しますが、あの頃の女性の教育はほとんど中学止まりで、専門学校に入る人はごくわずかで、大学というものは女性に対しては門戸が開かれていなかった。いくつかの女子大学は別として、開かれていなかったということは、これは神谷美恵子という人を考える時に、非常に大切なことだと思います。

で、そのハンセン病の患者さんに会ってから、お父さんに言うわけですね。自分は医学を勉強するために女子医専に入りたいと。でも、お父さんは猛反対をなさる。後では猛反対をしたことを後悔なさるわけだけども、その時は猛反対をなさる。しかし、あくまでも初志を完遂したいという気持ちを内に抱きつづけて、神谷美恵子はその後アメリカに留学していた時に、お父さんの反対がとけたということがあってコロンビア大学で医学部の講義を聞きはじめる。

しかし、その時ちょうど戦争がはじまります。一九四一年に戦争がはじまって、日本に帰ってきて、東京女子医専に入ります。この東京女子医専というのは、今は大学になっていますが当時は専門学校で、女性が医師になるための唯一の学校でした。これもですね、神谷さんほどの方ならば、ちゃんとした医科大学に入って勉強ができたはずなんです。事実、アメリカでは可能であった。でも日本に帰ってくると、女子医専しか行く道がない。それでも、めげずにその女子医専に入って、一九四四年に卒業します。戦争中です。

で、その後、さっき言ったエピソードがあって、島崎先生に影響を受けて、東大の精神医学教室に入って、内村祐之先生のところで勉強をはじめたのが、一九四四年です。

そして、四五年の大空襲でもってお家が焼けてしまいます。その時に東大精神病院の、今でもありますが赤レンガの建物に寝泊まりをしつつ、その当時、男の医師はほとんど徴兵でとられていなかったので、患者の対応を全部、神谷先生は自分で引き受けて診察をするという、もう多忙きわまる状態になるんですよね。そのようなことは神谷さんの本をお読みになれば、いきいきとみな書いてあるんですが。

そういう経歴の中でも、結核とハンセン病というものが『生きがいについて』の彼女の思索の出発点であったということは、私には大変重要なことに思われます。

私は、自分自身は精神科の医者でありながら文学をやっているということで、ちょっと後ろめたい気持ちになることがあります。それは、精神医学あるいは医学をやって医師として働くということは、これは何がしか人のためになるんです。ところが、文学——ものを書いて、それを人に発表するということは、これは発表したものを人が読んでも読まなくてもかまわないわけで、そして、世の中にためになっているのかどうかもよくわからないので、非常に虚しいような気持ちに襲われることがございます。

神谷さんの人生を考えるさいの、物事に対する神谷美恵子さんの態度をみてみましょう。一度思い込んだらその方向に行きたいんだけれども、しかし、たとえば、それについては時代の制約がある、家庭の制約がある、いろいろな制約があるという状況になる。医学をやりたいと思いますと、両親が反対する。特に父親の反対は非常に大きい。だけど、なんとなくそれを、その意味では父親に従っているんだけれども、ずっと医学への夢は捨てないで、時を待っているうちに父親の気持ちもだんだんに変っていくということがあるわけです。そしてコロンビア大学で医学部の講義を聞くようになり、帰ってくると、女子医専に入学して。これは飛び級で入るんです――そういうことができたんですね、あの頃――勉強をはじめると、彼女はいきいきとしてくる。生理学の講義、生物学の講義、そして特に自分の罹った結核についての講義などと、つぎつぎに聞く。そして、女子医専に行っている間に、自分はやはりハンセン病の患者さんたちを診たいと思う。

これは『人間をみつめて』に出てくるんですが、アメリカへ留学する前、津田英学塾にいた時に塾長の星野あい先生に呼びだされて、「あなたは将来、何をもって社会のために尽くしますか?」って聞かれた。そんなこと考えたこともなかった。まったく答が出ていないので、その日は答えない。社会のために尽くすとはどういうことなのか、よくわからない。

そこにたまたま、そういうふうに悩んでる時に、多磨全生園に行ったんですね。で、この全生園でもって、ハンセン病の患者さんたちを一生懸命に看護している看護婦さんの姿に打たれる。そこで、ああ、これが私の「生きがい」になるんじゃないかというので、今度は父親に話をすると、そういうことは少女の感傷だと、許さないと。それから塾長さんのところへ行って、「これこそ私の未来です」って言うと、ダメだって反対される。

普通、反対されると、今の人はすぐキレちゃうでしょう。キレて終りになるだけなんですよ。なんだ、この教師はとか、父親はなんだとか、ばかにする。ところが、この神谷美恵子っていう人はキレないんです。ああ、それは父が反対するのも、塾長が反対するのも、もっともだと思うわけです。しかし、いつかは自分の「生きがい」というものをあの人たちもわかってくれるにちがいないと思って、一応、表面的にはそれに従う。

ただし、自分の友人が実際に精神病になって悩んでいる状態を見て、そして島崎先生との出会いがあって、精神科の医者になるんですね。精神科の医者になって、それだけですまないで、精神科の医者になってから、今度は関西に行きますよね。関西に行って、阪大の精神医学教室の非常勤の医局員になった時に、そこから岡山のハンセン病療養所、長島愛生園に行って、ハンセン病の患者さんたちのために働きだす。

こういうふうに、非常に辛抱強く機会を待ちながら、自分のはじめの志を通してしまう。これが神谷美恵子さんの素晴らしいところだというふうに思います。

そういう生き方というのは、神谷さんの書いたいろいろな本のなかにいきいきと書かれているんですけれども、その一冊一冊の本のなかからは、実践という契機が大きくたち現れるわけです。要するに、彼女は「生きがい」を実践するわけですね。自分の体を使って働くということが「生きがい」なんです。そのことが、今の日本ではなかなか見えにくいように、私は思います。

この岡山の長島愛生園という所は、現在では島と陸地との間に橋が架かっていて簡単に行けますが、あそこにまず女子医専時代に最初は見学に行くんですね。そして、光田健輔先生に会う。これは長島愛生園の園長をやっていた先生で、その先生がハンセン病の患者の治療のために一生を捧げている姿に打たれた。

それが昭和一八年、一九四三年ですから、その当時、「らい」という言葉がまかり通っておりましたが、その病気の確固とした治療法が日本では知られていなかった。実はもうその頃、プロミンという薬が外国で使われていたんですが、日本は戦争に入っていたために導入がすごく遅れたのです。戦後、一九五〇年くらいになってやっと日本に入ってきて、多くのハンセン病の患者さんたちの治療に役立つようになるのですが。

そういう治療法が日本に導入されない状態においてのハンセン病の人たち。これは治療の方法もわからない、出口のない状態でした。ハンセン病というのは、ご存知のように皮膚がとろけてくるんですね。だいたい皮膚を中心にして、それから神経結節を起こして全体に神経が麻痺してくる。ですから、目が見えなくなってきたり、足が萎えてきたり。見るとちょっと、本当にお気の毒のような状況になるのです。

そういう人たちは社会から隔離されて、その当時はらい療養所といっていたんですが、らい療養所に入れられて外に出られない。法律によって隔離政策がとられておりましたので、外に出られない。この人たちを救わなくてはならない。で、ついに長島愛生園の専属の医者になりたいと思うわけです。

そうすると、お父さんの猛反対にあう。後に、お父さんは長島愛生園に神谷さんと一緒に来て、ああと初めて気がつくんですね。それは一九五九年のことですから、ずっと後のことですが、気がつく。あんなに反対したことを後悔しております、というふうになるんですが。しかし、父親の反対があったものですから、その時は愛生園には行かず、精神科の医師として東京で勤めはじめ、その後ずっとあとになって、愛生園の最初は通いの医者として、その後も十数年にわたってハンセン病の患者さんたちの治療をするわけです。

私はこう思うんですね。大変だったろうな、それって。その当時の日本人の常識から言うと、らい病というのは伝染病でうつるものだ。そして、一度らい病に罹ったら治らないものだというふうに思う。それが社会通念でしたから。ですから、隔離された人たちには近づかないようにしたいと思うのが、普通の日本人の心だった。その心がずうっと、つい最近のらい予防法の違憲訴訟にまで続くわけです。

私は、ハンセン病の患者さんたちの書いた小説を編集しまして、『ハンセン病文学全集』というのを、大岡信さんや鶴見俊輔さんや大谷藤郎さんと一緒に出しているんですが、その小説の部分を担当しました。日本ではプロミンという特効薬の導入が遅れたために、特に戦争中、昭和十八年から二十年の間、ハンセン病療養所のなかでは多くの患者が餓死するという悲惨の極の状況にあったんですね。それを読みますと、神谷美恵子さんが飛び込んだ療養所の状況が克明に書かれている。いかに物凄いものであったか。特に神谷さんが行った昭和十八年から十九年の長島愛生園の状況なんていうのは、もう悲惨そのものの状況なんです。

そういうところに入っていくっていうのがどんなに大変なことであったかというのは、私は、神谷さんの一生を考える時に、どうしても不思議に思います。不思議な方だなあと思います。それをたとえば、キリスト教精神だっていうふうに理解すればよいのでしょうか。しかし、キリスト教を信じている方でもダメな方はいっぱいいます。何もしない人もいますからね。なにもキリスト教だけに功績を云々する必要はないので。

ハンセン病と神谷美恵子さんとの出会いと、神谷美恵子さんがおやりになったことがどんなに大変なことであったか。特にその時代との関係において大変であったか。この世の中の人が偏見を持ち、差別し、そして患者さんに接触するのを、なにか汚いもの、嫌なものと思っていた時代に敢えてそのなかに飛び込んで行くということが、どんなに大変なことであったかということを、私は言いたいのです。

それからもうひとつ、このハンセン病の問題で、こういうことがあります。ハンセン病の患者さんたちの解放運動というのが戦後ずっと行われて、戦後、らい予防法の改正という問題が起ります。その時に、光田健輔さんは、らい予防法は存続したほうがいいと言ったんです。

このことは、ハンセン病の患者さんたちの解放してほしいという願いに反する。そこで、ハンセン病の患者さんたちで解放運動をしている方にとっては、光田健輔さんというのは大変困った存在になるわけです。ハンセン病の患者さんは療養所に一生入れておいたほうが、彼女、彼らの幸福なんだっていうことを、戦後になっても、つまりプロミンの時代になっても光田さんが言いだした。その後、文化勲章をもらうんですけれどね——よくわかりませんが、なんで文化勲章か――とにかく、そのことを国も愛でたんでしょう。それはしかし非常に困った状態だったわけです。

実は、神谷美恵子さんの長島愛生園における活動についても、患者さんの間から批判が出ています。それは、戦後、解放運動をしている時に、長島愛生園から出られないためにノイローゼになっている患者さんを、長島愛生園にいるようにさせた。そこにいることが幸福であるというふうな治療法をした、という批判があるんです。

これは私もちょっとびっくりしたんだけども。そういう考え方をなさる方もいるのかなあとも思いますが、それは、光田健輔に対する批判と通底するところがあります。それについては、私はこう考えています。ハンセン病の患者さんたちを社会復帰させるだけの条件が日本ではなかなか整わない。だから、ハンセン病になったら、一生その療養所のなかにいて、そこで暮らすほうがいいんだと、そういう考え方を光田さんがした。そして、神谷美恵子さんも、そういう光田さんの意思に従って、患者さんをなるべくこの療養所のなかの生活で精神的に適応させる方向で治療をした。

これは、『ハンセン病文学全集』を編集しておりますとわかってくるのですが、日本ではハンセン病という病気の隔離政策が明治の終わりに出ます。そして、それ以来ずっと「らい予防法」という法律がいくつか出て。昭和の初期にも出ます。戦後にも出ます。そして、各地に国立の療養所、私立のもありますが、十五くらいのハンセン病療養所ができます。

さっき申しましたが、一九五〇年にプロミンが日本にやってくる。でも、時すでに遅しなんですよ。その前に発病して、体が崩れてしまったり、盲目になってしまった人たちの治療は、無菌状態にすることはできるけど、体をもとに戻すことはできませんでした。そこで、身体障害を持った人々が療養所のなかに取り残されていくという状況があって、それを光田健輔は、この人たちは一生やっぱり国が責任をもって見なくてはいけない、という主張をしたのです。

それは、ある意味では正しく、ある意味では反時代的な発言であったと思うのですけれども、神谷さんの活動もそういう時代の波のなかにあったということは、私はやっぱり考えなくちゃいけないんじゃないかと思います。ですから、私は、光田健輔という人が一概に、今のハンセン病解放運動の人たちが言うようにひどい人だったというふうには思いません。そして神谷さんがやった治療がおかしいっていう、そういう批判の大きな本が出ていますね。あれについては歴史の中にいた光田健輔と神谷美恵子というふうに見るべきだと私は思います。

神谷美恵子さんは、晩年にいくつかの本を翻訳します。そのなかに、ジルボーグという人の『医学的心理学史』というのがある。これは一九五八年の翻訳。このジルボーグの本というのは、四二〇ページある膨大な本ですよ。これを私、読んだ時にびっくりした。こんなに物凄い医学史をひとりでもって翻訳してしまう。大変な努力でしょう。

そして、その次に六九年にミッシェル・フーコーの『臨床医学の誕生』というのを訳した。これも三一一ページの大著で、ミッシェル・フーコーの主著と言われるべきものでしょう。その次にミッシェル・フーコーの『精神疾患と心理学』を訳す。そして、晩年にはヴァージニア・ウルフの『ある作家の日記』を訳す。

この翻訳活動なんです。神谷さんの晩年を一言でいいますとね。晩年と言っても、六十五歳で亡くなられたんですが。しかし、晩年、夢中になっていろいろな本を翻訳された、そのあとがきにこういうことが書いてある。なぜこの翻訳を夢中になってやったか。「けっきょく、私は歴史というものが好きなんだ。歴史のなかに人間は捕われている。偉い人も、どんな人間も」ということではないでしょうか。

まあ、私は、そういうふうに神谷美恵子が書いた時に、これはやっぱり光田健輔さんのことも、自分のことも含めて書いているという気がしたのは、そういうふうに歴史を超えられない、歴史の流れのなかで最善をつくすのが医師であり、科学であり、まあ、文学もそうなんですね、結局は。そういうものなのだと。そういう歴史を超えられない状況において、私は、人間がいかに歴史に制約され、そしてその制約のなかで働いているかということとに関心がある。そこで、ミッシェル・フーコーの歴史観に賛成しているのだ、と。

で、六九年というと、まだ構造主義が日本で根付いていくというか、日本で構造主義が問題になる前ですよね。まだ誰もミッシェル・フーコーなんか読んでない。最初の翻訳ですから。今は、若い人でミッシェル・フーコーを読んでいない人はいないでしょう。フーコーを読まないんじゃあ、現代は全然わかりませんよね。でも、神谷美恵子さんがミッシェル・フーコーを翻訳した頃は、日本では誰もフーコーなんて知らなかった。神谷さんが最初ですよ、これは。

最初に『臨床医学の誕生』を訳して、私はそれを読んだ時に、なるほど構造主義というのはこういうもので、神谷さんがそういう最新の思想に共感したのだ、と。もっと言うと、このミッシェル・フーコーの翻訳をしたのは、パリでフーコーに会ったからだって書いてある。フーコーに会って話をしているうちに、その思想に共感したと。そこで、「あなたの思想は素晴らしい」って言ったら本を一冊くれて、それが『臨床医学の誕生』だった。

そこで、帰ってきて読んだら素晴らしい本で、すぐ翻訳をはじめたと。こんなこと普通の人にはできないですよ（笑）。まずフランス語の本読むのが大変ですからねえ。しかも、フーコーは難しいですから。それを家に帰ってきて読んじゃって、ああ、やっぱりすごいわっていうふうに言える人っていうのは、すごいですね、ほんとに（笑）。

神谷美恵子さんは、晩年にまとめて沢山の本を、ジルボーグにしてもフーコーにしても主著といえるような一番大事な本を翻訳した。たとえば、ジルボーグの本のなかで一番面白いのは魔女裁判の部分です。魔女裁判が一体いつ頃はじまって、どのようにして消えていったかという歴史をものすごく詳しく書いているのが、ジルボーグの本なんです。

それを読んだ時に、私は、ヨーロッパにおける魔女裁判がルネサンス以後だっていうことを、神谷さんの翻訳で教えられた。普通、魔女裁判というと、中世だって思うでしょう。誰でもね。中世の暗黒時代に魔女裁判が行われたと。ところが、あれはルネサンスの時代、つまり科学精神が人間にめばえてから魔女裁判が行われたのです。

なぜ科学的かというと、悪魔は火によって焼くことでしか滅びない。それは科学なんです。ヨーロッパの科学は、そういうものなんです。そこで、魔女というのはほとんど精神病者でしたが、そのなかで魔女が助かる道は焼いて悪魔を追いだす。魔女の精神は天国に行ける。悪魔は焼き殺される。だから、彼や彼女たちを焼き殺すことは最も人道的な行為である、というのがルネサンスの発想なんです。だから、ルネサンスというのは、なにか科学が勃興してきたように思いますけれど、そういう残酷な側面があるということが、このジルボーグを読むとよくわかります。

それから、ミッシェル・フーコーの『臨床医学の誕生』という本を読みますと、臨床医学というものは最初は分類学だった、と。医学ではなかった。リンネの植物学と同じように、病気を分類して記述する学問だった。まず記述するということからはじまって、それが病気を治すということを意味するのは、つまり臨床という、クリニックという言葉がいきいきとしてくるのはごく最近のことであって、大部分は分類学であった。精神医学の分野でもそうですね。まず分類からはじまって。ピネルの分類というのがあります。それがずっと十九世紀、治療よりも分類のほうが盛んで。フランスの精神医学史は、私もずいぶん読んでいるんですが。それについての本も出しています。

そういうふうに、分類学が臨床の学になる。つまり、医学は実践の学であって、実際に患者を治してあげなくてはいけない学問であるのに、長いこと人類は分類学に終始していたというのが、フーコーの思想ですね。

ジルボーグもフーコーも、神谷美恵子の人生にとって非常に大事な出来事。たとえば、ハンセン病。たとえば、精神病。そういうものとの関係が深いように思います。

あと五分で講演の終わりの時間になりますので、私は神谷さんの翻訳のなかで一番好きな『ハリール・ジブラーンの詩』というのを紹介したいと思います。最近、角川文庫から神谷美恵子訳『ハリール・ジブラーンの詩』

というのが出ました。だから、帰りに買って帰られるといいと思います。

神谷さんには、今までお話してきたのとはまったく別の、もうひとつの側面があります。それは詩人の側面なんです。詩の世界。あの「うつわの歌」って凄いでしょう。ああいう「わたしは器」っていう、ああいう発想。ですから、非常に活発に科学的な勉強をしながら、その反面、文学の世界に向いて、特にハリール・ジブラーンという詩人に夢中になっていく。

で、このハリール・ジブラーンのなかで私の好きなのに「おお地球よ」という美しい詩があります。これを神谷さんの訳で読みますと、

「なんと美しく尊いものであることか、地球よ。光に全き忠誠をささげ、けだかくも太陽に服従しつくすあなたよ。なんと愛らしきものであることか、地球よ。もやのヴェールをまとう姿も、闇につつまれたかんばせも。」

地球というのが自分の友達だ、親しい友達だと呼びかける美しい詩ですが、私が驚くのは、この神谷さんの訳し方です。このハリール・ジブラーンの原詩は英語なんだそうですが、英語がなくても日本語それ自身として、この「おお地球よ」という詩は美しい。そして、「おお地球よ」は、そのあとこうなっているんです。神谷訳によれば。

「地球よ、あなたはだれ、そしてなに。あなたは『私』なのだ」

つまり、地球よ、地球よって、地球の美しいさまをいろいろ言って褒めながら、結局それを見ている私が美しいと思うから美しいという逆転があります。これが詩人の世界なんでしょうね。

要するに、私たちが、まあ、神谷美恵子の思想の一番中心の部分なんですけども、私たちがそれをすることで「生きがい」を感じるもの、「生きがい」があるもの、それは美しいものなんだ、と。そして、「生きがい」があるということは、人のためにつくす何かなんだ、と。

この横の関係があって、もうひとつ縦の関係があって。それは神様かもしれませんが。神がすべてを見ている。あるいは、神から何かを授かるという、そういう縦の世界があって、そして、そういう関係のなか、地球のなか

に人間が浮いているような感じというのは、神谷美恵子の全思想に、著作にあります。いつも、この直線に見られている。そしてまた横の世界というのは、歴史の世界ですよね。横に流れている時間の世界。刻々に変っていって、私たちを支配しているかもしれないし、虜にしているかもしれない歴史の世界。

今もそうでしょう。イラク戦争でわれわれは今困っているんですよ。大変なことが起っているんです。で、どうしたらいいかわからない。ある国の大統領とかっていう人が歴史は思いのままになると思っているようですけども、そうはなりそうにもない。

だけど、こういう事態は太平洋戦争中にもありました。ハンセン病の療養所のなかにもありました。女子医専にもありました。結核で、外国ではもう結核の治療薬が発見されていた時代にまだ日本では結核は治らない病気とされて、軽井沢にひとり、死を前にして、迫り来る死を思いながら一生懸命ギリシャ語を勉強した、そういう心にも一直線に通じていると思われます。なにかそういう見事な一生ですね、神谷美恵子っていうのは。

そういうことが、このハリール・ジブラーンの詩を読みますと、詩としてこのハリール・ジブラーンに共鳴していく神谷美恵子の見事さっていうものがあります。たとえばね、こういう詩があります。

「生命の誕生は母胎に始まらず、その終わりも死にあるのではない。年々歳々、すべて永遠の中の一瞬ではないか。」

これは神谷美恵子訳ですよ。そうすると、人は生まれる前にも存在し、死後も存在する。その一瞬のなかにある。逆に言いますと、いかなる人でも「生きがい」を求めて生きている人の人生には意味があると。この意味はどこから与えられるかというと、ジブラーンは神から与えられると。直線的な上の世界から……。

そこで、神谷訳の、本当に名訳だと思うんだけど、最後のこれだけを読んで終わりにいたします。

「大気をあおぎなさい、すると神が雲の中を歩き給うのが見える、いなずまの中でみ腕をひろげ、雨とともに降りて来給うのが。あなたはまた見るだろう、神が花の中に微笑み、木々の中で、み手をあげさげし給うのを。」

つまり、風によってこの花が動いている状況。
「み手をあげさげし給うのを。」
終わります。

（二〇〇三年十一月十四日、津田塾大学にて）

（かが・おとひこ　作家）

神谷美恵子

年譜

一九一四年（大正　三）　〇歳
一月一二日、前田多門・房子の第二子として、父の赴任先である岡山市で誕生。兄の陽一とは三歳違い、二男三女の長女として育つ。四月、父が岡山県視学官から長崎県理事官となり、一家は長崎へ移る。

一九一五年（大正　四）　一歳
父、内務省本省勤務となり、一家は東京へ転居。

一九一八年（大正　七）　四歳
父、欧米各国における戦時地方状況調査のため、日本を発つ。

一九一九年（大正　八）　五歳
四月、母がアメリカの父のもとへ。一〇月まで半年間、兄陽一は父方の祖母の家に、美恵子は二歳年下の妹勢喜子とともに横浜の母方の祖母と叔父の家に預けられる。両親の帰国後、一家は下落合に移る。

一九二〇年（大正　九）　六歳
「村の小学校」下落合小学校に入学。父、内務省を退職し、東京市助役となる。この頃、それぞれに個性の強い父と母の間には日々軋轢が生まれ、美恵子にとって家庭はかならずしも安らぎの場ではありえなかった。「人の心とはむずかしいものだ、という印象をきわめて早くから植えつけられ」、「自分の心もまたむつかしいものであるということにハッと気づかせられる日もやがてやって来た」。

（……）幼いころから両親の間が必ずしもしっくりせず、時々夜中に「こんな家は出て行きます」とさけんで、じっさいにいなくなってしまうことがあった。「やめて！　やめて！」と幼い頃は泣いてよびとめたが、そばに眠る妹たちを起してはならない、と考えて、もし母がいなくなったら私が母代りをする、とできもしないことを心に思い定めたものだ。（……）今考えてみると両親はそれぞれ個性が強かったから、末梢的なことで軋轢のおこるのはやむをえなかったのだろう。本質的なところでは二人は理想を共にし、よき伴侶だったにちがいない。それは母に先立たれたあとの父の姿と行動でもはっきりと証明される。

しかし幼時や思春期の娘には、まだそこまで考えるゆとりはない。私は、何よりも「平和な家庭」にあこがれた。そういうものがありうるだろうか、と時どき考えた。（「帰国」）

一九二一年（大正一〇）　七歳

大久保百人町へ転居。聖心女子学院小学部二年に編入。貴族趣味な雰囲気と厳格な規律、さらに同級生に一年おくれて習いはじめた英語の授業についていけず、劣等感にとらわれる。この頃から毎夏、母方の伯父で医者であった易次郎の家で夏休みを過ごす。明るさと包容力にあふれた伯父とその家族と屈託なく海で遊んだ楽しい日々は、美恵子の内に大人になっても変わらぬ「そぼくな自然性への傾斜」をはぐくんだ。

一九二三年（大正一二）　九歳

七月、父、国際労働機関（ＩＬＯ）の日本政府代表として、家族をつれてスイス、ジュネーヴに赴任。美恵子は、のちに「寺子屋学校」と呼んだジャン＝ジャック・ルソー教育研究所の付属小学校に編入。一つの教室で六学級が学び、学力をつけることよりも人間づくりの基本と、学ぶことの基礎となるものを育てることを優先する校風の中で、日本にいた頃の萎縮した感じを忘れ、自分を伸ばしていった。この頃、自分がある人々には「富める者」と映っていることに気づき、「いうにいわれない申し訳なさ」を感じる。外交官的な生活に感じつづけた居心地わるさはのちのちまで美恵子の内にのこり、思春期以後に歩む道を規定する一因となった。ジュネーヴでは、両親の師で、当時国際連盟事務次長であった新渡戸稲造と交わる機会を多くもつようになる。

（……）私の記憶に残る先生というのは、もう何ともいえず、慈愛の深いおじいさまと言う感じで、私たちの家によく遊びに来て下さいまして、私たちの頬をつねるという癖をお持ちでした。それが子供への愛情のしるしであったらしいのです。（……）先生はたった一人のお子さまをお持ちだったのですが、早いうちにお亡くしになられたので、子供好きな先生は、まあ私たちを孫ぐらいにお考え下さったのではないかと思います。

（「新渡戸稲造先生と女子教育」）

ジュネーヴの家の庭にて（1926 年）

一九二五年（大正一四）　一一歳

国際連盟の創立に伴って各国代表の師弟の教育のために創設されたジュネーヴ国際学校中学部に兄とともに入学。デュプイ先生との出会いは、美恵子に大きな印象をのこした。スイス時代を通じて、両親が日本語で話しかけると子どもたちはフランス語で答えるほどになり、美恵子にとってフランス語は母語と同じ、あるいはそれ以上に自然なものとなっていった。

短いスイス時代がこうも深い刻印を心に押してしまい、私を「日本人らしくなく」してしまったこと、今なおフランス語でものを考えること、読むこと、書くことがいちばんらくなこと、ヨーロッパ文化に傾斜していること――これはどうしようもない。悪いといわれても、これをなるべく建設的に生かすほかないと思う。

（「スイスものがたり」）

一九二六年（大正一五）　一二歳

一一月、帰国の途につき、一二月末に日本へ。東中野に住む。当初は日本語を聞いて理解することはできても話すほうが苦手、という状態だったため、学校生活では苦労することになった。

一九二七年（昭和　二）　一三歳

八月、父、東京市政調査会専務理事となる。帰国後通っていた自由学園になじめず「登校拒否」をおこし、九月、新設されて間もない成城高等女学校一年に編入。キリスト教無教会主義の伝道者である叔父金沢常雄の聖書研究会に参加するようになる。ものを書くということが、この頃からさらに美恵子の大きな部分を占めるようになる。

　九歳のころから自発的にものを書く性癖が私にあったことは、スイス時代、パリへの旅のとき、フランス語で記した幼稚な「パリ日記」が手もとに残っているのをみてもわかる。帰国してから日本語で少女小説めいたものを書いていたが、女学校の三、四年のころ、ひと夏かかって書いた長い「作品」が学校誌に掲載されたことがある。母がこっそり長与善郎先生のところへ持って行って見て頂いたら「ものを書く素質はみとめられるが、ご家庭の影響からか、キリスト教的なものがあまりにも生なかたちで現れすぎている。もっと自分のあたまでものを考えなければ、ほんものは書けない」と言われた由、あとから聞かされた。

　このご託宣に私は全く当惑して、それ以来かなり長い間ものを書くのをやめてしまった。「自分のあたまでものを考える」ことなど到底できなかったからである。（「帰国」）

兄の本棚から「考えること」を助けてくれそうな思想や哲学の本を探し出し、読み漁る。

一九二八年（昭和　三）　一四歳

一一月、父、朝日新聞論説委員となる。

一九三二年（昭和　七）一八歳

成城高等女学校卒業。兄のすすめで津田英学塾〔現・津田塾大学〕本科に入学。放課後には兄とアテネ・フランセの高等科クラスに通い、厳しい学びの雰囲気の中で知的訓練の日々をおくる。

一九三三年（昭和　八）一九歳

叔父金沢常雄がハンセン病療養所多磨全生園へ話をしにいく際に、オルガン伴奏者として同行する。初めて見る患者の姿に大きな衝撃を受ける。

らいという病気について何も知らなかった者にとって、患者さんたちの姿は大きなショックであった。自分と同じ世に生を享けてこのような病におそわれなくてはならない人びとがあるとは。これはどういうことなのか。どういうことなのか。弾いている賛美歌の音も、叔父が語った聖書の話も、患者さんたちが述べた感話も、何もかも心の耳には達しないほど深いところで、私の存在そのものがゆさぶられたようであった。（「らいと私」）

医師となることを考えて東京女子医専の規則書を取りよせ、ひそかに受験準備を始めるが、両親や津田英学塾学長星野あいの猛反対にあう。

軽井沢の山荘で　野村胡堂氏と（1935 年頃）

一九三五年（昭和一〇）二一歳

三月、津田英学塾本科卒業。四月、同大学部に進学。学校からの依頼で予科生を教え、かわりに授業料を免除される。肺結核発病。主治医から「毎日時間表を造って、規則正しく読み、休み、眠ること。熱がとれたら少しずつ散歩を始め、その時間をふやして行くこと」を守る条件で、軽井沢の山荘で本を読みながら一人で療養生活を送ることを許可される。なにか系統立った読書をしようと英語科高等教員検定試験に必要な本を取り寄せ、寝床の上からぶらさげた本を読む生活をおくる。一一月、国家試験に合格し、結核も治癒。この療養中に、家族と親交のあったキリスト教教育者、三谷隆正との文通が始まり、のちには直接会って教えを受けるようになる。

一九三六年（昭和一一）二二歳
春、結核再発。再び療養のために軽井沢へ。「死ぬ前に人類が書いた偉大な書物をなるべく読んでおきたいという大それた願望から」、病床でギリシャ語を独習して新約聖書、プラトン、ホメーロスを読む。また、マルクス・アウレリウスの『自省録』などの世界の名著をすべて原語で読んでいく。

一九三七年（昭和一二）二三歳
江古田の療養所にて気胸療法を受け、結核はふたたび治癒。日本婦人米国奨学金を授与され、渡米がきまる。留学先での専攻は、英文学ではなくギリシャ文学を選ぶ。

一九三八年（昭和一三）二四歳
一〇月、父がニューヨークに創設された日本文化会館館長に就任。美恵子も両親、弟妹とともに渡米し、ブリンマー大学に籍をおく。母のすすめでフィラデルフィア郊外にあるクェーカーの学寮、ペンドル・ヒルに入寮することを考え、下見に訪れる。経営者アナ・ブリントンの人柄に感銘をうけ、また、ペンシルヴェニア大学に留学して植物学を学んでいた浦口真左と出会う。

パスポート用（1938年）

一九三九年（昭和一四）二五歳
ペンドル・ヒルで二月から六月末まで生活、多くの出会いに恵まれる。真左との生涯の終わりまで続く友情がめばえ、真左との語らいの中で医学への決心を新たにする。

「ほんとに健康が恢復しているのだったら、また医学をやりたいところなのだけれど」とつけ加えた。
「やれるじゃないの」マサが言った。

「あら、あなたそう思う?」私は急に眼の前がさあっと開けたような気がした。そう、わたしはやっぱり医学をやるべきだったのだ。ギリシャ文学は老後の趣味にしておけばいい。
「だって、あなたは時どき、まるでねごとみたいに、「病人が私を待っている」なんていうでしょう? 妙なことをいう人だって、私、初めから思っていたわ」
　これで私の方向転換への第一歩が始まった。
（「ペンドル・ヒル学寮の話」）

五月、父、妹とともにニューヨークで開催中の万国博覧会を見物に行く。「公衆衛生医学」館に釘付けになる美恵子に、ついに父の反対がとけ、医学の道に進むことを許される。

（……）何度念をおしても父上はたしかにこれが私の行くべき道だろうと信ずると言われる。「これほど好きじゃ駄目だと思ったよ。何しろもう顔色が変わるんだもの」と。母上も「癩病のところに行きさえしなければ」と言われる。癩のことは何とも約束出来ないけれど自ら奇矯な事を選ぶ事はしないと言って置いた。今更何を選ぶ事が出来るか。私はもっとも自然な結核患者の事を頭に置いて予防医学に進もうと思う。
（五月十四日の日記）

六月、パリに住む兄夫婦のところに家事手伝いに呼ばれて一夏を過ごす。九月、ニューヨークに戻る。第二次世界大戦の勃発により母や弟妹たちは日本へ戻り、父と二人暮らしとなる。母の代理として日本文化会館のホステスの役割もつとめながら、コロンビア大学理学部・医学進学コースへ転籍。

一九四〇年（昭和一五）　二六歳

日米関係悪化。医師として働くためには日本で医師免許を取得しなくてはならない事情もあり、七月、帰国。

フィラデルフィア郊外ペンドル・ヒル(1939 年)

一九四一年（昭和一六）　二七歳

東京女子医学専門学校〔現・東京女子医科大学〕本科へ編入。

一九四二年（昭和一七）　二八歳

前年よりニューヨークのエリス島に抑留されていた父が、八月、交換船で帰国。

一九四三年（昭和一八）　二九歳

父、新潟県知事に任ぜられ、両親は新潟へ移る。卒業後の進路について、「らいへ行かないならば」という父との約束を心に刻みつつも思いはやみがたく、煩悶する。

　レプラへの御召あるならば、どんなにつらかろうと他のことは切り捨てねばならぬと改めて思う。八年間の歴史は決して短いものではない、偶然なことでもない。何故に医学を始めたか、を夢にも忘れてはならぬ。

（一二月二日の日記）

少女時代からの文学への傾斜がますます強まり、医学を修める間にも、自分でものを書きたいという願いをたびたび日記に記している。

　文学、哲学、宗教、音楽、——これらの世界から離れることはできそうもない。この世界で単に楽しむだけでなく、自らの独創的な仕事をも為し遂げたいと言う衝動を抑うるべくもない。これが長島行の邪魔をするだろうか。せめて卒業後数年は、医学研究のかたわらこの世界に沈潜することを許してもらいたい気がする。

（九月一九日の日記）

　詩を書いて書いて、けずって、磨き抜きたい衝動にかられて苦しい。医学修業はこうした衝動を押えねばならぬ点で時々ひどく重苦しいものになってしまう。（……）

ああ、書きたさに涙がにじみ出る。山の中へ一年間こもって書いてばかりいられたら!!!　本のことば

のみを相手に暮らせたら‼
ほんとに、どうしたらいいのだろう、この苦しさは。
（九月二一日の日記）

五月、東京大学精神科医局長の島崎敏樹と出会い、精神医学への興味をかきたてられる。

ブムケ、クレッチマー、ヤスパースなどなど、先生は次々と惜しみなく貸して下さった。生れて以来、思ってもみなかった人間の精神の世界の深みが急激に眼の前にひらけてきて圧倒されるばかりであった。幻視、幻聴、妄想——人間の心にこんなふしぎな現象が起こりうるとは。女学校の頃から人間の心というものに最大の関心があったつもりなのに、こんな重要な世界を知らないで済ませていたとは。
（「心に残る人びと」）

八月、国立療養所長島愛生園に一二日間滞在し、診療、手術、解剖の実習を行う。光田健輔園長の人柄にふれ、大きな影響を受ける。帰京した翌月には、草津で開かれた「らいに関する共同研究協議委員会」に出席するが、愛生園行きについての父の反対は絶対的で、卒業後の進路を精神医学に定める。

一九四四年（昭和一九）　三〇歳

戦局の悪化により、半年繰り上げの九月に東京女子医専を首席で卒業。一〇月、東京大学医学部精神科医局に入局し、内村祐之教授のもとで精神科医として歩みはじめる。「精神科ほど一分の隙もなく身にピッタリと来る仕事があろうとは思わなかった。これをするために生れて来た、という感じがしてならない。こういうものにぶつかり得ようとは何という幸せであろう」と日記に記す日もあれば、自分の進むべき道はやはり文学に、らいにあるのだと再確認する日もあり、矛盾した方向にむかおうとする複数の衝動に苦しむ。

草津にて（1943年10月1日）

一九四五年（昭和二〇）　三一歳

空襲が激しくなり、人手の足りなくなった医局で罹災被害者の処置にあたる。五月の大空襲で家屋全焼。家族は軽井沢に疎開し、美恵子は七月から東大病院精神科病棟に住み込んで診療を続ける。八月、終戦の後、父が文部大臣に就任。請われて、医局を休んで文部省で書類の翻訳など膨大な量の仕事にあたる。

一九四六年（昭和二一）　三二歳

一月、父、文部大臣を辞職。東大精神科医局の仕事は一時休止といった状態で、父のあと文相となった安倍能成のもとで大臣官房総務室事務嘱託をつとめる。五月まで日本とＧＨＱ〔アメリカ進駐軍総司令〕との交渉における翻訳・通訳の仕事に従事。

（……）五時から私の事に関して〔文部省〕山崎次官対〔東大医局〕内村先生会談。私はそこに黙って立会っていたがはらはらした。

山「国家のために美恵子さんをもう暫く拝借させて頂きたい」

内「教室の便宜等というよりも、美恵子さん自身のため否国家のために私は言っているのである。どうか国家のために美恵子さんに勉強させてあげて下さい。婦人子供の精神衛生部面を将来担当する唯一の人と私は嘱望しているのであるから、この際美恵子さんを有名女性などにして貰っては困る。」

山「そんなつもりは毛頭ない。また御本人の態度もそんな風なところは少しもない。」

この問答は誇大妄想狂的だ。しかし内村先生のお言葉をきいている中に深い責任に襲われた。「美恵子さんは何も自分個人の為に勉強しているのではない」「国家の美恵子さんだ」と先生は仰って下さる。このお言葉を無にしてはならない。

（四月六日の日記）

五月、安倍文相の辞任とともに東京大学精神科医局の仕事に戻り、内村祐之教授の大川周明精神鑑定を手伝う。七月、東京大学植物学教室講師、神谷宣郎と結婚。

（……）彼の愛と理解は丁度この春の慈雨のように私の上にふりそそいでいる。それによって私のうちなるものがぐんぐんのびて行っているような感じがする。（……）ああ私の人生にも漸く真の春が訪れんとしているのか。昨日電話で彼の声をきいたとき、この事の成るのをただただはっきりと感じた。私にこのような春を迎える権利があるのか、とただただ勿体ない気がする。沢山の不幸せな人々を思うとどうしていいかわからないような気がする。どうかこの事により私が少しでも成長し更にあたたかく深き愛を人に注ぐことが出来るように！

（二月十六日の日記）

世田谷に四畳半の一室を借りて住む。週に三日東大医局に通い、家では夫やその弟子たちの英文論文の添削や、家計を助けるための和文英訳のアルバイト、家事に追われる。

一九四七年（昭和二二）　三三歳

上北沢に転居。四月、長男律誕生。英語、フランス語、ドイツ語の家庭教師のアルバイトをはじめる。

一九四九年（昭和二四）　三五歳

目白に転居。六月、宣郎、大阪大学理学部教授として単身赴任。訳書　マルクス・アウレリウス『自省録』（創元社）。十二月、次男徹誕生。

一九五〇年（昭和二五）　三六歳

八月、宣郎はペンシルヴェニア大学で研究するため渡米。アテネ・フランセでフランス語を教えはじめる。

一九五一年（昭和二六）　三七歳

六月、宣郎帰国。七月、美恵子は東京大学医局を辞して、一家は芦屋に移る。将来医学へ復帰する

夫と子どもたちと（1950 年夏）

志を抱きながら、当座、家計を支えるため神戸女学院大学英文科非常勤講師となる。また、無教会主義キリスト教の経営による愛真聖書学園の分校として、自宅でフランス語を教える。

一九五二年（昭和二七）　三八歳

十一月、内村祐之の紹介で大阪大学医学部神経科に研究生として入局。堀見太郎教授のもとで精神医学の勉強を再開する。ハンセン病の精神医学的研究への取り組みということが美恵子の心の中で育ちはじめる。

> 「だれからいをやらないか」
> あるとき、堀見教授が医局会で言われたことがある。あとできいたところでは、この「らいと精神」というテーマを最初に考えつかれたのは当時の医局長、岩井豊明先生であったという。
> 堀見先生はしばらく皆の顔をみまわしておられたが、だれも志願する者はない。
> 「私にさせて下さい」ということばがこみあげてきたが、やっとの思いでおさえた。まだ幼ない二人の子をどうするつもりか。
> （「らいと私」）

神戸女学院のほか、カナディアン・アカデミーでもフランス語を教え、愛真聖書学園の解散後も受講生の要望で自宅でフランス語を教える。妻、母としての日常に大きな喜びを感じつつも、教師としての務めと家庭の運営、それらと学問の両立の難しさに苦しむ年月が続く。

> （……）毎日毎日、家事、育児、そしてその上貴重な暇は殆ど全部内職の語学教師稼業——この生活に私は負けそうになっている。しかし負けてはならない。そのために真理や美へのあこがれ、それを最も尊い大切なものとする心を荒らされてはならない。雑事の中で如何に心のゆとりとうるおいとあこがれと希望を持ちつづけるか。
> （五月二日の日記）

一九五三年（昭和二八） 三九歳

徹、粟粒結核発病。自宅に病室をしつらえストレプトマイシンなどの注射をつづける治療を行う。一一月全快。この間、高価なストマイを購入する収入源としてフランス語の私塾を自宅で始める。最盛期には一日九時間、週にのべ五〇人を教える。

一九五四年（昭和二九） 四〇歳

神戸女学院大学英文科助教授となる。フランス語の私塾は上級の輪読会のみ続ける。この「名無しの会」に集った生徒たちとの交流によって、「精神医学のみ」の世界の狭さに入り込むことなく、ゆたかに視野をひろげる。

一九五五年（昭和三〇） 四一歳

一月、母房子死去。『原典アメリカ史』（岩波書店）第四巻分担執筆。初期の子宮癌が発見されたが、ラジウム照射で進行を食いとめる。神戸女学院大学の助教授を退き、非常勤講師としてフランス語を教える。

一九五六年（昭和三一） 四二歳

神戸女学院大学で語学に加え、精神衛生の講義を始める。教えるよろこびを感じつつも、再び専任に、との誘いを断り、医学、ハンセン病への思いを新たにする。

（……）しかしやはり断るほかない。と言うのは今の際、お金よりも自由の方が大切だからだ。しかしこのお金という事で何と私はしばられている事であろう。（……）ああしかし私は努力をやめてはならぬ。そして、ついには一切語学を教えないでもよいようになる日があることを期したい。ただ純粋に医師として医学者としていそしめる日を。

ああもし愛生園へいけたら！ あそこで私は又生気をとり戻すだろう。光田先生の反小市民的な、温い、純粋な精神とあの病める人々の中で。
（六月二十八日の日記）

宣郎のすすめで、ハンセン病をテーマとした精神医学的研究を行うことを堀見教授の後任、金子仁郎教授に申し出る。長島愛生園の光田園長に愛生園で調査をさせてほしい旨手紙で伝えたところ、非常勤職員として来るようにとの返事を得る。

（……）金子先生と相談、大体賛成して下さったらしいので、一安心。うれしくて夜中に目をさまし一人で感激、ああようやく神様が許して下さるのかと思う。一人涙す。

内職（心ならずも語学教師として）と育児にあけくれた十年の後ようやくお許しが出るのか。勇躍せざるをえず、これから体も大事にしようと思う。そして家庭をも！
（一〇月五日の日記）

九月、一三年ぶりで長島を訪れ、第一回の調査を行う。

一九五七年（昭和三二）　四三歳

四月、長島愛生園非常勤職員となる。週末を中心に芦屋の自宅から片道五時間あまりをかけて通い、診療のかたわら、面接、アンケート、心理テスト、統計等、ハンセン病の精神医学的調査を行う。このとき、比較的軽症の患者たちの中に「生きがいがない」という悩みが多く見られたことから、「生きがい」についての思索が始まる。また、園内の精神病患者のおかれた劣悪な環境にショックをうけたことが、以後、調査終了後も愛生園と美恵子をつなぎとめるきっかけとなった。

「文化国家」などといいながら、日本の一隅にまだこんなところがあるとは、まさに国辱ですね」

（……）相手は現愛生園園長高島重孝先生。光田先生の後任に来られたばかりの頃だったろうか。先生は例の独特な、ひょうひょうとした調子で、すぐさま言われた。

「そんなこと言うなら、あなたここへ来て精神科をやって下さい」

「まだうちに子どもたちがおりますから、ここに住みこむわけにまいりません」

「では、だれか精神科医をみつけてきて下さい。みつかるまで、来られるだけでいいですから来て下さい」
　人間は自分の言ったことばに責任を持たなければならない。それに若き日かららいへの負い目を、たとえほんの少しでも果す機会が、まさにここに与えられているのではないか。私は医師としての、また人間としての、自分の無力さをよく知っているつもりであった。また家庭をもち、教職についてもいるための無理もわかっていた。でも、こうなったら、だれか精神科医をみつけよう。みつかるまで、時どきでも来よう。ただ看護婦さんたちを励ますためだけでも、全然こないよりはましかもしれない。

（「らいと私」）

六月より、愛生園の准看護学院で精神科の講義を行う。

一九五八年（昭和三三）　四四歳

月に一度か二度の島通いを続けながら、学位論文「癩に関する精神医学的研究」を執筆。訳書　ジルボーグ『医学的心理学史』（みすず書房）。この年の暮れ、京都へゴッホ展を観にいった際に、自分の余生を「表現する」という使命に捧げるべき「啓示」を受ける。

（……）けさ食卓でN〔宣郎〕に昨日の「啓示」を語り、Nも心から同意してくれた。希望にみちてたちあがる——そんな気持ちだ。やっと時が来たのだ。

（一二月二一日の日記）

一九五九年（昭和三四）　四五歳

「生きがいについて」の構想をはじめる。

　朝女学院へ行くとき一人山道をえらび、しいんと静まりかえった木立をすかして青い空に映える紅葉黄葉を仰ぎながら人間の生甲斐や意味感について考えた。ただ動物の様に生きることではまん足できず、己が存在の意味を感じないでは生きていられない人間の精神構造を思う。（……）「イミ感について」と

いう書きものをまとめてみたい。パトロギッシュ〔病的〕な場合をもふくめて。（一一月一〇日の日記）

お使いの途中、いちょうのまばゆいばかりの王者のごとき姿を仰いであの樹一本をゴッホの様に描き出せたら、もうそれで死んでもいいのだな、と思った。生きているイミというのは要するに一人の人間の精神が感じとるものの中にのみあるのではないか。ああ、私の心はこの長い年月に感じとったもので一杯で苦しいばかりだ。それを学問と芸術の形ですっかり注ぎ出してしまうまでは死ぬわけにも行かない。ほんとの仕事はすべてこれからだというふるい立つ気持でじっとしていられない様だ。

（一二月二日の日記）

一九六〇年（昭和三五）　四六歳

三月、大阪大学より医学博士の学位を授与される。神戸女学院大学社会学部教授となり、社会的関連のもとに精神医学の講義をおこなう。長島愛生園内の高校では高校生、看護婦、患者の希望者を対象にフランス語の講習をはじめ、熱心な学びの姿勢に感動をおぼえる。「生きがいについて」の執筆をはじめる。

（……）これを書くことは、一寸大げさな表現ですけれど、生命をけずるような感じです。自分の事を何一つ書いているわけではありませんけれど、どこを切っても自分の血が流れでるようなもの、それほど自分と一つのものを書きたいとねがっています。

（浦口真左への手紙　九月八日）

一九六一年（昭和三六）　四七歳

九月、「生きがいについて」の第一回草稿を書き上げる。

一九六二年（昭和三七）　四八歳

六月四日、父前田多門胃がんのため死去。大阪大学助産婦学校で精神医学を教える。

神戸女学院にて（1962年頃）

一九六三年（昭和三八）　四九歳

津田塾大学教授となり、毎週上京。神戸女学院大学は非常勤となる。さらに四国学院大学の非常勤講師として年に一度、精神衛生の集中講義をおこなう。八月—九月、プリンストン大学に客員教授として招かれていた宣郎に合流し、同大学図書館に特別研究員の身分で通う。ルイジアナ州にある国立療養所カーヴィルの病院施設を五日間公式訪問したのをはじめ、精神医学研究所・病院・施設などを見学してまわる。帰途、パリでもサンタンヌ・サルペトリエールをはじめとする病院を見学。兄の紹介でミッシェル・フーコーに会う。

一九六四年（昭和三九）　五〇歳

神戸女学院大学を辞任。

一九六五年（昭和四〇）　五一歳

四月、長島愛生園精神科医長となり、月に二度、水曜から土曜を島で過ごす。津田塾大学は非常勤講師となり、年に一度、集中講義をおこなう。スイスの精神医学誌「コンフィニア」に、ウルフ研究の輪郭を記した論文、Virginia Woolf–An Outline of a Study on her Personality, Illness and Work（「ヴァジニア・ウルフの病誌素描」）を発表。反響に自信を得て、この「病跡」を一冊の本にまとめる構想を練りはじめた。数年にわたり手を入れつづけてきた「生きがいについて」を書き上げる。

一九六六年（昭和四一）　五二歳

愛生園のほか邑久光明園でも診察をはじめる。『生きがいについて』（みすず書房）出版。『異常心理学講座』（みすず書房）第七巻に「精神医学の歴史」分担執筆。一一月、ヴァジニアの病跡調査のため、イギリスに夫君レナド・ウルフを訪ねる。以後、レナドとの文通はレナドがなくなる直前の一九六九年春まで続いた。

イギリス　ウォーリントン・パーク病院にて（1966年秋）

一九六七年（昭和四二） 五三歳
七月、長島愛生園精神科医長を退き、非常勤となる。

一九六八年（昭和四三） 五四歳
愛生園、光明園に加えて大島青松園でも診療をはじめる。再び津田塾大学教授に就任し、精神医学の集中講義を行う。講義には、定員を大幅に上回る八〇〇—九〇〇名の学生が殺到した。

一九六九年（昭和四四） 五五歳
訳書 フーコー『臨床医学の誕生』（みすず書房）。

一九七〇年（昭和四五） 五六歳
訳書 フーコー『神経疾患と心理学』（みすず書房）。四—五月、ニューヨーク州立大学に招かれていた宣郎のもとへ行き、アメリカ国内の療養所などを見学。夏、朝日新聞大阪本社の依頼で「主婦の生きがい」についてのアンケートを行う。京阪神の三、四〇代の主婦二〇人に対して行ったこのアンケート結果から、人間の一生を精神医学・生物学・社会学・哲学的な視野から考察した著作「人間をみつめて」が生まれた。

一九七一年（昭和四六） 五七歳
『人間をみつめて』（朝日新聞社）出版。十二月、最初の狭心症発作を起こす。

一九七二年（昭和四七） 五八歳
四月、健康上の理由により長島愛生園を辞任。以後も、手紙や電話で患者との対話は続いた。内村祐之との共同執筆「大川周明の鑑定」を収録した『日本の精神鑑定』（みすず書房）出版。

一九七三年（昭和四八）　五九歳
『極限の人』（ルガール社）出版。二月、ニューヨークの出版社ダブルデイ社からヴァジニア・ウルフの病跡の出版の話がくる。八月、狭心症の発作を起こし、十月まで入院。

一九七四年（昭和四九）　六〇歳
芦屋から宝塚へ転居。『こころの旅』（日本評論社）出版。九月から一一月まで脳血栓により入院。この頃、ヴァジニア・ウルフの病跡を彼女の自叙伝のかたちで書くことを構想。

一九七五年（昭和五〇）　六一歳
二月、一過性脳虚血発作（TIA）起こる。この年TIAで二回入院。ハリール・ジブラーンの詩の翻訳を『婦人之友』誌に連載。

一九七六年（昭和五一）　六二歳
四月、津田塾大学教授を辞任。膀胱ポリープ、TIA、狭心症で入院。訳書　ヴァジニア・ウルフ『ある作家の日記』（みすず書房）。

一九七七年（昭和五二）　六三歳
宣郎、大阪大学を退官し、九月、岡崎の国立基礎生物学研究所教授に就任。美恵子は岡崎の官舎に移らず宝塚にのこる。TIAで二回入院。『神谷美恵子・エッセイ集』I・II（ルガール社）刊行。

一九七八年（昭和五三）　六四歳
一月、岡崎の官舎に転居。TIAで三回入院。『精神医学と人間』（ルガール社）刊行。秋より翌年にかけて『みすず』誌に「V・ウルフ病跡おぼえがき」を連載。十数年来構想をあたため、準備を重ねてきたウルフの病跡についての著作は、もっとも重要なものと考えていたウルフの全日記の刊

夫とともに芦屋の自宅庭にて（1973年）

行の遅れのため完成をみることはできず、資料がすべて公開されるのを待ちきれずに書きはじめたこれら覚書や試作のみがのこされた。

一九七九年（昭和五四）　六五歳

ＴＩＡの予後から、いつまで意識を保っていられるだろうかという不安と恐怖を抱えつつ、自伝『遍歴』を執筆。

人を愛するのは美しい。しかし、愛することさえできなくなった痴呆の意識とからだはどうなのだ？だから愛せる者よりも価値が低いと言えるか。くるしみに耐えること、ことに他人に与えるくるしみに。

（一月一九日の日記）

『生きがいについて』の改訂を終える。ＴＩＡで三回入院。一〇月二二日、一時帰宅中に急性心不全の発作を起こし、岡崎市立病院にて死去。

編集部より

本書『神谷美恵子の世界』に収録した一二篇のエッセイは、今回あらたに書き下ろされた六篇のほか、『神谷美恵子著作集　別巻「人と仕事」』（一九八三年、みすず書房）からの再録六篇を含みます。

没後二十数年を経たいま、神谷美恵子を直接知ることはなかったけれども、その著作から精神の糧を受け取り、さまざまな分野で活躍なさるかたがたにその魅力を語っていただくことは、「神谷美恵子を読む」ことの尽きせぬ魅力を私どもに教えてくれることとなりました。同時に、生前の神谷美恵子を知るかたがたによるメモワールは、時間をこえて、その人となりをいっそう鮮やかに伝えてくれることでしょう。

お忙しい中、今回あらたにご執筆くださいましたのは、次のかたがたです。

中村桂子
鶴見俊輔
川島みどり
早川敦子
神谷永子
加賀乙彦（講演記録）

さらに、再録の皆様におかれましても、丁寧に御文章を読みなおし、あるいは手をいれてくださいました。それぞれの文章は、はじめ雑誌『みすず』一九八〇年三月号（神谷美恵子追悼号）

に掲載され、のちに『人と仕事』に収録されたものです。

高橋幸彦
明石み代
江尻美穂子
近藤いね子
中井久夫
島田ひとし

この『神谷美恵子の世界』とともに、私どもは『神谷美恵子コレクション』全五冊を刊行することといたしました。これは、現在小社から刊行されている『神谷美恵子著作集』〔全一〇巻・別巻一・補巻二〕から主要な著作を新たに編集し、五巻それぞれに未発表資料やエッセイを付して贈るものです。順次刊行予定のこのコレクションが、ふたたび、そして、はじめて神谷美恵子に出会っていただける新しい場になればと思います。

なお、本書『神谷美恵子の世界』のエッセイ、アルバム等に引用されている各文章につきましては、今後刊行予定の『コレクション』ではなく、すべて『神谷美恵子著作集』に従っていることをお断りしておきます。

最後に、本書の、「アルバム　神谷美恵子」「年譜　神谷美恵子」には、神谷美恵子の日記等の引用中に、ハンセン病の呼称として、「らい」という病名がみられます。

長年にわたって呼び慣わされてきたこの「らい」という言葉には、「不治の病」「おそろしい伝染病」といった誤ったイメージがまとわりついています。このような呼称を慣例とすることによって、患者のかたがたに差別、偏見を加え、排除してきた歴史については、私どもひとりひとりが深く思いを致し、考えてゆかなければならないでしょう。

一九九五年四月には、日本らい学会（一九九六年に「日本ハンセン病学会」と改称）が「長期にわたって現行法の存在を黙認したことを深く反省する」と表明し、一九五三年に制定された「らい予防法」廃止に向かって動き出しました。翌九六年四月一日をもって同法が廃止され、現在では、この病気は「ハンセン病」と呼ばれるようになっています。

本書に引用した神谷美恵子による文章は、この病気の呼称について、著者は当然、それを記した当時の社会的背景の中で、その通例にしたがうしかなかったと考えるとともに、すでに故人であること、けっして差別を助長する意図で使用されたのではないことを鑑み、執筆当時のままとしています。どうか、読者各位のご賢察をお願いいたします。

多くの貴重な資料をお貸しくださり、こまごまとした質問に快くお答えくださった、長男 律様、次男 徹様と夫人 永子様、以上の皆様におかれましては、最後まで校正刷に目を通していただき、貴重な意見を賜りました。編集部一同、心より御礼申し上げます。

二〇〇四年九月

みすず書房編集部

神谷美恵子の世界

みすず書房編集部 編

2004年10月 4 日　第1刷発行
2018年 4 月20日　第3刷発行

発行所 株式会社 みすず書房
〒113-0033 東京都文京区本郷2丁目20-7
電話 03-3814-0131(営業) 03-3815-9181(編集)
www.msz.co.jp

本文組版 プログレス
本文印刷所 理想社
扉・表紙・カバー印刷所 リヒトプランニング
製本所 誠製本
本文レイアウト・装丁 山元伸子
撮影 ケイエスティクリエイションズ
(中山英理子・山田理恵)

ISBN 4-622-08186-5
[かみやみえこのせかい]